杭州文史研究會、民國浙江史研究中心　編

民國杭州史料輯刊

第四冊

國家圖書館出版社

第四册目录

杭州市市立太廟巷小學 編著

衛生教育之實施與研究

杭州：杭州市市立太廟巷小學，民国二十六年(1937)鉛印本

衛生教育之實施與研究

衛生教育之實施與研究目錄

卷頭語

鄭兆麟

這是一本小小的刊物，內容包含兩部分：一部分是關於本小學實施衞生教育的報告；另一部分是本小學同人對於衞生教育研究的結果。至於材料與文字，一定是膚淺得很；不過我想，欲求教育事業的進展，相互研討這件工作，也佔着重要的方面。因此，不避譾陋，大胆地就教於讀者之前。

再就我國目前的教育狀況而言，鄉村小學佔着小學的最多數，也就佔着小學教育的重要地位。然而，我們偶一觀察，鄉村小學對於兒童衞生的忽視，衞生設備的簡陋，以及教師對於衞生常識的貧乏，實在是無可諱言的事實。這本小册子，或許對他們有稍微的幫助吧！

本刊物付印的目的，就在上述的兩點意義上。除希讀者予以指正外，我們自己當更努力於這方面的研究與實踐。

二十五年十二月

實施衞生教育的計劃

鄭兆麟

國事已到了非常時期，對於非常時期的兒童，我們應該特別教導，尤其是兒童的衞生方面，更應加緊訓練，使他們的身體得到健康。

在過去，兒童去進學校，只求知識的進展，不問身心的健康，兒童如此想，家長亦如此想，教師們似乎也不漫經心，只曉得傳授知識。結果，新教育制度下養成的人才，不能抵禦外侮，於國家民族毫無實益。

要知道兒童患了眼疾，足以妨礙學業的進步，耳鼻咽喉的病症，足以妨礙兒童一切的工作，身體不好，精神頹唐，根本談不到求學。凡此種種，做家長的或見不及此，或不曾留心，情有可原，忝爲教師，如不爲兒童設法，能不抱愧？

本小學同人想到了這點，就擬具衛生教育計劃，切實施行，這計劃對不對，暫時不去問牠，負責做下去，一面試行，一面改進，促兒童注意，到達兒童身心健康的目的，謹將過去的現在的以及未來的一切計劃，彙集在一起，以求閱者指正。

1. 組織衛生教育委員會。

甲、本會請教師醫師兒童家屬代表爲委員。

乙、規定二十五年度開始時卽成立。

丙、本計劃由馬念華先生妥擬辦法提交校務會議議决施行。

2. 聘請醫師看護。

甲、自二十三年度增聘醫師看護各一人。

乙、每星期來校二次。

丙、前項人員呈請市府指派衛生科人員義務担任。

丁、本計劃及詳細辦法由林懿之先生訂定。

3. 舉辦衛生訓練班。

甲、該班講師由醫師担任之。

乙、該班學員為導師及各級衛生幹事。

丙、訓練各學員具有最低限度的衛生常識。

丁、每星期訓練一次。

戊、本計劃由駱慕秦先生詳定辦法後着手進行。

4. 訓練兒童注意整潔工作。

甲、將全級兒童分成數組，按日輪流，担任指定場所的整潔工作。

乙、場所內應有的各項工作，須逐項表明。

三

四

丙、值日人員，對於整潔工作須每天逐一考查，評定等第，以資鼓勵。

丁、本計劃請孫志幌先生負責辦理。

5．訓練校工注意整潔工作。

甲、將全校分成若干整潔區指派校工負責。

乙、主辦庶務人員須每日考勤一次。

丙、每月訓練校工一次灌輸衛生常識。

丁、本計劃請方子雲先生擬具辦法進行。

6．檢查兒童體格。

甲、各種的檢查——一年一次。

乙、砂眼的檢查——一學期一次。

丙、身長體重的檢查——每學期始末各一次。

丁、大便的檢查——一年一次。

戊、其他疾病的檢查——一學期一次。

己、本計劃請林慈之先生會同醫師訂定辦法後即開始進行。

7.減輕兒童作業。

甲、將課程標準裏規定的兒童作業酌量減少。

乙、增加兒童遊息時間。

丙、儘量增加遊戲器具。

丁、完成各項運動設備。

戊、提早時間放學。

己、自二十四年度起實行。

庚、本計劃由應馬釗馬念華二先生會訂辦法。

8.舉行健康比賽。

甲、每級選代表三八參加。

乙、請醫師負責檢查。

丙、每學年舉辦一次。

丁、本計劃請袁克徵先生會同醫師擬訂辦法辦理。

9.衞生演講。

甲、預防疾病的宣傳演講。
乙、撲滅蚊蠅臭虫的宣傳。
丙、其他關於衛生的演講。
丁、敦請醫藥名人講演。
戊、本辦法計劃請駱蒸秦先生擬定之。
10預防兒童疾病。
甲、舉辦各種演講會灌輸衛生常識。
乙、佈種牛痘。
丙、預防注射。
丁、本計劃請徐樹德先生擬訂辦法實施。
11擴充小醫院。
甲、藥品之添置。
乙、用具之添置。
丙、廚櫃之添置。

丁、每年預算設備費三十元，醫藥消耗費四十元。

戊、本計劃請林慈之先生負責辦理。

12 衞生展覽室。

甲、添置各項書籍圖表等。

乙、添置各種模型。

丙、一切衞生用具等。

丁、其他。

戊、本計劃請童友三先生妥擬辦法於二十五年度進行。

13 改造廚房。

甲、舊有廚房加以改造。

乙、將廚面與燒火處完全隔開。

丙、經費二百元列入二十五年度預算。

丁、本計劃請朱廷檉先生負責辦理。

14 改良膳食。

甲、調查物價。
乙、訓練廚工。
丙、試辦分食制。
丁、佈置膳廳。
戊、本計劃由方子雲先生於二十五年度內試辦。
15改良浴室。
甲、改築淋浴室。
乙、第一步着手調查。
丙、擬具計劃書及辦法。
丁、請林慈之朱廷璭二先生辦理。
16改良廁所。
甲、將舊有大小便處完全改造。
乙、添置自來水及新式馬桶。
丙、本計劃擬在二十五年度開始二十六年度完成。

丁、本計劃由余大榕先生妥擬辦法進行。

17改良課桌椅。

甲、原有桌椅有礙兒童身體擬逐年廢除。

乙、每年度添置合式新桌椅一堂。

丙、本計劃自二十四年度實行。

丁、本計劃請方子雲先生負責辦理。

18改建校舍。

甲、本小學校舍係舊式建築頗不合用而且年久失修隨時可以發生危險。

乙、自二十四年度起籌集校舍建築費。

丙、建築新式合用房屋兩所。

丁、自民國二十八年度起至三十三年度止，分別完成。

戊、本計劃由鄭子祥先生擬定辦法呈請市府核准施行。

19栽培花木。

甲、種植四季花草以愉兒童身心。

乙、將全校樹木每年删枝一次以透陽光。
丙、本計劃由方子雲先生負責辦理。
20 兒童喜吃閒食的調查。
甲、兒童喜吃何種閒食。
乙、兒童喜向何處購買閒食。
丙、兒童吃閒食所受之影響。
丁、本計劃請呂湘南先生詳擬辦法實施。
21 實施性的教育。
甲、將年齡較大之男女生加以個別檢查。
乙、將年齡較大之男生在密室中談話。
丙、詳細辦法由應馬釗先生規劃進行。
22 選擇兒童讀物。
甲、注意書籍的字體紙張行間以免妨害視力。
乙、注意讀物內容，以免妨害兒童身心。

丙、本計劃請莫仲喬先生擬具辦法施行。

23 實施非常時期衛生教育。

甲、非常時期兒童身體健康的訓練。

乙、非常時期兒童衛生習慣之養成。

丙、本計劃由應馬釗先生擬具辦法。

丁、本計劃在二十三年度起開始實施。

24 聯絡兒童家庭。

甲、體格檢查完竣後通告各家長。

乙、向各家長調查兒童的衣食住行。

丙、報告校中衛生計劃共同進行。

丁、本計劃由馬念華先生擬定辦法實施。

二十五年四月

衛生教育實施概況

馬新超

甲、實施衛生教育基本要則

我們如要渡過這非常時期，戰勝這非常時期，非使全體國民個個都有健康的身體不可；因爲我們有了健康的身體，才能使精神奮發，意志堅强，勇於任事，不怕犧牲。所以目前政府正在盡力領導民衆走上健康之路，期能共負復興民族的重責。

兒童是未來的成人。如兒童時身體多疾病，則成年後，恐難有强健之體格；反之，如兒童時身體强健，則成年後，對疾病之抗拒，當較有把握；兒童衛生自然應竭力注意的。

小學是兒童集合活動的場所，種種設施都應盡可能的求合於衛生，使兒童身心舒適，發育自如，本小學卽本此旨，對於衛生教育，特加注意。因欲衛生教育實施收宏大的效果，所以參照衛生署訂定的城市小學學校衛生之基本要則，訂定本小學衛生教育實施基本要則：

一、衛生工作由全體教職員及市府衛生科指派之醫務人員負責辦理。

二、衞生工作以全體兒童體格的平均發展爲原則，所以注重普遍的積極的鍛鍊。
三、衞生工作，預防較治療更爲重要。
四、衞生知識，應於行動中證驗，以便從行中求眞知。
五、衞生工作，以兒童自治活動爲中心。
六、設衞生室，盡力擴充室內設備及藥械。
七、切實取得家庭聯絡。
八、努力從事社會上有關衞生之工作。

本小學同人，又以現在學校中工作過於繁重，非多數兒童所能勝任，已於二十四年度上學期起，將教學及集團活動時分，略予減少；而兒童各項作業，亦在求合理的減輕中，將來擬使兒童所有工作，都能在課內做完。使兒童活動時間增加。至於施行懲獎，易使兒童受刺激，懲罰有礙兒童身心，絕對要設法避免。個人物質獎勵，亦不輕易從事，使兒童得自然生長。

校役廚工同爲學校中的一員，而且担任着衞生上很重要的職責，所以本小學規定每一學期由校長或事務主任召集他們開談話會數次，尤其注意使他們明瞭個人衞生的重要和他們所負公共衛生責任的重大，而樂於從事衛生工作，造福全校人員。

乙、衛生行政組織及工作人員

本小學行政組織系統，依據市府頒布，分教務訓導事務三部，但各股却斟酌實際情形，略有活動。衛生則重訓練指導，所以不屬於事務部而屬於訓導部。體育活動較多，而住校生常有五六十人，所以於事務部添設膳食股，訓導部添設體育舍務二股，這幾和兒童衛生有密切關係的，現將規程附列於下：

一、衛生股規程

第一條　本股設主任一人，由校長聘請之。

第二條　本股應辦之事如下：

1. 全校各處整潔之檢查。
2. 分配校工整潔工作，並督促校工，從事整潔。
3. 主辦體格檢查，缺點矯治，缺點復查，並定期測量身長體重。
4. 疾病檢查及預防。
5. 急救及簡單疾病之療治。

7、指導衛生局小醫院。

8、計劃全校衛生應興應革事宜。

6、注意飲料食物之清潔。

第三條　本規程經校務會議通過後施行，修正時同。

二、體育股規程

第一條　本股設股主任一人，由校長聘請之。

第二條　本股主任執行下列各事項：

1、指導及分配學生各種運動。

2、主辦各種運動比賽

3、主持防空，避災等練習。

4、計劃運動器具之設施。

5、管理運動器具。

6、主持有關運動之對外事項。

7、指導體育場。

8.計劃體育上應興革事宜。

第三條　本規程經校務會議通過後施行，修正時同。

三、膳食股規程

第一條　本股設股主任一人，由校長聘請之。

第二條　本股辦理下列各事項：

1.編排膳席。

2.監督廚房改善膳食。

3.隨時檢查飲食料。

4.督促廚工從事膳廳整潔工作。

5.檢查廚房廚工清潔。

6.檢查廚工體格疾病。

7.維持膳廳秩序。

8.按月結算膳費。

9.編排午膳生席次，督促校工從事午膳生用膳場所整潔工作。

10計劃有關膳食之興革事宜。

第三條　學生膳費由校代收，教師膳食由校代辦

第四條　關於廚房之僱用及解約本股得建議於校務會議核議。

第五條　本規程經校務會議通過後施行，修正時同。

四、舍務股規程

第一條　本股設股主任一人，由校長聘請。全體教育均爲本股股員。

第二條　本股應辦事項如下：

1. 編定宿生之牀位。
2. 指導及督促宿生自治。
3. 檢查並督促宿生勤勉秩序及整潔。
4. 注意宿生之健康疾病及治療。
5. 檢查宿生間食。
6. 檢查並登記宿生攜帶來校之菜肴。
7. 注意宿生性教育。

8.主持宿生避災練習。
9.主持宿生請假。
10計劃關於本股應興應革事宜。
第三條　本規程經校務會議通過後施行，修正時同。
至於教職員健康，則另行組織體育會，分設籃球乒乓爬山等隊，利用例假日舉行郊遊聚餐等，並參加第一學區所舉辦的各項體育活動。
每星期二五下午，由市府衛生科派醫師護士各一人，來校担任保健診治工作；如遇急性重病，則臨時請醫生來校校或將病人送入市立病院治療。
兒童自治機關，與學校行政取得密切聯絡，設有衛生局，體育場，俱樂部寄宿生會等。衛生局由六上年級專辦內附設小醫院，又由各級衛生幹事組成衛生隊，體育室及工作室內備有止血治傷等藥械，放置特造的衛生櫃裏；各級任教師處亦備有人丹時疫水等，以便急救。體育場俱樂部都由五下年級兼辦。寄宿生設有膳食，整潔，運動各部。低年組另設小友會，有整潔及遊戲等部。中高年組各級，都設有衛生（兼運動）及整潔幹事；除值日生分組輪流外，每天且設有總值日一人。低年組各級設有整潔及遊戲幹事。

如遇有和全校師生員工健康有關的重大問題，則校務會議，課前會議或校長决定辦法辦理。從下年度起，擬設立衛生委員會。

丙、經費來源及用途

衛生事業經費的來源有四：一、學生雜費，二、兒童自治會費，三、經常設備及臨時費，四、寄宿生附膳生膳餘。以上學期來說：經常設備及臨時費，用於購置衛生模型的有181.3元，廚房膳廳及寢室設備，由膳餘開支的約70元，雜費總收入爲570元，衛生用具藥品消耗計98.1元，體育費計 68.48元，遠足費15元共181.58元，占總收31%，兒童自治會費共收入 120元，體育費20元，俱樂部費 8元，共48元，占總收入40%。總計上學期有關衛生事業之費用約417 元，兒童六百人，每人約占 0.7元。本學期雜費總收入587 元，預算體育 100 元，衛生費50元，遠足費15元，共 165元，占總收入26%强；兒童自治會費總收入約 124元，預算體育費30元，衛生費20元，俱樂部費 5元，共55元，占總收入44%强；大小操場修理費約計 360元，由市府發給臨時費124.93元，餘由校設法撙節彌補。總計本學期約需衛生費用 480元，兒童總數爲六百十九人，平均每人占 0.8元弱。

雜費預算由校務會議決定，兒童自治會費由紫陽新村（本小學兒童自治組織）執行委員會支配。

丁、衛生教學

本小學衛生公民上學期係聯合教學，每天十五分鐘。本學期特定三十分鐘，爲每星期衛生教學的時間，以便作較深刻之研究或較繁複之實習。

衛生教學應注重觀察，所以備有人體骨骼、耳、目等模型及購置自置的種種衛生圖表，以便兒童實地觀察。

衛生教學，應與實際生活聯絡，除利用機會舉行單元設計（如衛生運動衛生展覽種會，牛痘，虎疫年）及擴充衛生室小醫院以資實習外，又由各級推派衛生幹事辦衛生訓練班。

舉辦衛生講演會聘請校外名人，校內教師及由各級推派代表講演衛生常識。

五六年級兒童，年齡較長大的，容易有錯誤的性觀念或行爲，故個別施以性教育。

在這非常時期，又舉行防空（救護，避災，防毒）等演習。

戊、心理衛生測驗和生活調查

心理不健康，生活不正常，影響於兒童學業行為非常重大；有許多問題兒童，都是由此產生的：所以本小學對於這二樁工作特加注意。現在將實施情形，說明如下：

一、心理衛生測驗　此項測驗於上學期中舉行，題目共五十個，係參照 Xa—ttheues 的兒童心理衛生測驗及本小學實際情形擬編的：

1. 你怕黑暗嗎？
2. 你曾看見過鬼怪等異像嗎？
3. 睡覺的時候，你會覺得身體好像往下墜嗎？
4. 你曾經在睡夢中，忽然叫喊起來嗎？
5. 你睡覺的時候，曾經坐起來和爬起來走路嗎？
6. 你睡覺的時候，說夢話嗎？
7. 你當做關於白天遊戲的夢嗎？
8. 你當做同樣的夢嗎？

9. 你常做慌夢嗎？

10 你每天早晨覺得睡眠足夠了嗎？

11 你喜歡一人玩，不大情願同別的小孩一起玩嗎？

12 你別的小孩讓你同他們一起玩嗎？

13 你家裏的人待你好嗎？

14 你曾經從家裏逃到別地方去過嗎？

15 你有過從家裏逃出來的想頭嗎？

16 教你書的一些先生大概待你好嗎？

17 你曾經逃過學嗎？

18 你有過從學校裏逃到別地方去的想頭嗎？

19 你覺得先生待你和待別的學生一樣的嗎？

20 你覺得同學待你和待別的同學一樣的嗎？

21 你容易交朋友嗎？

22 你覺得別人常在你身上找錯處嗎？

23你曾經覺得有人想害你嗎？
24你安於靜坐嗎？
25你無故坐在一間關着的小屋子裏嗎？
26你常覺得快樂嗎？
27你懊惱的時候，曾經拉自己的頭髮，敲自己的身體嗎？
28你曾經大怒過嗎？
29你比別人格外容易破裂撕亂，毀壞各種物品嗎？
30你比別人格外容易跌倒，或被東西絆倒嗎？
31你有剝指甲或挖鼻的習慣嗎？
32你曾無故癡笑嗎？
33極小的事體，容易使你惱怒嗎？
34你歡喜把別人弄到啼哭爲止嗎？
35你常吮啜指頭嗎？
36你歡喜人家呵你癢嗎？

37 你對大小字體都很難决斷嗎？
38 你曾有一决心，想去在什麼東西上放火嗎？
39 你曾有一决心想偷東西嗎？
40 你對人很容易生厭棄嗎？
41 你覺得傷害人或動物是一件趣事嗎？
42 你曾覺得把人家身上的肉咬一口，是一件爽快的事嗎？
43 晚上聽見敲火鐘看見火起你曾發抖嗎？
44 聽見嘈雜的聲音，你覺得頭暈嗎？
45 站在岸上，看江水滚滚的流過去，你要眼花頭暈嗎？
46 聽見防空演習燈火管制的警報，你覺得慌亂嗎？
47 你曾覺得自己是一個非常的壞人嗎？
48 你想你是一個心氣易變發怒無常的人嗎？
49 你曾覺得世界上沒有一個人愛你嗎？
50 你曾情願死去嗎？

心理衞生測驗，限於中高年組兒童，測驗後製成：

1.個人心理缺點分類統計表，以便兒童自行反省，又可作爲教師個別訓導參考，且通知家屬使家長設法糾正子弟錯誤心理。

2.各級心理總缺點統計表，以便各該級級任及衞生自然教師施行級別教訓。

3.全校心理缺點分類統計表，以明白全校兒童心裏普遍缺陷，而實施中心訓練。

4.全校男女兒童心理缺點分別統計表，以明白男女兒童心理之差異，而施行分組訓練。

二、生活調查，生活調查方法，分下列四種：

1.向兒童本人査問。

2.向和該兒童較接近的同學探詢。

3.詢問家庭。

4.用市府衞生科製印的兒童生活調查表，大規模的調查兒童生活狀況。

1.2.3.三項係隨時舉行。而4項則僅於上學期和市府衞生科所派的醫師聯合舉行過一次。（表式附）

兒童生活調查表

姓　名	籍　貫	寓杭州幾年
早餐吃什麼	午晚每餐吃幾碗	
吃飯細嚼否	每天用多少零食錢	
零食由家長給與還是兒童自己去買		
是否　睡	襯裏衫褲幾天換一次	
是否常病	那一種病最多	
先天如何	吃幾個月奶	
放學後在家中時候多還是在外面時候多		
家中有常常咳嗽的人否		

（己）訓練及活動

一、本小學每天定十分鐘爲公民衞生訓練時間，在這時間內，檢查及探討衞生常規，及公民訓練基本條目等能否及如何實踐？並舉行疾病檢查。衞生常規及運動常規，乃爲全校各個兒童都須經常實踐的，特附於下：

1. 衞生常規

（1）每天帶手帕。

（2）用自己的手巾洗臉，自己的茶杯喝開水。

（3）每天喝開水六大杯。

（4）每天早晚一定要刷牙。

（5）飯後一定要漱口。

（6）每天除上午十時左右吃小點，及飯後稍進糖果外，不吃閒食。

（7）不把不能吃的東西，放在嘴裏。

（8）不在攤上買沒有皮殼包紙的東西吃。
（9）閱書須顧到光線及距離。
（10）不用手指挖鼻孔，挖耳朵，擦眼睛。
（11）閉着嘴用鼻子呼吸。
（12）坐立和走路的時候，都要留心腰和背的正直。
（13）指甲常常剪。
（14）不隨地吐痰。
（15）每天早晨大便一次。
（16）冬季每星期至少洗浴一次，夏季每星期至少洗浴三次。
（17）外衣每星期至少換一次，內衣至少每三天換一次。
（18）常常洗頭。男生髮長不得過五分，採小圓頂式，女生童髮，長不得過耳。
（19）校內不戴帽子。
（20）不帶禁書（神怪小說）禁物（彈子爆杖等）及食物進校。
（21）不在教室外面吃小點。

2、運動常規

（1）做各種運動時，人數不宜過多。——浪木同時只能盪二人，軒輊板同時只能坐四人，浪船同時只能坐六人，乒乓球每場只限十五人。

（2）飯前飯後，不做跑跳等劇烈運動。

（3）除上午自治活動及下午課後外，不打乒乓。

（4）上午及下午第一次自治活動停止時，即停止運動。

（5）不佔運動器具，並依次排隊輪流。

（6）運動時不高聲大喊。

（7）住校生得於中高年組放學後，在小遊戲場及三下四上兩教室間的天井內，玩弄運動器具，到住校生停止運動時（五時四十分）。

至於公民訓練的基本條目之關於衞生方面都配置於初級部分。疾病檢查的最要目的，在於發覺疾病，以便從早由校方或家庭設法預防或治療。

二、舉行冬季或夏季衞生運動，整潔及遠足等中心訓練。

三、舉行防空演習及避災練習等。

1•防空演習有上學期本市舉行防空演習時，分防毒，避災，防盜，救護及燈火管制等項舉行。

2•避災練習分全校，級別及住校生三種：全校由體育股主持，級別由體育導師主持，住校生由舍務股主持？

四、定時大便，大便無定時，容易成爲習慣性的便祕，而妨礙健康，所以本小學曾舉行過定時大便訓練備表由兒童逐日記載大便時間，逐漸將時間移至早晨，約經過了二個月，除絕少數兒童外，都能在晨起時通便。

五、本小學因學生人數過多，致活動場所不夠所以規定中高年組各兒童都要攜帶便利個人或少數人活動的用具，如小皮球，毽子，繩索等，而且定於公民衛生訓練時檢查。

六、消費合作社原銷售各種糕餅糖果，從上學期起，因有許多食物缺乏營養料，所以現在只賣麵包。

七、提倡早起，住校生在六點以前走起的，可到運動場及校園中自由遊息；通學生在七點鐘以前進校的，同樣辦理。全校舉行早到比賽，中高年組兒童在七點五十分以前進校，低年組兒童在八點二十分以前進校，都算早到。在十一，十二，一，二，三，五個月裏，早到百分比人數最多的，爲優勝級，給予團體奬標，分高中和低二組比賽。平時，早到人數百分比不滿80%的，算三項活動『勤勞』中的缺點之一。

八、住校生每日六點二十分舉行晨操，中高年組兒童八點鐘時舉行朝操，低年組兒童八點二十分鐘時舉行朝操。朝操時，全體有關教師都參加，以鍛鍊體格。

九、課間課外活動，由全體教師分別指導管理。

十、六月份舉行午睡，使兒童睡眠充足，減輕疲勞。

十一、舉行週會，週會活動分級別及全校兩種，間隔輪流。級活動有郊遊，同樂會等。全校活動有新劇表演，自然表演，音樂會，競歌會等。

十二、春秋季各舉行遠足會一次，低中高三組分別舉行。

十三、運動會，每年在秋季舉行。

十四、舉行整潔比賽，以級爲單位，每日由值日教師檢查各級整潔狀況，記載於三項活動調查簿，每星期結算一次，分低及中高二組比賽。

十五、舉行個人整潔比賽，檢查時分頭髮，顏面，身體，手，衣服，牙齒，六個項目。統計個人整潔缺點，以便和他人比較。各項目又級別統計，以明白各級某項整潔狀況在全校所占的地位。

十六、舉行姿勢比賽，各級選出姿勢最好的兒童，根據立定，行進，動作，時的姿勢，評定全校姿勢最正確的模範兒童。

十七、每學期舉行健康比賽一次。

十八、舉行弈棋比賽，由兒童自治機關俱樂部主持，每級選代表二人，低年組不參加。

十九、上學期舉行冬季衛生講演比賽會一次，下學期舉行夏季衛生講演會一次，每年度都如此，每級選派代表一人參加分低，中高，二組比賽，講題臨時通知。

二十、舉辦越野賽跑，爬山，籃球，(子，跳繩，拉竹，乒乓，拔河，等運動，比賽，每學期各一次。有時數項同一天舉行，有時單項舉行，數項同時，每人參加項目有限制。

二十一、獎勵乘自由車，角力等特技競賽。

(庚)保健及預防工作

一、舉辦健康檢查　每二年舉行健康檢查一次，新生於入學時檢查之。附表式如下：

杭州市政府衛生科

學生康健檢查記錄表

校名　　　　　　　　　　　　　　　　號數

姓名		性別		實足年齡			
		籍貫		住址			
檢查日期		年　月　日		年　月　日		年　月　日	
班次		年級		年級		年級	
檢查項	體重						
	身長						
	視力						
	聽力						
	眼　砂眼						
	眼　眼疾						
	牙齒						
	扁桃腺						
	營養						

目	皮膚						
	心						
	肺						
	其他						
預防接種							
符號		○健全無缺		十輕度缺點		廿較重缺點	卅極重缺點

醫師簽名＿＿＿＿＿＿　　　　健字……號

二、缺點矯治　皮膚病，重沙眼，牙齒，耳病，眼疾，扁桃腺等缺點，都由市政府衛生科，派來的醫師護士担任矯治工作。輕砂眼就由各級衛生幹事矯治，玆附記載表於下：

砂眼矯治記錄表

姓名　　號數　　級數　　校名

日期 月份	一	二	三	四	～二九	三十	三一	治法	結果

月									
月									
月									
月									

符號　顆粒　泥泡　瘢痕　充血

三、缺點復查　沙眼患者，每天由各級衛生幹事點眼藥水，約經過一個月後，施行復查一次。

四、定期測量身長體重，身長每學期測量一次，在學期開始時舉行之。體重每學月測量一次。都由衛生股會同各級衛生教師辦理。如果有發生缺陷的就設法補救。

五、大便檢查　大便檢查的主要目的，在明白兒童腸內有無寄生蟲，有寄生蟲的就由學校或通知家屬設法醫治。

六、舉行結核接種試驗　該項試驗的目的，在測量兒童體內有無結核菌潛伏，有結核菌的，由學校及家庭，共同注意他的營養及運動等。

七、舉行霍亂預防注射　二十二年度下學期五六月間杭州市，霍亂流行，全校教師兒童都行防疫注射。本學期因遇虎疫周期年，所以亦擬在六月初舉辦全校員生工役及民衆夜校學生霍亂預防注射。

八、患傳染病兒童的處置。住校生患傳染病，就施行隔離，以免傳染。通學生患傳染病時，通知家長，領回療治，痊癒後才准入學，就是患疥瘡的亦如此。

九、佈種牛痘，每年春季，由市政府衛生科，派醫生來校，佈種牛痘，凡已滿二年未種的兒童必須佈種，其餘兒童亦准他們種，尤其在天花流行時。

(辛)環境衛生

在學兒童幾全日都在學校中活動，假使沒有衛生的環境，怎能使兒童身心健康？所以本小學事務部設有佈置股，綜理關於懸掛永久衛生標語，張貼衛生運動圖表佈置盆景等，使兒童在衛生環境中過生活。本小學校舍已陳舊不堪，每學年都有改造的地方，紀念廳低級教室，三下，六上，六下教室及一部份教師寢室都在最近六年中翻造或新建。每一年度終了時，把全部校舍嚴密檢查一過，就在暑假期間大修理；平時亦在不斷修理中，泥水，木匠很少斷絕的日子。這樣的校舍，修理費用既大而又小心翼翼的怕出危險，所以已從本年度起向學生徵收校舍建築費，每人每學期一元。預定五年後建築新校舍一部分，十年後，可將全部校舍改為新樣子。其他關於環境衛生，還有許多情形，分項報告如下：

一、教室衛生　教室內的黑板課桌椅及光線空氣等影響於兒童健康很大，所以本小學四年來，已將全部黑板重新整理完成，每教室都裝置一塊或二塊大黑板，暗黑而不光滑，較少反光，懸掛方式，稍向前傾斜，高低以各級兒童，中等身裁為標準。二下，四上課桌椅都為最新造成的；二上，三上，三下經過上學期改造亦已較合理。自然，工作，兩特別教室的桌椅才做成未久。中高年組八學級，除三下用椅子外，都用（子。此後預備每年度添造課桌櫈一堂。二上二下及自然教室，都已開有氣窗，四下教室有蘆簾設備。教室整潔，有一定的整潔工作人員負責，並於每學期中舉行大掃除三次。在天氣鬱悶，或炎熱時，課間，兒童必須出教室。

二、運動場　運動場所總面積5.05畝。大小操場正在本學期用二百六十元經費重新建造完成，小操場北邊已於去年造成水泥欄杆，南邊亦擬於最近期間造成，以防危險，因爲這兩面都是非常陡削的。

三、校園　本小學校園，因在紫陽山麓，所以叫紫陽公園，占地1.14畝，設有花房，果樹園及花壇等，爲兒童日常遊息觀賞的場所，有園丁專負蒔種整理責任。全校各場所，也有鮮花擺飾。

四、舉行大掃除　除開學前及放假後由校工將全校大掃除外，每學期又定期舉行全校大掃除三次。中高年級兒童掃除級教室及整潔區域，排定各級掃除日期在一星期間掃除完畢。公共場所，及低年級各教室由校工排定日程掃除。

五、防止灰塵飛揚　在天氣晴燥時，灰塵到處飛揚，很不衞生。所以各教室走廊等，由各級總值日時常洒水，大小操場由園丁洒水。

六、廚房用具，如碗盞鍋桶等都由學校設置，並備有紗罩，以免蒼蠅等侵入菜肴。除做菜和教師開水用煤燒煮外，燒飯及煮茶水都用松柴，煙氣直通室外。因用自來水不經濟，所以只燒飯，做菜，煮茶用牠，平常洗滌及洗浴洗臉等，仍用井水。污水由陰溝通到校外，且和校外陰溝相銜接。廚工一律着白色圍身裙，並定期檢查他們的體格疾病。廚房及用具隨時打掃洗滌，逐日檢查整潔。飲食料，亦時常施行檢查，以期清潔而富營養。

七、膳廳和住校生盥洗處，都由厨工負責掃除。膳廳，每餐後就要打掃揩抹清潔，每逢星期日舉行大掃除一次，須拖地板，用熱水揩抹食桌。

八、全校有男廁所三處，女廁所二處，然仍不敷應用。每逢紀念週週會等全體集合散開時，非排隊入廁不可，有時密集隊伍竟延長到四丈多。早就想添造，但是沒有適當的場所。大便用馬子，每日清晨倒除，小便槽用水泥裝置，尿由陰溝洩出，逐日由校工將尿槽冲洗數次。每一廁所都有天井或氣窗，以便流通空氣。春夏秋三季，常洒石炭酸水，尤以霉雨季節爲最緊密。經常整潔工作，由校工分別担任。

九、浴室只有三間，採用盆浴，目前僅供住校生應用，將來擬造一淋浴場，以便利全體師生員工。浴後，即將污水倒入水泥槽，流入陰溝中。浴室的掃除和浴盆洗刷，由校工負責。

(壬)住校生衞生

本小學校舍有限，但住校生常多到五六十人，舖位擁擠，不能完全顧到衞生，現除在寢室添闢天窗，以流通空氣外，並擬竭力少收住校生。每寢室裏都派有值日生，逐日輪流做整潔工作，並由值日教師檢查，每星期日舉行大掃除，大整理一次，由值日教師督促指導，和作校生衛生有關的常規有下列二種：

一、膳廳常規（附膳生通用）

1. 聽到膳鐘，就到膳廳前面照席次排隊，由膳食部幹事喊動令，分隊循序進廳。

2. 食時將食物細嚼緩嚥。

3. 有事接洽，說話要輕，無故不談笑。

4. 不多佔座位。

5. 同桌的人都就席，然後舉筷。

6. 吃菜蔬，得由席長，指定先後次序。

7. 吃菜顧牢自己的份子，不過多，不爭搶。

8. 渣滓果殼等物，放在桌上。

9. 菜蔬如有不衞生時應由席長報告膳食部幹事或教師處理。

10 不糟蹋飯菜。

11 不另加錢添菜——家中帶來的菜蔬不禁止，但應經舍務處檢查許可。

12 碗筷自備自洗。

13 就食時，不敲碗筷。

14 膳廳席次須各依編定號碼，不得私自越坐。但例假日，及人數少時不在此例。

15 用膳時間，最少十分鐘最多二十分鐘。

二、寢室常規

1. 按時就寢，晨起不過早。

2. 上下樓梯脚步輕穩。

3. 早起時寢室長或年長同學應叫喚年幼同學。

4. 早起時，應把蚊帳翻上，被條方摺，並將毯子鋪在褥上。

5. 蚊帳毯子一律採用白色。

6. 睡前不吃閒食，寢室裏不藏食物。

7. 睡時不把被蒙頭。

8. 熄燈後及起身鐘前，不談話。

9. 被褥每二星期至少須晒一次。

10學期中，至少應將蚊帳被褥洗滌一次。
11牀上牀下不堆污衣服及雜物。
12箱籠應放在牀下，並不准攜帶笨大箱籠。
13氣温非降至華氏表四十度下，不蓋二牀厚棉被。
14舖位一經編定，不得私自移動。
15不得舍務處許可，不能併舖合睡。
16銀錢在一元以上的，須請各該級任教師代爲保管。
17非經舍務處許可，不得留客住宿。
13患傳染病的須隔離。
19寢室門按時開闢。

住校生寢室裏，從上學期起，不知怎樣發生了臭虫，現除用「非力浦」撲滅外，由各人自己捕捉。
爲住校生養成勞動的身手起見，規定衣服自己洗滌，但年齡過於幼小的除外。

(癸)家庭聯絡及社會運動

家庭聯絡用訪問通訊邀談等辦法，看需要情形，隨時舉行，上學期所舉行的家庭總訪問，結果很良好。

組織除蚊隊滅蠅隊，在校內，家中及學校附近地段，做實際及宣傳撲滅蚊蠅工作。

從前在太廟巷口及巷內，常有攤販引誘左近兒童購買零食在兒童進校和放學時特別多，因兒童無自制能力，難免受害。所以從上學期起決意淸除，一面嚴禁兒童購買，一面勸戒攤販不進本巷，約經過一個月的努力，這工作完成。現在攤販已絕跡。

每當夏天暴雨下降時，吳山山水都向太廟巷奔放，巷內巷口，常漲大水，非但不利行走，而巷內井水亦被滲得汚濁不堪，很有礙本巷居民的衞生，所以本小學於上學期函請市府派工疏導，現在已沒有這種現象了。

舉辦衞生展覽會，請兒童家屬及附近居民來校參觀，以提高他們衞生行動的興趣。

本學期每逢星期日下午二時至四時，派高年級學生二十八，分成二小隊，由導師率領，至學校附近地帶，推行新生活，尤其注意市民隨地吐痰，沿路吃食吸煙等不良習慣的勸止。

在衞生運動宣傳日，由兒童自治機關衞生局派高年級兒童八人至十二人掃除本小學附近的大街小巷。

衞生運動宣傳日或宣傳週內及遇有天花霍亂等時疫流行時，由全體師生向市民，家屬，隣居，親友，用口頭或文字宣傳衞生常識。有時將高級兒童組成宣傳隊，到茶館及其他市民集合場所講演。

在衞生運動宣傳日，由全體師生執拿衞生標語旗幟，攜帶衞生標語，往本小學附近一帶的小巷裏遊行。

杭州市市政府每年舉辦衞生演講比賽一次，浙江省拒毒會每年舉行拒毒演講比賽一次，本小學都派代表參加。

尾聲

衞生教育範圍廣大，實施情形，當非此寥寥短文所能包括詳盡。且本小學同人，識力有限，措施難免有失當之處，還望教育同志予以批評指教！

二十五年四月

衞生設備一

童友三

全校之衞生設備，所含之範圍頗大，爲數亦極夥，欲詳細登記，則無異是一本校具清册，看者亦必不胜其烦。兹分为衣，食，住，育，樂，教具，書籍七項，略舉數例，以見一班；並各附照片以存眞。掛一漏萬，所不計也。

一、衣的方面：

1. 洗衣池
2. 刷衣台
3. 晒衣場

二、食的方面：

1. 鉄絲櫥
2. 鉄絲罩
3. 自來水
4. 茶箱

（刷衣台）

（膳廳及鉄絲罩）

（自來水）

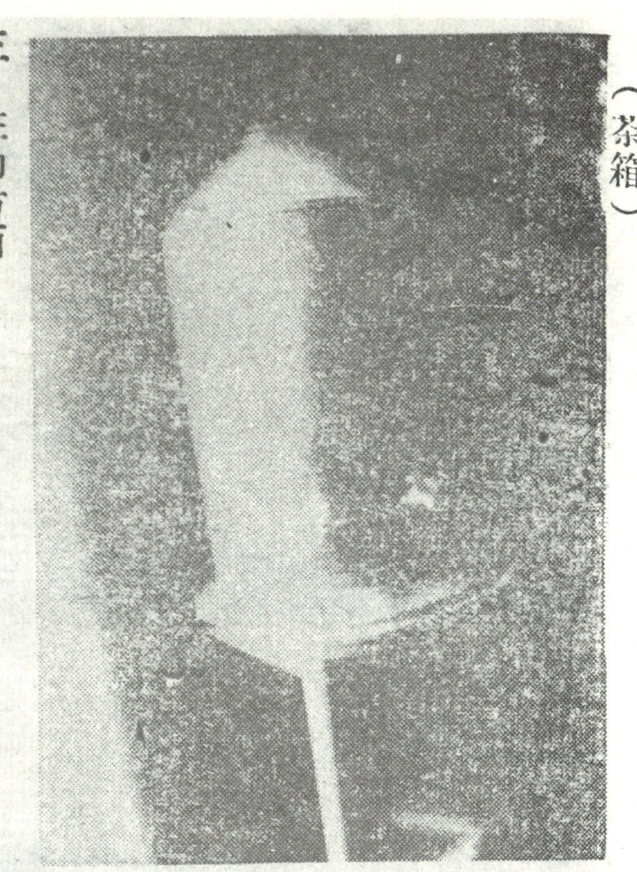

（茶箱）

三、住的方面：

1. 寢室及臥床　2. 廁所

3. 浴室　4. 盥洗處

5. 教室內之整潔台

（臥床）

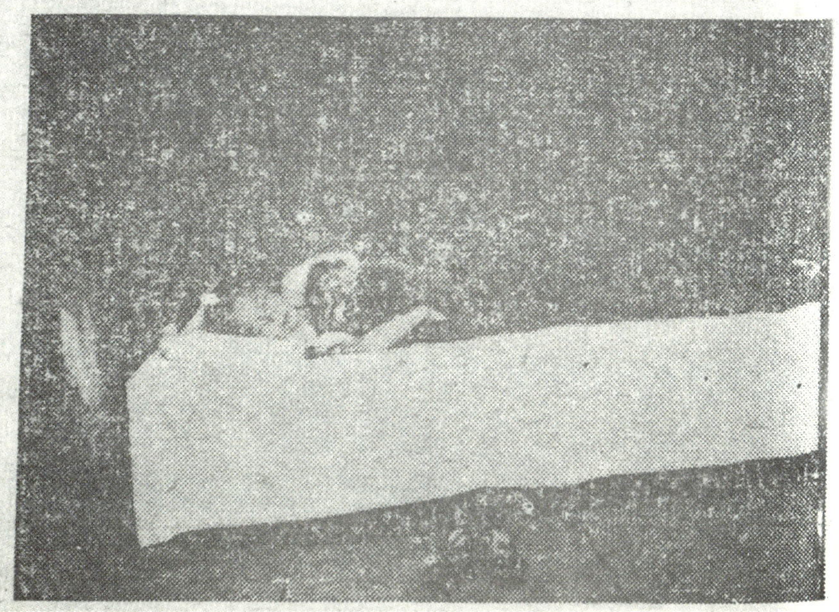

（厠所）

（盥洗處）

（整潔台）

四、育的方面：

甲、鍛練身魄的

1. 籃球，排球

2. 抬球

3. 小皮球

4. 鉄槓

5. 雙槓

6. 大鞦韆

7. 小鞦韆

8. 浪木

9. 攀登器

10 巨人步

11 浪船

12 滑梯

13 天橋及其他

14 脚踏車

15 跳繩

16 毽子

17 體育室

（籃球）

（小鞦韆）

（雙槓）

（大鞦韆）

（巨人步）

（攀登器）

（浪木）

（跳繩）

（體育室一角）

（滑梯）

（浪船）

乙、矯治疾病的

小醫院中之各種儀器，標本，藥品，及用具，詳見小醫院一文。

（小醫院）

五、樂的方面：

1. 鋼琴
2. 風琴
3. 無線電收音機
4. 留聲機
5. 鑼鼓
6. 簫
7. 笛
8. 口琴
9. 胡琴，京胡
10 月琴
11 各種棋
12 娃娃室

六、教具方面：

1. 人體模型
2. 耳的模型
3, 目的模型
4. 各種儀器藥品（存小醫院）
5. 各種圖表

（衞生圖表）

七、書籍方面：

甲、教師參考的

乙、學生閱覽的

高年組

中年組

低年組

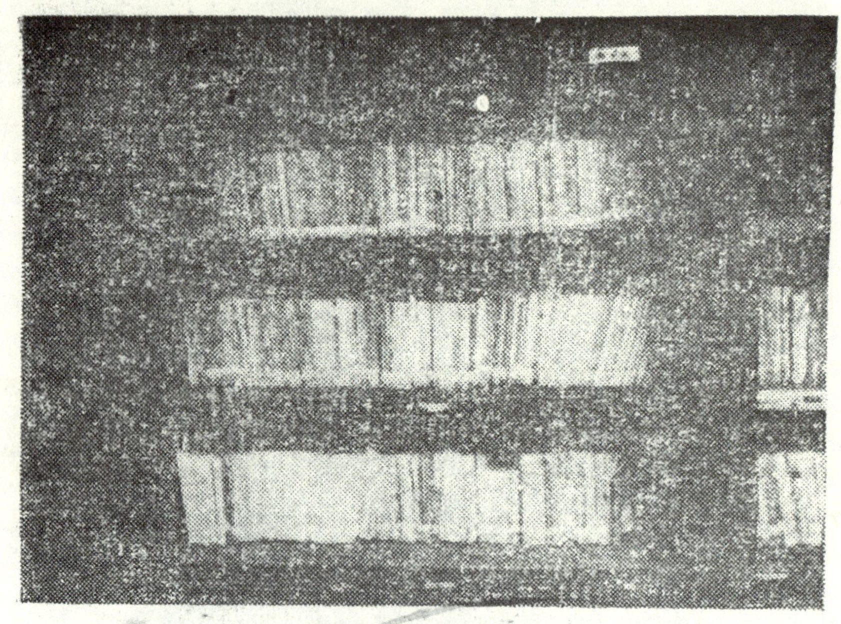

（教師參考書）

（學生閱覽的衞生書）

小醫院的一般情形

林慈之

一、組織：

小醫院是本校中隊長會議（兒童自治組織）隸屬下的一個機關。該院的組織是這樣的：

1.由中隊長會議指定某中隊組織。

2.由中隊長會議聘任院長一人，總理本院一切進行事宜督促指導衞生幹事服務，

3.院長在本隊中聘請幹事六人。

4.各中隊推舉衞生幹事二人。

5.服務人員任期均爲一學期。

6.本院由中隊長會議聘請教師一人爲指導。

7.每月開院務會議一次，遇必要時，得開臨時會。

二、經費：

經費的來源由學校雜費項下開支五十元；又在兒童自治活動費項下支二十元，

將此數先行擬定預算，以便本院事務之進展，茲將本學期預算，開列于後：

1. 衞生設備二十五元。
2. 環境改善特別費十元。
3. 關於衞生活動用費十五元。
4. 醫藥消耗二十元。

三、設備

1. 辦公用品：

桌子一張
椅子二張
墨水一瓶
鋼筆二支
鉛筆二支
漿糊一盒
圖釘一盒

量尺一支
白紙二十張
橡皮一塊
痰盂二只
藥品橱二口
模型橱一只
熱水瓶一只
茶杯四只
病榻一只
面盆架二只
藥水肥皂二塊
毛巾二塊
水壺一只
汚物桶二只

3，記錄（表式附後）

砂眼矯治記錄本

體格檢查記錄表

疾病矯治記錄本

3。醫藥用具：

中式剪刀二把

直洋式剪刀一把

彎洋式剪刀一把

彎式刀子一把

各式鉗子三把

頭鏡一套

壓舌器一塊

滴藥管四個

洗眼壺二把

膿盤二只

消毒器一套

方磁盤二只

測温器一支

括藥刀一把

量杯 〃20 c,c, 〃 〃100 c,c, 〃 二只

天平稱一架

磅稱一架

身長尺一支

探針一枚

牙鑯二盒

視力表一張

聽力表一只

大小玻璃瓶五十五只

白磁油膏罐四只

調藥板一塊

玻璃漏斗一個

洗眼杯二只

4. 應用藥品(標籤)

酒精

硼酸粉

蒸溜水

本品

甘油

松節油

碘酒

綠色素水

鋅養化粉

樟腦酒精
昇汞水
星佛奴液
來沙而
石炭酸溶液
蓖麻油
阿木尼亞水
雙養水
玉樹神油
芳香阿木尼亞
三道年片
阿司必林
金鷄納霜丸
蘇打片

十滴水
蛋白銀
硫酸銅
硫酸鋅水
枸硫酸銅液
硝酸銀液
硼酸軟膏
白凡士林
硫黃軟膏
枸硫銅膏
白汞膏
碘仿軟膏
鋅養油膏
安福消腫膏

橡皮膏
繃帶布
棉花
紗布
止血棉
碘仿紗布

5. 衛生模型

童身全八型
骨骼型
眼型
耳型

6. 分設醫藥櫥——校舍散漫，地皮高低故分設藥品櫥以應急需：

A 勞作室醫藥壁櫥

B 運動場醫藥櫥

四、工作狀況：

1.經常工作——除了特殊活動及臨時工作外，在小醫院中輪值日的幹事，每天必須在規定的時間內，整理用具和藥品，並矯治各種輕微的病症。

2.工作人員——衛生幹事，院長，指導師，醫師，看護。

3.工作時間——上午開放二十分鐘，下午開放二十分鐘，輪值幹事每日二人，院長及指導師，每日一次，醫師及看護，每週二次。

4.活動事項：

A已經做過的：

（一）康健檢查

（二）結核接種試驗

（三）舉行衛生演講競賽會

（四）組織衛生訓練班

（五）參加校外衛生工作

（六）打防疫針

（七）布種牛痘——每學年舉行一次，由衛生科醫師來校播種，三年未種的兒童必須種，其餘可自由參加，本學年種牛痘的占據全校人數百分之六十六（66%）其中男生248人女生115人。

B正在進行的：

（一）檢查大便

（二）健康比賽

（三）砂眼矯治

五、醫治統計（附登記表）

每日如有教師，學生，以及校工，有疾病時，小醫院應負處理之責遇有在幹事的經驗中不能處理時，請導師指示，重者，即轉送市立病院就醫，每在本校自行解決的疾病，要塡寫在醫治登記簿上，現在把本學期三個月中醫治過的疾病，統計出來，可供我們日後辦理衛生事宜的參考：

二十五年四月

二三四 三月份中的統計

月份 / 患的人數 / 疾病	二月份	三月份	四月份	總計
膿種	0	1	0	1
頭癬	0	2	1	3
疥瘡	0	2	4	6
凍痻	8	12	2	22
燙傷	0	1	0	1
碰傷	2	3	1	6
挫傷	0	1	2	3

刀傷	1	5	4	10
擦傷	7	9	10	26
止血	6	8	10	24
骨折	1	0	0	1
耳炎	0	2	1	3
牙痛	2	2	0	4
發熱	1	2	1	4
咳嗽	5	1	3	9
腹瀉	0	0	1	1
傷風	3	4	5	12

腹痛	4	2	1	7
總計	40	57	46	143

廚房廁所浴室之管理

方子雲

在團體生活中，對於廚房廁所浴室等公共衛生問題，常常不易解決，原因是由於場所是否合用？設備是否完善？管理是否合法？尤其以管理方面，頂難解決。現在把本小學的管理辦法，條舉如下：

甲、廚　房

ㄅ、關於廚子身體的：

1. 新來廚子舉行體格檢驗
2. 每隔兩星期各廚子檢驗體格一次
3. 廚子指甲每週檢查一次
4. 廚子衣服被褥每週檢查一次

附檢查表

項目＼姓名					
身體					
指甲					
衣服					
臥具					

附註　合格者記○　不合格者記×

攵、關於廚子勤務的：

1. 飲食用具每日揩抹至少一次
2. 廚房地面每日至少打掃一次
3. 盥洗處每日冲灑一次每逢星期日大掃除一次
4. 膳廳每日打掃三次每逢星期日大掃除一次

附檢查表

項目＼星期	1	2	3	4	5	6	日
飲食用具							
廚房地面							
盥洗處							
膳廳							
備註	做到的記○　不做到的記×						

二、關於食品之檢查：

1. 質料是否富有營養分？

2. 飲食是否潔淨？

3. 有否刺激性？

4. 味覺是否適當？

5. 檢查時刻規定每日上午九時。

附 檢 查 表：

品名／營養分							
蛋白質							
脂肪質							
澱粉質							
葉綠素							
纖維質							

水分							
備註	富有的記○　缺乏的記×						

乙、廁所

ㄅ、勤務方面：

1. 每日清晨由肥料公司倒尿糞一次
2, 每日清晨由校工將馬子外部揩洗一次
3. 尿坑每日由校工至少冲洗兩次
4. 廁所地面每日灑臭藥水至少一次
5, 每逢星期日大掃除一次

ㄆ、檢查方面，列表如下：

附　檢　查　表：

星期／項目	1	2	3	4	5	6	日

屎糞是否倒否							
馬子是否揩乾淨							
屎坑有否熏臭							
臭藥水有否冲淨							
草紙有否亂丢							
備註	做到的記○ 不做到的記×						

丙、浴室

ㄅ、洗浴辦法：

兒童洗浴，由舍務處發給洗浴券，按次入浴。附洗浴券式樣。

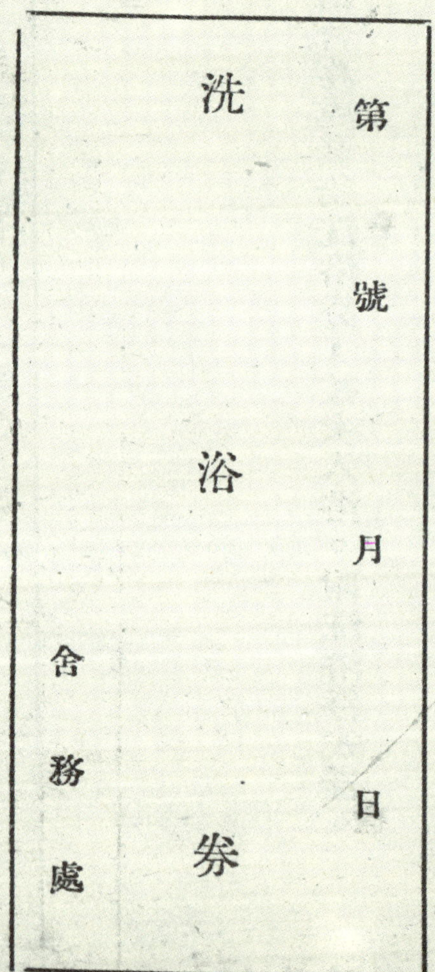

攵、勤務方面：

1. 大小浴盆每日晨間洗滌一次
2. 浴室每日晨間冲洗一次
3. 浴室內每日冲灑臭水一次
4. 浴盆內每日用噴霧器噴射石炭酸水一次

附　檢　查　表：

項目＼星期	1	2	3	4	5	6	日
浴盆是否乾淨							
浴室是否整潔							
浴室內有否臭氣							
臭藥水石炭酸水是否按時噴灑							
備註	做到的記○			不做到的記×			

以上各表所列之考查工作由事務主任，衛生股，膳食股，舍務股分任。至督促勤務，完全由事務主任担任之。

二十五年四月

兒童一天的衛生生活

呂湘南

1. 我們每天早晨六時起牀，起牀後卽整被，撩帳。（牀上一律攤白毯，把被摺成方形。）
2. 接着入盥洗處洗臉，刷牙，理髮。
3. 六時十分舉行晨操或深呼吸。
4. 六時二十分上早自修，做點用腦的工作。
5. 七時用早餐。（住校生用的是稀飯，走讀生有的稀飯，有的糕餅，有的糯米飯，有的大餅油條，惟醫生規定爲荳漿。）
6. 七時二十分至七時五十分又爲時修時間。
7. 八時舉行早會早操。
8. 八點三十分至八點四十五分行舉衛生檢查，檢查項目爲臉，牙齒，手，手帕，身體，衣著，用具，座位，疾病等。
9. 上午八時五十分至十一時三十分，下午一時二十分至三時三十分爲上課時間，低年級須上六節，中年級七節，高年級八節，每節時間爲三十分，上課一節後，有休息五分或十分，或二十分。

10 課程的排列，力求用腦力的和用體力的相間，使有調節，大概上午用腦力的工作較多，下午用體力的工作較多。

11 下午三時至四時爲課外活動時間，活動種類有籃球，跳高，跳遠，鐵槓，游木，雙槓，跳繩，毽子，秋千，爬山，拍球，滾鐵環，乒乓球弈棋等，排定次序，各級輪流。

12 中午十二時與下午六時爲午膳與晚膳時間，菜蔬以新鮮，易消化，富滋養料爲原則。

13 上午十時十五分至十時三十五分，下午二點五十五分至三點五分，規定爲兒童用點時間，點心指定麵包和糖果，可向消費合作社購買。（其他食物，不准攜帶進校。）

14 飯後有的散步於操場和園林，有的學口琴，有的入娛樂室。

15 下午七時至八時十分上夜自修，中間有十分鐘休息。

16 下午八明二十五分就寢。

17 每天定時大便，時間在起牀後或臨睡前，大都已養成習慣。

18 每天飲白開水六大杯。

19 換衣，內衣三日一次，外衣每週一次，夏季平均每日一次。

20 被褥每月洗浴一次。

21 洗浴每週一次，夏季每日一次。

22 洗髮，剪指甲，每週一次，剪髮每半月一次。

23 環境整潔（如教室寢室等）由兒童輪值每日掃除一次，大掃除每月一次。

42 夏季午後增午睡十五分鐘。

附註：以上所述，乃本小學一般兒童的衛生生活，至低年級生及限於家庭環境而不能履行者，當然不在此例。

二十五年四月

馬新超

兒童個人日常衛生檢查

（甲）檢查目的：

一、發覺疾病，以便預防，而免傳染。

二、促進衛生習慣的養成，注意不良姿勢的矯正。

三、檢查清潔狀況。

四、促進家庭注意兒童疾病、衞生、清潔，並改良其家庭生活。

（乙）檢查項目：

一、關於疾病方面的：

1. 精神飽滿還是疲勞？氣色是否失常？

2. 皮膚是否發疹斑，或有瘡癤？

3. 眼結合膜是否紅腫？眼是否流淚？

4. 耳是否流膿？

5. 耳下腺是否腫脹？

6. 頸腺是否腫脹？

7. 鼻孔是否閉塞及流鼻涕？

8. 咽喉是否紅腫，發痛？咳嗽？

9. 扁桃腺是否紅腫或發現白膜？

10 舌苔是否失常？

二、關於衛生習慣方面的：

1.就寢起床是否按時？能睡足十小時嗎？

2.飲食是否失常？

3.大便是否按時通順？

4.早晚都刷牙齒嗎？

5.衣服穿得太多太少嗎？

6.攜帶閒食嗎？

7.手帕帶來嗎？清潔嗎？

8.茶盃帶來嗎？清潔嗎？

9.個人正當娛樂及遊戲用具帶來嗎？

三、關於姿勢方面的：

1.坐得正直嗎？

2.立得正直嗎？

3.坐立時，雙手放在背後，互握直垂嗎？

4. 行走時身體正直，雙手並在左右自然擺動嗎？

四、關於清潔狀況方面的：

1. 顏面項頸有積坭污點嗎？

2. 頭髮整潔嗎？

3. 手和手臂清潔嗎？

4. 指甲剪短嗎？

5. 身體整潔嗎？

6. 衣服整潔，鈕扣扣好嗎？

7. 鞋襪整潔，沒有破綻嗎？

8. 桌椅整潔嗎？

9. 抽屜或書包整潔嗎？

10 座位整潔嗎？

（丙）檢查方法：

一、疾病一項，由級任會同級衛生幹事，在公民衛生班時檢查。

二、衛生習慣，在公民衛生班時，由小隊長檢查。

三、姿勢一項，由各小隊隊長隨時觀察記載。

四、淸潔狀況一項，除桌椅，抽屜，座位隨時觀察檢查外，每日放晚學前，由小隊長檢查一次。

五、應檢查各項目，當根據氣候時節及兒童衛生狀況抽查。

六、檢查結果，將缺點塡表，令兒童帶囘家中，由家長負責督促改正或設法診療。

附表式（一）

疾病檢查記錄表

姓名	
月日／項目	
精神氣色	

皮膚																		
眼睛																		
耳朵																		
耳下腺																		

（衞生習慣及清潔檢查表格式相同不另立）

附表式（二）

姿勢檢查記錄表＿＿＿＿＿＿年級姓名＿＿＿＿＿　＿＿月

項目　日期	1	2	3	4	5	6	…	28	29	30	31
坐											

立											
手											
行進											

附表式（三）

缺點報告表＿＿＿＿年級姓名＿＿＿＿ ＿＿＿月＿＿＿＿日

缺點名稱	預定矯治方法	備註

二十五年四月

課間活動與課外活動

應國俊

這裏並不想說明課間活動與課外活動對於兒童身心健康的重要性，所要說明的，僅不過牠的組織與分配。本小學因爲學生多，場地少，而且校舍的一半還是築在紫陽山麓的，所以，特別要着重組織與分配，才可以使每個學生活動得到，活動得轉。我們以爲好的課間活動與課外活動，應該是：

一、體的活動多，智的活動少。

二、晴天雨天都有活動。

三、各級平均活動，各人平均活動。

而且要每個人：

一、都注意活動。

二、都按時活動。

三、都在規定的場所活動。

四、都照應守的規則活動。

才能活動得快樂，身心有益處。

我們爲要達到上面這幾個條件，我們更注意下面這些事：

一、嚴密組織
二、認眞指導
三、預訂應守規約
四、適宜分配活動場所
五、適宜支配活動項目
六、充實活動用具
七、考核活動成績

現在把課間活動與課外活動的分配，列表於下，看起來似乎比說明好些。其餘還得說明的是：

一、這裏的學校行政，都想與兒童自治打成一片，所以把課間活動與課外活動都稱爲自治活動，而且收發活動用具等事宜亦由中隊長會議（自治組織）之下的體育場、娛樂部、圖書館主持的。

二、課間活動的時間有十分與二十分二種。課外活動的時間均爲三十分。

三、星期三是各組（低，中，高）總集隊，星期六是全校週會或各中隊活動（自治組織）所以沒有排定課外活動。

ㄅ課間活動分配表

1. 低年組

課間自治活動分配表

星期 級別 活動項目	1	2	3	4	5	6
蹺蹺板	二下	一下	二下	二上	二上	一上
浪船	一上	二上	一上	一下	二下	一下
滑梯	一下	一上	一下	二下	一上	二上
秋千	二上	二下	二上	一下	一下	二下

備註	小皮球由各閭自由分配，在紀念廳玩耍。

2. 中年組

三上課間自治活動分配表

種類 鄰別 星期	乒乓	秋千	拍小球	自由活動
一	6	4	1	2,3,5
二	5	2	3	1,4,6
三	4	3	5	1,2,6
四	3	1	2	4,5,6
五	2	6	4	1,3.5
六	1	5	6	2,3,4

三下課間自治活動分配表

類別 種類 星期	乒乓	秋千	攀登器	自由活動
一	1	4	1,2,3（上午） 4,5,6（下午）	
二	2	5		1,3,4,6
三	3	6		1,2,4,5
四	4	1		2,3,5,6
五	5	2		1,3,4,6
六	6	3		1,2,4,5

四上課間自治活動分配表

類別 種類 星期	乒乓	秋千	巨人步	攀登器

一	6	3	1,2	
二	5	2		
三	4	1	5,6	
四	3	5		1,2,4
五	2	6	3,4	
六	1	4		3,5,6

四下課間自治活動分配表

種類 類別 / 星期	乒乓	秋千	巨人步	攀登器
一	1	2		
二	2	6	3,4	

三	3	4		1,2,5
四	4	3	5,6	
五	5	1		3,4,6
六	6	5	1,2	

備註：（1）自由活動指跳繩，踢毽子，拍小球等，用具由兒童自備。

（2）中年組活動用具計有乒乓球二塲，秋千四架，巨人步一架，攀登器一架，小球24個。

（3）都是一間（卽一級）中的一行，約計9人。

3. 高年組

高年組因場所比較廣大，不固定支配項目，只規定每人必須自備用具一種，以便個別活動。用具如小球，毽子，拉鈴，繩，造房屋用石子，棋等。

4. 需要管理或者指導的原故，全體教師是分區負責管訓的。

課間活動導師管訓區域表

紀念廳……低組值日教師

三上三下間場地，濯水路……余朱方三先生

三下四上間場地……董先生

蒼水路小游戲場一帶場地，尋詩徑，梧桐閣路……馬先生

驪騎路，景徽路一帶場地……徐陳二先生

信國路六上教室前面一帶場地……孫先生

中山路，世民路一帶場地……應先生

中山路上面五雲路一帶場地……莫先生

大小操場，崇陽公園，農場……袁呂二先生

中華路，軒轅路……何先生

攵、課外活動分配表

1.低年組

低年組自治活動分配表

星期 / 級別和導師 / 項目	一	二	四	五
搭積木	一下駱	一上葉	二上林	×
看書	二上林	一下駱	二下方	×
自由遊戲	一上王	二下方	一下王	×
山上遊戲	二下方	二上林	一上葉	×
講故事	×	×	×	一上 一下 二上 二下

附註1.如遇天雨本表各項活動概停止另定室內工作

2.室內工作之指導由各該級任担任

3•自由遊戲——分小球，鉄環，浪凳，浪船，滑梯等

2•中年組

中年組自治活動分配表

活動項目 \ 場所 \ 級別及指導者 \ 星期		一	二	四	五	備註
籃球 跳高 跳遠 浪木	大操場	三上朱	三下朱	四上何	四下袁	1. 如遇天雨本表各項活動概停止另定室内工作 2. 室内工作之指導由各該級任担任
小皮球 跳繩 踢毽	小操場	三下何	四上陳	四下朱	三上朱	
遊玩	公園或紫陽紫陽山	四上童	四下何	三上方	三下余	
乒乓 秋千 跳繩 踢毽	東院	四下馬	三上方	三下余	四上童	

晴天時高年組自治活動分配表

活動項目 \ 場所 \ 級別及指導者 \ 星期		一	二	四	五
籃球 跳高 跳遠 浪木 雙槓 鐵干	大操場	六下袁	六上袁	五下袁	五上袁
籃球 小球 跳繩 毽子 拔河	小操場	六上徐	五下徐	五上陳	六下陳
遊玩 爬山	紫陽山及紫陽公園	五下莫	五上呂	六下徐	六上孫
乒乓球 娛樂	紀念廳	五上呂	六下應	六上孫	五下莫

雨天時高年組自治活動分配表

活動項目 \ 級別及指導者 \ 星期	一	二	四	五	備註
講演	六下應	六上孫	五下莫	五上呂	1. 繼續下雨時算雨天 2. 地上不能活動時算雨天
閱書	六上孫	六下應	五上呂	五下莫	
弈棋	五下莫	五上呂	六下應	六上孫	
乒乓	五上呂	五下莫	六上孫	六下應	

高年組各項技能訓練場所時間分配表

星期	一	二	三		四	五	六	
項目	口琴 徐	唱歌 徐	鑼鼓 徐	籃球 袁	口琴 徐	唱歌 徐	絲竹 徐	

時間	場所
下午另時二十五分至另時五十五分	音樂教室
同前	同前
同前	山上
二點至四點	大操場
下午另時三十分至另時五十五分	音樂教室
同前	同前
同前	同前

備註1•每級再分成若干組按項分期輪流活動

二十五年四月

健康比賽之經過

朱廷樫

這次的健康比賽是檢閱我們的小戰士們的體魄已經鍛鍊到什麼地步？能不能洗清我們的恥辱——將東亞病夫的雅號改爲東亞壯士。

1•日期：——民國二十四年十一月一日

2•辦法：——

1•參加的人數——每級每十五人左右可以參加代表一人。

2•入選的標準——經健康檢查後沒有疾病的由該級級任教師與該級學生共同決定取捨

3. 比賽項目——體重，身長，視力，聽力，胸圍，牙齒整潔，營養及仰臥起坐。

4. 評判的標準——聽力，視力，牙齒，整潔，營養，仰臥起坐，各項都能及格的，將重長指數與胸長指數求出，依二數的和的大小定先後次序。

5. 優勝的人數——全校取男生五人女生四人。

6. 獎勵——A紀念週時由教師給予獎辭。

B攝影並每人贈一張。

C贈送衛生用品。

3. 參加的代表：——

年級	姓名			
一上	朱瑶	周埻	馮鍾懿	嚴順祥
一下	盛如貞	王世全	胡林法	葉三多
二上	朱玉琴	朱福祥	陳霽	

二下	鍾瑞英	陳瑞英		
三上	錢景秀	江韻芬	陳翠英	
三下	張乃明	陳雲駿	方煥章	何　渠
四上	潘　治	丘振華	王紹何	張泳棠
四下	汪作棟	羅韻清	王炳奎	高寅春
五上	黃秉德	滕鈞林	張　立	計寶瑞
五下	周桂英	程慧英	壽玉芙	張兆欽
六上	王文清	翁汝梅	沈林書	張繼芳
六下	陳祖光	羅韻定	梁樹傳	

「〇四」

1•體重檢查：——以公斤做單位，並與身長求重長指數＝$\frac{100\sqrt[3]{體重}}{全高}$？

2•身長檢查：——以公分計算

3•視力檢查：——Hm及格

4•聽力檢查：——請醫師決定

5•胸圍檢查：——與身長求出胸長指數＝$\frac{100\times 胸圍}{全高}$

6•牙齒檢查：——以整潔不蛀爲標準

7•整潔檢查：——請醫師決定

8•營養檢查：——請醫師決定

9•仰臥起坐：——以三十次爲標準

4•結果：——很多是因爲牙齒不整潔或營養不足而致落選男生僅取三名女生取二名

男生　第一　滕鈞林　第二　張乃明　第三　陳祖光

女生　第一　張泳棠　第二　高寅春

5•給獎：——優勝的小戰士留影存校第一名贈藥皂一塊手帕五條第二名藥皂一塊手帕

三塊第三名藥皂一塊手帕二塊

6．此後注意點：——

1．改良膳食

2．食有定時定量

3．消費合作社不賣難消化的食品

4．食後必須刷牙

優勝的戰士們

高寅春（女）第二

滕鈞林（男）第一

張泳棠（女）第一

張乃明（男）第二

陳祖光（男）第二

優勝的戰士們

第三　第二　第二　第一　第一

胸圍有多少

立立看有幾公斤

一〇七

看！缺口向那一方

量量多少公分

牙齒清潔不清潔

試試看仰臥坐起有幾次

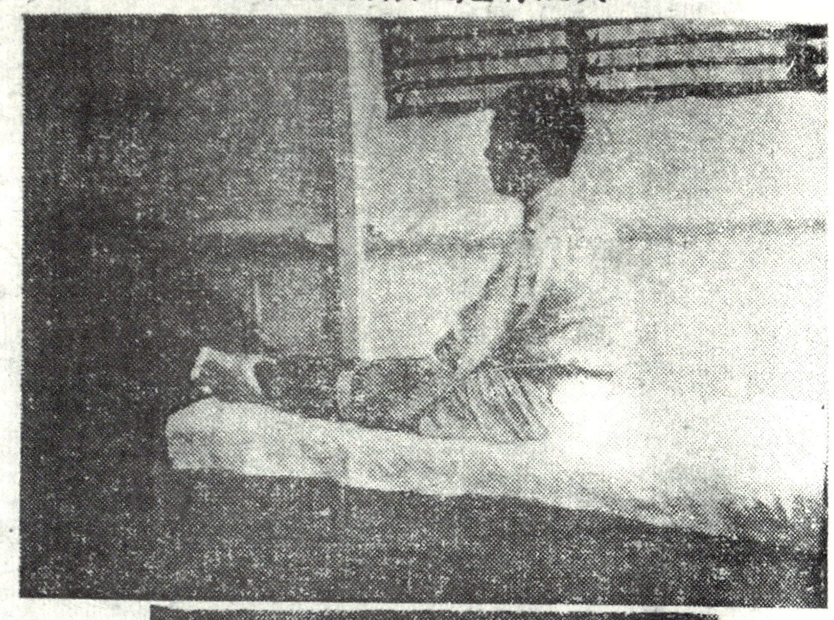

聽聽看聲音有沒有

二十五年四月

一一〇 結核接種的試行

莫仲喬

（一）

結核接種是一種結核的證斷作用，大別之有三：

1. 肺結核
2. 琳巴腺結核
3. 骨結核

接種的目的：

1. 可以測定身體對於結核的抵抗力。
2. 可以測定有無潛伏的結核，並斷定其程度。

診斷的結果，如屬於第二種的話，那末，就應該設法去補救。因此，這種工作，在教育與民族的立場上，價值是很大的。

（二）

本小學舉辦結核接種，始於二十四年度上學期。請託市政府衞生科主持，本校同事負襄助之職。茲將經過情形報告於下：

1.通知學生家屬　在中國的學校裏，舉辦結核接種這件事，沒有像預防接種那麼普遍，因此，在未接種之前，須通知學生家屬。用意是：

1.避免誤會

2.因係初次舉辦，並不加以强制的執行，如某生家屬有謝絕接種的要求，則某生可不參加。

3.接種結果，如診斷某生有强度反應，便與家屬聯絡，共同設法補救。

附通知學生家屬函：

「逕啓者：茲擬爲本小學全體學生施行結核接種試驗。試驗手續，與種牛痘相似，不出血，不痛。試驗結果，可以測定身體對於結核（卽癆病）的抵抗力，及有無潛伏結核，俾得設法預防。倘貴家長對於貴子弟施行此項試驗有異議時，祈於三日內塡具謝絕書通知本小學。如三日內未將謝絕書交下，本小學卽認爲貴家屬對於此項試驗已經同意，當請市政府衞生科醫務人員，妥爲貴子弟施行此項試驗矣。除通告學生外，相應檢同謝絕書一紙，請查照爲荷！此致

貴家長

杭州市立太廟巷小學。」

附謝絕書：

「逕復者：小兒女——因————關係，擬請貴小學暫不施以結核接種試驗，用特聲明，即希查照！此致杭州市立太廟巷小學。家長————具。」

2.實施接種工作　三日以後，依據上項結果，確定受接種測驗的學生數。在全校原有學生603人，接受測驗者計416人，佔全數的69%。從這點上，可知家屬對於這種測驗，尚有相當信仰。惟女生願受測驗者不及男生多，或許因爲女性對於新的試驗，不及男性那麼勇於嘗試罷！茲將男女接受測驗的人數列表比較於於下：

結核接種男女生人數比較表（一）

性別	男	女
原有人數	375	228
受測驗人數	282	134
百分比	75%	59%

3.結核接種測驗的結果　測驗結果，男女陽性反應人數的百分比，女生稍高於男生，

觀下表：

結核接種測驗陽性反應人數統計表(二)

性別	男	女
受測驗人數	282	134
陽性反應人數	114	55
百分比	40%	41%

陽性反應的程度，當然不同，反應弱者，倘不十分嚴重，反應强者，自當立刻設法補救。本小學這次舉辦結核接種測驗的反應程度，請看下表：

結核接種測驗陽性反應程度統計表(三)

反應程度 人數及百分比 性別	弱	中	强	總計

男	98	12	4	114
	86%	10•5%	3•5%	100%
女	51	3	1	55
	93%	5%	2%	100%

從上表我們知道有少數學生，應設法補救，是不可緩的事。

若就學生年齡爲標準來統計結核接種測驗陽性反應的人數，發見比率最低的是六歲的百分之二十七，最高的爲九歲的百分之五十五，一般的現象爲百分之三十五至四十。請看下表：

學生年齡與結核接種測驗陽性反應的關係表(四)

年齡 / 人數及百分比 / 類別	6	7	8	9	10	11	12	13	14	15

受測驗人數	26	37	42	58	58	63	41	51	29	14
陽性反應人數	7	15	17	32	20	28	17	20	9	4
百分比	27%	40%	40%	55%	37%	44%	41%	40%	31%	29%

觀上表，似乎結核病症與年齡沒有多大關係，但我們不能以此小小統計就下斷語，只可供參考吧了。

（三）

結核接種測驗以後，我們既發見許多學生起了陽性反應，當然，應有補救的方法。可惜我們不是醫師，有許多責任，是不能盡的。在可能範圍內，我們找尋了一些方法。

結核接種起了陽性反應的學生，據醫生告訴我們，大都因環境惡劣，營養不良。關於這一點：我們只好去家庭訪問，聯絡家庭來注意下列各點：

1. 設法改良環境，使空氣充分，且令學生養成早起散步的習慣。
2. 增加營養資料，在可能範圍內，供給牛乳，魚肝油……等的滋養品。
3. 對陽性反應程度强的學生，勸告家長卽速令其就醫。

4. 在校內校外，絕對禁止劇烈運動如旅行等，野外活動亦禁止參加。完了，我們覺得非常慚愧，對於結核接種起陽性反應的學生。不能有多大的補救方法供獻。玆將舉辦經過報告，希賢明的醫師及教育者，有以匡正之！

二十五年四月

矯治砂眼之經過

林慈之

砂眼這個病症，已成了我國人的通病，我們知道這種病症，對於人的健康，有密切的關係，並有重大的傳染性。因之想到我校的兒童，也不免有大半患這種病症的，爲了要改善兒童的體格，減少兒童的痛苦起見，所以有肅清砂眼症的必要。

從上學期起，對於矯治兒童身體的缺陷，特別加重於矯治砂眼，現在就把本校矯治砂眼的經過情形報告於下：

（一）檢查

1. 方法——將全校兒童，受市衞生科醫師檢查，有否砂眼症，每人均經詳細察看，分三種符號記載於各級的名單上，最利害的作「×××」次之作「××」最輕的作「

×」。

2，結果——在第一次總檢查時統計下來，患砂眼症的兒童，佔據百分之五十以上，就將各級名單上，患砂眼症的兒童，做出記號，揭示在小醫院中。

砂眼檢查統計

年級	原有的人數	患砂眼的人數	百分比
一上	52	29	56%
一下	51	32	62%
二上	44	16	36%
二下	32	18	56%
三上	46	22	48%
三下	55	24	44%

四上	55	32	58%
四下	54	27	50%
五上	61	34	55%
五下	55	37	67%
六上	54	32	59%
六下	44	21	49%
總計	603	324	53%

3. 訓練兒童——把檢查結果，報告兒童，同時向兒童講述關於砂眼症的常識，如形成砂眼症的原因，發生砂眼症的現象，患砂眼症的爲害，以及今後預防砂眼症的方法，並訓練兒童有勇於受治的精神。

4. 聯絡家庭——全體級任導師舉行家庭訪問，把兒童患砂眼的程度及校方着力矯治的工作情況，報告家屬並灌輸預防及醫治砂眼的常識。喚起家庭中對於兒童砂眼症的注意，學校與家庭，通力合作，以期收效較速。

（二）矯治

1. 藥品：

硫酸銅液。Copper Sulph 1%

枸櫞硫酸銅液 Citric Sulph 1%

硫酸鋅液 Zinc Sulph 1%

2. 點法：每天點一次，將三種藥水調換。

點時，首先用硫酸銅液，經兩週後，調用枸櫞硫酸銅液，再經三星期以後，調用硫酸鋅液，直至點到全愈爲止。因爲專用一種藥水，易使結膜慢性中毒的，所以使其有不同的刺激。用藥由重而輕，可逐漸減輕砂眼的程度。如有『×××』記號的兒童，規定每星期用硼酸粉磨擦一次，以期速愈。

3. 時間——點藥水利用課間，以不妨害正課爲原則，上午或下午，由各級自行決定，擦砂眼，規定於每星期二五兩天中舉行之。

4. 負責人員——擦砂眼的工作，由醫師及看護負担，每天經常點藥工作，中高年級由每級衞生幹事担任，低年級則由級導師任之。

5. 復查——每點藥一月後，就請醫生，將全校各級患砂眼的兒童，舉行復查一次，已經治愈的就在小醫院中張貼的名單上加一治愈的記號，卽令該兒童停止點藥，在名單上很可比較出各級收效的快慢，鼓勵兒童競爭的興趣，以求得兒童努力的就治。

6. 成效——經過一學期的矯治，統計各級的成績如下：

年級	患砂眼人數	治愈人數	百分比
一上	29	14	48%
一下	32	10	31%
二上	16	8	50%
二下	18	7	39%

三上	22	10	45%
三下	24	8	33%
四上	32	12	37%
四下	27	11	40%
五上	34	17	50%
五下	37	17	46%
六上	32	17	56%
六下	21	16	76%
總計	324	147	45%

我們經過一學期的矯治之後，總算得了一部分的成效，統計結果，治愈的兒童佔據

百分之四十五以上，這種結果，雖不能完全滿足我們的希望，也還能差强人意，況且經費上也不十分浩大，除了一部份的藥物是藥房中購得外，大半是自己配合的，因此總計藥品的經費，僅費八元左右，每人的耗費，爲數無幾，所以本學期，仍照以前的方法進行，將矯治未愈的兒童併合於本學期新生患砂眼症的兒童，共同矯治。

我們希望第二期的結果，能憑着我們已往的經驗，兒童固有的習慣，及家庭方面的能切實合作，比較上學期的治愈數更能增加起來，以達到我們肅清砂眼症的目的。

二十五年四月

性教育之實施

——附：關於性教育的討論——

應國俊

這是一個頗感困難的問題，一提起性教育，就有種種反感會出來。一般人以爲性是不可對人言的，決不能施之於教育；一般人以爲性教育是應該實施的，但不知從那里着手好，所以，至今每個學校或者每個家庭，却還沒有看見他們實施過，雖然關於實施性教育的文章，常常在雜誌上有發表着。在都市的小學里，實施性教育實在是極重要的，因爲這班所謂小朋友的，他們耳所聞，目所見，對於性的問題，已早有不正確的了解了。若不加以正當的指導，他們就會沉淪於性的生活里的。我們並不以爲手淫對於有些人一定有害，然而在小學里的兒童，對於手淫，居然也習以爲常，終覺得小而至於他個人的健康，大而至於整個民族的生存，不無重大的關係。因此，我們從上學期起，對於實施性教育，已有一個嘗試。雖然不能說有多少成效，但也不好說沒有成效，我們爲便於實施，在這里，是側重於住校生的，方法非常單純範圍也僅限於已犯手淫的男學生。下面是實施於五十餘人中的一些例子：

1. 甲生，年14.5歲六下年級（姓名故隱）觀察：精神不振作，籃球擲不動。注意檢查他的床舖，一天早上，搜得帶有新鮮精液的襯袴一條，晨操後，我把他叫入房中。

「你今天做過什麼事？」

「沒有什麼事。」

「想想看？」

「……」他有點察覺了。

「你今天換過襯袴了？」

一二四

我話還沒有說完，他要跪在我的眼前了。並且說「應先生，我下次不弄了！」我連忙把他攙牢，安慰他說：

「不要慌，我不會對人去說的。你是有爲的青年，是一個籃球選手，應該愛惜你自己的身體，你近來精神不大好，覺不覺得？要記牢，這是預備做父親用的，不好這樣隨便用掉牠，知不知道？」

「知道。」

「那末，你要早起，要努力練習籃球，就要與別校比賽籃球了，不要使我失望。一條袴拏去洗掉。」

我把袴用紙包好，交給他，送他出房門。

2，乙生，年15.2歲六下年級

觀察：上課要打瞌睡，看他一點沒有力氣。

注意檢查他的床舖，一天早上，搜得帶有新陳精液跡的襯袴一條，晨操後，我把他叫入房中。

「你近來覺得身體不大好，是不是？」

「沒有什麼。」

「那末爲什麼上課時會打瞌睡呢？」

「我也不知道。」

「你有沒有玩生殖器過？」我只好直說了。

「沒有！」他有以爲我寃枉他的神氣。

「我給你看一件東西好不好？」

「什麼東西？」他已有點懇求的樣子了。

我把襯袴拏給他看，並問他最近手淫過幾次。因爲有了證據，他只好老實告訴我。

「三次。」

在二天內要手淫三次，我爲他有些不寒而慄了。

「爲什麼這樣多呢？」

「熬不牢了。」

「是不是常常這樣的呢？」

「……」他不肯說，我想過去當然是常常做的。

「你還是早上的次數多呢？晚上的次數多？」

「早上。」

「你年紀大了，我並不禁止你不犯，可是次數這樣多，終不是個辦法。你自己想想看，怎樣愛惜你的身體？你父親這樣在那里爲生活掙扎，你應該愛你的父親啊！」

「下次我早起。上課時再打瞌睡，你罰我。」

「好，這樣才有希望！你去。」

3. 丙生，年13.2歲六下年級

觀察：先生問他，他就要臉紅，說話不出聲，暗地里要接近女生，看去精神亦不飽滿。

一天，他生病在床，我去望他。

「你的身體眞弱，常常會生病。」

「我頭暈。」

「爲什麼常常頭暈呢？」

「……」

「我看你不是頭暈。」

「……」

「應先生不會對人去說的，你回答我一個問題。」

「……」他頭上的汗流出來了。

「不要怕，應先生因爲想你毛病好」，我把他的汗揩去，一面用手去摸他的生殖器，並且說：

「你常常玩牠嗎？」

他不說話，只是流淚。

「下次不要玩，你的頭暈就是玩牠的緣故。臉要紅，也是玩牠的原故，你知不知道？」

「……」他頭點點，而且把我的手握住了。

「不要慌，不要緊的，只要下次不玩就好了。」我倒了一杯開水給他吃，又安慰了他幾句話，走出了寢室。

4. 丁生，年12.2歲六下年級

觀察：歡喜說壞話，天天遲到，一天我叫他到房里。
「人家說你最不好，你爲什麼常去說人家「時先貨」「嵡怡園」呢？」
「他們先來說我，「買私鹽」。」
你這樣喜歡說這種話，你一定有不對的地方。」
「……」
「你能不能回答我一個問題？要很誠實的告訴我。」
「我能不能回答得出？」
「你一定能夠的——我的問題，就是問你有沒有玩過生殖器？」
「沒有玩過。」他思索了一會。
「怎樣能證明你沒有玩過呢？」
「是沒有玩過。」
靜默了一二分鐘，我又說
「你說沒有玩過，我要檢查的呢！」我要把他的袴脫下來看時，他就很快的說：
「我剝不出的，我阿弟剝得出的。」他說了這一句話，檢查了一遍，我斷定他已手淫過了。

「爲什麽要剝牠呢？」

「晚上撒尿的時候。」

「你阿弟剝出你怎樣看見的？」

「我們同道剝的。」

「你幾時剝起的呢？」

「去年下半年。」

「你現在剝不剝了？」

「不剝了！」

「現在不剝了，頂好。我想，你依我三件事。1.要來得早2.那種話不要說3.退班後，馬上出教室去玩。」

「好的。」

「我問你的話，你不要同你弟弟去說。」

5.

戊生，（丁生弟）年10.1歲，五上年級過了三天，我叫戊生來問，并且加以檢查。

一三〇

「你同哥哥同睡的嗎？」

「同睡的。」

「母親是不是一房間的？」

「不同房間的。」

「我在你身上看一件東西，你不要怕。」

我把他檢查一過，的確包皮已全脫出。

「你怎樣會剝出的呢？」

「與哥哥同道剝的，哥哥剝不出。」

「幾時剝的。」

「下三級的時候」——（與戊生的話不附）

你現在剝不剝了？」

「不剝了。」

「你是很會唱歌的，你不要再剝牠，早上早些來，我下次要檢查的呢。我對你說的話，不必與哥哥說的。」

「叾」他滿口答應了我，才走出房去。

6• 己生，年12•3歲，六下年級

午膳後三人在寢室重談天，我在寢室外偷聽。

己生「考中學要剁教兒的呢。」

庚生「倒有點難爲情的。」

辛生「我們來剁剁看。」

我咳嗽了一聲，走下樓來。他們三人也走下樓來。

晚膳後，我先叫己生來。

「午飯後你們在談什麼？」

「……」

「不要緊，說。」

「說考中學要剁「教兒」的。」

「你們三人有沒有剁呢？」

「沒有」

一三二

「你的身體不大好呢，上課時精神一點沒有，遠足回來，第二天下午你也沒有來上課，你是不是常常在剝生殖器的？」

「沒有」

「讓我檢查。」檢查的結果，知道他包皮已全脫出。

「你說沒有剝過，爲什麼包皮已脫出了？」

「我們兄弟都是這樣的。」

「那個說的？」

「媽媽。」

「我不信，你老實告訴我，應先生是很愛你的，你對我說，我不會對人說的。」我把他抱在膝上，他哭了。我安慰了他許多話，他才開始對我說。

「十歲的時候，有三個同學，把我掀倒來剝的。」

「後來你自己剝不剝呢？」

「不剝」他又說謊了。

「我是很愛你的，你應該聽我的話，——要早起，要當心做日記，你的日記近來比較有進步。

記牢，牢記我的話，不要再玩生殖器了。」

我揩乾了他的臉上的淚，送他到寢室里去。

7 庚生，年12.4歲六下年級

「你在寢室里談什麼？」

「不談什麼

「我聽你們在那里談。」

「……」

「是不是在談剝「教兒」？」

他頭點點，表示是在那里談。

「眞的剝過沒有呢？」

「現在沒有剝。」

「那末從前幾時剝的呢？」

「五歲的時候。」

「現在剁不剁呢，誠實的告訴我。」

「沒有。」

「讓我檢查一下好不好？你袴脫下來，」

「難爲情不難爲情。」

「只有我一個人，沒有什麼的。」

「我不給你檢查的，要檢查，請醫生檢查！」

從他不肯給我檢查的地方看來，知道他現在還在手淫，我變換口氣，與他約定工作。

「好，醫生也不必檢查，但是你應該聽我二句話。」

「可以的」

「1·要早起；2，不同××做伴。」

他說可以的，與他握握手，他反而哭了。

8· 辛生，年14·歲六下年級

「你爲什麼在寢室裏要他們剁「敎兒」呢？」

「我們隨便談起來的。」

「你自己覺不覺得己發育了？」

他頭點點，而且說，

「己發育了。」

「爲什麼這樣喜歡摸人家的生殖器呢？」

「他們先摸我。」

「你們在那里摸的呢？」

「有幾次在廁所里，有幾次在寢室里。」

「人大了，應該知道愛護你的身體。否則，你的眼睛恐怕會得更近視。」

「我單只有摸摸兒。」看他只慌我問到手淫的路上去，自己連忙聲明只有摸摸兒。

「是的，我想，你應該比人家更愛惜身體。你是沒有父親的兒子，你母親多少在希望你呢。你看。前次你有病，他不是急得東問菩薩西求籤嗎。你是懂得我的意思的，現在，我想你依我幾件事，能不能做到？」

「你說出來。」

「第一，你要早起、第二你要努力練習口琴，第三，不得何先生允許，不應與別人拚鋪，第四先把世界偉人傳記去看完。」

「可以的，你以後看好了。」

「好，那末你去，但是這些話，不要與××××去說。」

6．壬生，年15.2歲六下年級

觀察：喜歡接近女生，雖是籃球選手，但精神，不十分飽滿。

星期日的早晨，我與何先生去檢查寢室，在壬生床下有一條新舊精液跡染滿的運動袴，看去有已犯了五六次的情形。我們就把他拏來藏起來了。從這天下午起，看他態度有點偪促不安。過了四天，我們仍把那條運動袴放還原處。促他自覺。

1．第二日與該生見面時，我終先與他打招呼，使他並不怕我。

2．對於每個學生，我們繼續注意他的行動，俟他轉移興趣為止。

附：關於性教育

我的友人何君走來說：「你們所討論的性教育，我很懷疑，今天乘便，到要請教一二。」

「我們〃是同學，請教到不敢，不妨大家提出來談談。」

何——什麽是性教育呢？

應——性教育是包括各種科學的倫理的社會的美育的教訓與陶冶，直接或間接幫助人們（成人孩子男或女）去合理的解决性的問題的一種教育。

何——那末性教育的目的怎樣呢？

應——性教育的目的是：

（一）使人對於性的問題，保持一種坦白的正當的科學的莊重的純潔的態度。

（二）使人對於性器管的構造有適當的知識與有合理的衞生習慣。

（三）使人了解個人性的動作在社會上倫理上心理上優生上應負的責任。

（四）使人知道性欲的不道德與民族生存的關係。

何——我還不懂，究爲什麽要實施性教育？

應——性教育的目的既如上述，那末請你看看現實的一般現象看：

（一）一般兒童從壞人處得了下流的性知識，發狂似的手淫着，你不要救救他們嗎？

（二）七歲不同席，叔嫂不通同，男女授受不親，男女不相知名的古禮，你還得叫他們實行，假裝着正經，相互迴避嗎？

（三）看見女子好當飯吃的色鬼，終日迷蒙於私生行爲中，你忍心看他們自殺嗎？

（四）賣淫生活的風行，法律或無法加以禁止，你得不叫他們自己覺悟嗎？

（五）民族的衰弱，科學的落後，己處於被壓迫的次殖民地位，你得不使他們知道負點責任嗎？

（六）…………

何——實施性教育，既有這樣的理由，那末他們爲什麽還要反對呢？

應——照我想，他們反對的理由是如此：

（一）性是卑鄙齷齪的源泉，祇能暗底里實行不能公開討論；其實，有生命的東西，都脫不了兩性生活，一切事物，都在這兩性生活上發展，成功，本來有像吃飯一樣的純潔，並沒有不好對人言的地方，而且愈不公開，就會覺得他愈卑鄙齷齪。

（二）教育是神聖不可侵犯的事業，怎樣可以把性加到教育上面去，不過教育的本身，就在使壞的成爲好的，使好的成爲更好的，眞因爲教育有這種力量，才配得上稱神聖事業。一般人既然誤解了性，那末教育自然應該來負這個糾正的責任。

（三）他們自己思想不純潔，態度不光明，行爲不正當，言論不坦白，生死關頭不自覺，故看到性，就會想到穢褻的惡劣的方面去了。談到性教育，就以爲爲是淫教育，必定先生對學生，學生對學生，在實行獸性行爲了。

何——性教育與淫教育有什麼分別呢？

應——性教育已如上述，淫教育是反對者想像的結果，我不能明白的答復，否則，請你去問張競生博士去。

何——照你這樣說來，性教育確是目前重要的工作，不過我以爲在兒童時期就實施，未免太早點？

應——不錯，有些人是這樣主張，不過你應該明白：

（一）據近代心理學家Moll氏的硏究，嬰孩對於性欲刺激，就有反應的，何況現在小學里有些將近發育或已發育的兒童。

（二）教育是使人合理的發展，繼續不斷的改造經驗，那末要兒童大起來不以性爲穢褻，不作橫衝直撞的發洩，只有從小施以適當的性教育。

（三）兒童的性知識，你不給他們正當的獲得，他們就會從壞朋友及無知識的工役處探求，但這是極危險的事。

（四）雞的打勢，狗的交雄，羊的攔胎，昆蟲的交尾，母親的懷孕，你不能使小孩不看見，他們對於這些所發生的懷疑，自然應該與以合理的解釋。

（五）我遇到過十二歲的學生因犯了手淫以致神經衰弱，無端的摜破洋燈罩，坐在月下哭。也察覺過男女生互通情書，以致不願用功讀書，意志消沉。這些，自然祇有加以訓導了。

何——性教育叫那些人負責實施？在什麼地方實施？

應——有人主張，母父，教師，醫生來負這個責任，而父母尤是主要的人物。不過我以爲現在中國家庭下的父母，大多是無知識的，或對於性的見解誤會的，那末父母似不能負此責任。醫生自有他的專門事業，要負，也祇能負責社會上的一部分，所以，在目前比較適當的，還是由教師來負責，在學校里實施。

何——做先生的都可負這個責任嗎？

應——那到不然，不懂生殖生物學的，生理衞生學的；態度不莊重，學生無信仰心的；本身對兩性問題發生悲觀的；不能以身作則的，那也不配負這個責任。

何——各級學校都要實施性教育以達到同一的目的嗎？

應——不，小學，中學，大學，自應各施各的性教育。就是同級的學校，也應各施各的性教育。

何——實行性教育，學校里要特設功課嗎？

應——有人主張在有些學校里要特設功課，不過小學里只要在衛生公民自然里乘着時機講些進去好了。

何——小學里實施性教育要注意那幾點？

應——要注意地方很多，現舉幾點於下：

（一）學生年齡不同，需要各異，有些事件，應注重個別指導，以免旁的學生受到不良應響。

（二）男女生應分開、男生由男教師担任，女生由女教師担任，較為便利。

（三）須等學生需要，方才施教，這是教育的根本原則，在性教育上更屬重要

（四）施教者態度要尊嚴自然，言語要莊重認真。

（五）初次對兒童直接用主觀的啓迪性知識，或要得相反的結果，故須間接的從說

明植物的性器官構造和機能講起，進一步及於下等動物，再解釋雌雄或男女的關係。

何——小學里實施性教育有那些適宜的方法？

應——方法很多，祇有因人制宜，因時制宜，因事制宜的去看所發生的事實如何，方能斷定。現爲擧一反三起見，提供幾項於後：

（一）生物生殖的原理，人類生命的起源，必須要間接或直接解釋明白，以保持其純潔。

（二）在必要時須說明縱欲的危險，指示性的衞生。

（三）禁閱淫書淫畫。

（四）指導正當的社交方法。

（五）學生有問題時，必需開誠布公回答，不能與以欺騙或隱瞞。

（六）提倡課外作業，如組織音樂會，球類比賽。，美術硏究會，自然硏究會，移轉兒童的性慾衝動到正當的事業上去發洩。

（七）講述古來偉人成功的事蹟，以去邪念。

（八）注意衣食的調節，務使不飽暖以思淫欲。

（九）養成規定時間睡眠，務使未倦勿睡，醒後即起，睡時雙手伸出被外的習慣。

（十）他如養成良好品行，定時個別詢問與勸解，隨時檢查與注意，都是有效的方法。

何——我對於性教育大略已知道一點，對不起，費了你許多時間。

應——豈敢，有問題請盡量提出，以便互相研究。

二十五年四月

校外衛生活動之參加

余大榕

校外衛生活動之參加，在使兒童獲得實際的衛生知識，並以其所知，傳佈於社會，引起民衆對於衛生的注意。本小學對外的衛生活動，約有下列數項：

1. 推行新生活
2. 掃除街道
3. 宣傳衛生常識
4. 遊行
5. 參加衛生及拒毒演講比賽

上列各項活動，其參加辦法，有如下述：

1. 推行新生活

（一）日期——每星期星期日下午二時至四時。

（二）組織——每次派定高級學生二十人，分成二小隊由導師二人率領。

（三）區域——本校附近一帶的大街小巷。

（四）訓練——對於隊員，除隨時訓練外，更於每次出發前，舉行半小時談話會，將推行新生活應該注意的事宜，逐項說明。

（五）推行事項——除一般所規定者外，尤其注意隨地吐痰，沿路吃食吸煙等不良習慣的勸止。

2. 掃除街道：

（一）日期——衛生運動宣傳日。

（二）人數——中高年級學生每級二人至四人。

（三）區域——本校附近一帶的大街小巷。

3. 宣傳衛生常識：

（一）日期——除衛生運動宣傳日必須舉行外，其餘日期，視需要而决定。
（二）對象——市民，家屬，親友及鄰居。
（三）宣傳者——全體師生。
（四）宣傳方法——分口頭文字兩項。
（五）演講隊——由高級學生担任，請定導師率領，前往茶館及其他公共場所，向一般市民演講。演講材料，以切實，有趣並故事化爲主。
4.遊行：
（一）日期——衛生運動宣傳日。
（二）人數——全體師生。
（三）區域——本校附近一帶的小巷內。
（四）準備——每兩人備衛生標語旗一面。
5.參加衛生及拒毒演講比賽——本市市政府，每年舉辦衛生演講比賽一次，浙江省拒毒演講比賽一次，本小學均派代表參加。
（一）代表的產生——於出席比賽前，各級推派代表一人至四人，在校內舉行演講比賽，演講得優勝者卽作爲全校代表，出席對外比賽。

（二）練習——代表產出後，於每天早會時演講一次，以資練習。

★關於參加校外衞生活動的話，已經說完了，黏附照片數張，以示活動情形的一斑，兼作本文的結束：

掃除街道

演講

宣傳隊出發

行遊

二十五年四月

兒童怎樣做整潔

孫志崐

指導兒童做點整潔工作，是一件輕易而平凡的事，不會引起我們的注意，更不會鼓動我們對太問題的研究興趣。實在問題往往發生在這些輕易而平凡的事件上。假使我們能切實地回憶一下自己服務小學教育界的經驗一定肯承認兒童的做整潔工作是還有問題的：

1. 氣喘汗流的兒童在灰塵飛揚中做整潔工作，是衛生的嗎？

2. 一邊掃地，一邊掃地，地面乾淨，桌面還是不潔，這是節省兒童的時力嗎？

3. 許多值日兒童因奪做輕易的整潔工作，而相打相罵，這是應該的嗎？

4. 許多值日兒童因奪用完好的整潔工具，而相打相罵，這是正當的嗎？

5. 先生因事不能督做整潔時，兒童就逃避值日，或敷衍塞責，好讓他去嗎？

6. 整潔工作完畢掃帚，畚箕亂拋，會無礙教室的美觀嗎？

7. 弱小兒童常輪到做整潔工作，這是公平待遇，普遍訓練嗎？

問題自然還有，不過這七個是其中的犖犖大者。原來在學兒童的做整潔工作，不是個人，而是團體；不是固定的，而是輪流的，不是簡單的，而是復雜的；更不是成人，而是兒童。需要相當的組織，合理的分配；完善的設備，負責的督促……才會收分工合作，時半功倍之效。下面是本小學兒童做整潔工作的方法，也可說是經過幾次改進後的結晶，牠的優點，就是能使上述的七個問題，獲得解決：

1. 公共整潔區域的劃分——一級的兒童除担任本級教室的整潔工作外，還要担任一塊公共區域的整潔工作，這劃分公共整潔區域的責任，是由訓導處負的。每學期劃分一次，劃分時並以年級高低，場地大小與級教室的距離遠近等爲依據。本學期是這樣的劃分着：

三上——亭林路，舜水路。

三下——黎洲路，繼光路，三下，三上兩級教室間的天井。

四上——南宮舫路，三下，四上兩級教室間的天井。

四下——垂釣磯路，小遊戲場，蒼水路一帶場地。

五上——五雲路西半段，廁所前面走廊，及附近一帶場地。

五下——五雲路東半段，中山路上面及附近一帶空地。

六上——信國路，本教室前面的走廊和天井，景徽路及附近一帶場地。

六下——世民路，中山路及兩旁的場地。

2.做整潔工作的時間——規定下午放學後。這時，通學生已離校回家了，住校生已出室休息了，所以做起整潔工作來，非特不會妨礙兒童的作業和身心，就是整潔工作自身，也不會受到阻撓了。

3. 一級的整潔設備：

竹絲掃帚二把——掃公共整潔區域用

蘆花掃帚二把——掃教室用

抹布三塊——抹桌椅這件工作，每天是由三個兒童負担的，所以備抹布三塊。

面布一塊

面盆一個

噴水壺一把

雞毛帚一個

黑板揩三個

平面鏡一面

字紙筒一個

清潔台一具——牆壁較厚的教室，設在壁內；牆壁較薄的教室設在壁角，備兒童置放整潔用具，以保持教室美觀。(掃帚，畚箕的柄，須截短)

下面是台的略圖：

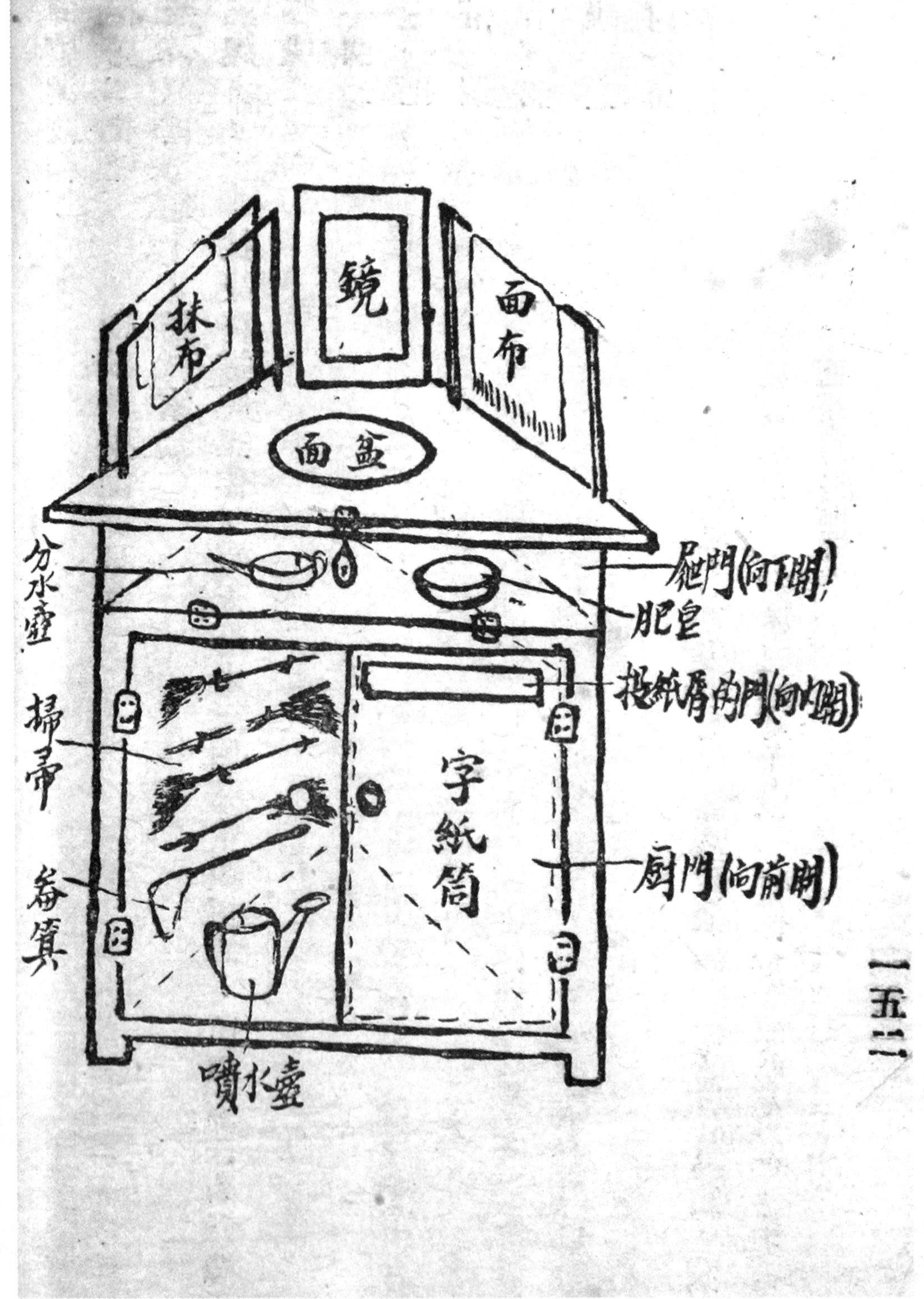

一五二

4、工作人員的產生及其職責：

（一）整潔幹事——每級兩人，由各級兒童自行推選，輪流主持各該級的整潔事宜：如分配整潔工作，督促整潔工作，領發整潔用具等。

（二）值日生——一級兒童除整潔幹事外，都有充任值日生的義務，每級分成六組，每組約計九人，分任每天的整潔工作。

5、整潔工作的項目——分（掃教室）（掃公共整潔區域）（翻櫈）（洒水）（抹桌椅）（抹黑板）（對桌椅）（撣門窗板壁）（倒垃圾）（理整潔台）等十項。至於（撣天花板）（拖地板）等，是限定在大掃除時舉行的。

6、整潔工作的分配——整潔工作的項目中，有繁重的，也有輕易的，所以分量上，分配得恰當，是很爲難的。現在我們依照本小學的實際情形，參酌兒童們自己的意見，暫作這樣的分配：

掃教室——二人

掃公共整潔區域——二人

翻櫈，洒水，抹黑板。（把櫈子翻到桌上是全體兒童在放學前應盡的責任）——

一人

抹桌椅對桌椅————三人

撣門窗板壁，倒垃圾，理清潔台————一人

人數己照工作的分量分配好了，再說，負責者的派定吧：負責者的派定是整潔幹事每天的例行工作，整潔幹事在早自修退時，召集當天的值日兒童，前來抽籤（籤用畫紙成做，上塡1．2．3．4．5．6．7．8．9．數字）抽完後，整潔幹事，就在整潔工作分配牌上，註明是項工作的負責者姓名，假如值日王小毛抽了一個2字，那末，就把王小毛三字塡整潔工作分配牌的2字項下，這時便可看出他的任務是（掃教室）整潔工作分配牌的式樣是：

工作	項目	掃教室		掃公共區域		翻櫈洒水抹黑板	抹桌椅對桌椅			撣門窗板壁倒垃圾理整潔台
	號次	1	2	3	4	5	6	7	8	9
担任者	姓名		王小毛							

附註（一）牌須木製，白漆，紅格，黑字。

（二）姓名因需逐日更改，可用墨寫，其他各項，有固定性的須用漆寫，

（三）如當天的值日兒童姓氏各異，牌上單塡姓氏也夠了。

7. 做整潔工作的順序：

(一)教室方面——翻櫈，洒水，掃地，擦門窗板壁，抹桌椅，抹黑板，對桌椅，倒垃圾，理清潔台。

(二)區域地方面——是洒水，倒垃圾。

8，整潔成績的考查：

(一)值日教師考查當天全校各級的整潔成績，並將考查結果記入三項活動調查表上攷查表如下：

＿＿年級（＿＿紫閣）整潔攷查　第＿＿週

項目＼星期	一	二	三	四	五	六	總計
地板							
黑板							
桌椅							
抽屜							

痰盂						
字紙筒						
門窗						
用具						
公共區						
總計						
備註	整潔的不記　不整潔的記(×)					

(二)級任教師攷查當天一級的整潔成績。有問題時，就可在公民衛生課內公開討論

。

（三）整潔幹事攷查每組的整潔成績，比較優劣報告中隊會議。

9，整潔成績優良者的獎勵——值日教師的整潔攷查滿一週后，卽行結算，求出本週最整潔的年級，在下週紀念週中發給整潔獎標。兒童領到這種獎標后，會歡天喜地的貼到自己的教室裏去，備別級觀摩，供本級慰藉。

獎標式樣如下：

同時將全校各級一週間的整潔成績，排成優先劣后的級次，把級次的數字塡寫入表，公開揭示，來激發兒童的競爭心。

表的式樣如下：

看那級最整潔？——年度——學期

年級＼次數	1	2	3	4	5	6	7	8	9	10	11	12	13	14	15	16	17	18	19	20	21
六下																					
六上																					
五下																					
五上甲																					
五上乙																					
四下																					
四上																					

三下	三上	二下	二上	一下	一上

實施非常時期教育中的衛生科教學綱要

二十五年四月　　教務部

（此係本小學實施非常時期教育各科作業要項之一）

甲作業要項；

一、習慣方面：

1. 養成自己整理並洗滌被褥衣服的習慣。
2. 養成吃冷飯的習慣。
3. 養成只吃青菜豆腐的習慣。
4. 養成定時大小便的習慣。
5. 養成每夜八時睡，次晨五時半起的習慣。
6. 養成熱天不拏扇冷天不圍圍巾的習慣。
7. 養成跌交不哭的習慣。
8. 養成行路不怕日光，不避風雨的習慣。
9. 養成走路靠左的習慣。
10 養成會走山路的習慣。
11 養成發警報時不慌張的習慣。
12 養成燈火管制時能忍耐黑暗的習慣。

二 知能方面：

1. 能知道水的清潔法。

2. 能減少自己得病的機會。
3. 能看護病人。
4. 能知道躲避毒氣的方法。
5. 能作消毒工作。
6. 能知道止血的方法。
7. 能知道人工呼吸法
8. 能知道搬運病人法。
9. 能知道繃帶使用法。
10 能知道暈倒，溺死，火傷，骨折，脫臼創傷，觸電中毒，窒息等的急救法。
11 能作衞生宣傳。
12 能知道育嬰的方法。

乙、教學要點：

1. 教學時須按照程度再分成若干細目。
2. 此項作業非但要使學生知，而且應使他們行。

3. 此項作業非但使學生個人知，而且應使學生組織集團行（如救護隊，消毒隊，宣傳隊……等）

4. 此項作業應常常在校內或校外設計練習——如避災練習，救護練習等。

5. 此項作業應與家庭聯絡，以收家屬共赴國難之效。

二十五年五月

姿勢訓練的具體辦法

馬新超

從橫式的獸類演成直式的人類，雖然已有頗屬悠久的歷史，但人類的脊柱還不能堅強到足以抗拒地心吸力牽引的程度，而隨在有變成壞姿勢的可能；所以欲使人類對於維持直立的狀態，有充分的能力，由圓熟的習慣而進於自然，尙待全人類長時間的努力——加緊姿勢訓練。

猩猩式駝背，鴿子式，脊柱偏彎，圓背聳肩等惡劣的姿勢：都要壓迫內臟，使牠們安置不適當，機能不健全而逐漸形成肺癆病，心臟病，腸胃病……。姿勢訓練的眞正目的，非僅在求外體形式的優美，而在造成强健的體格。

軀幹的姿勢靠脊柱支持；兒童時代，骨的成分，膠質多於石灰質，容易挺直和彎曲，所以好姿勢的養成壞姿勢的矯治，都宜在兒童時代。而且脊柱的正直，靠肌肉維繫，兒童時代，肌肉正在發育，若使用不當，發育就要不平均，而成畸形。還有肌肉維繫脊柱的工作是由小腦調節的，兒童時代腦質未有完全發育，對於這種調節機能很不熟練，學好就好，學壞就壞，一等好壞成習之後，就不容易變更了根據上列理由，姿勢訓練，應在兒童時代，由家屬及教師共同負責。

兒童姿勢訓練實屬必要的！現在把訓練的具體辦法，擇本小學已實施研究有結果或正擬實施且較重要的分述於左：

一、確定坐，立，行，閱讀，寫作及行禮的正當姿勢，作爲訓練的準則，使兒童，教師，家屬都有所依據。

1.座的姿勢：

ㄅ、手：兩手放在背後，輕輕互握，從抗禦頸椎脊椎所受的地心牽引力，而幫助胸飢，使胸膛略前，且可免除聳肩。

ㄆ、身體：正直。

ㄇ、胸：略向前挺。

匸、頭：正直。

万、目光：前視。

勿、足：上下腿彎成直角，兩脚跟平放着地，向左右略微分開。

云、其牠椅凳要平正，距離要適當。

2. 立的姿勢：

勹、手：立正時兩手垂直，稍息時兩手放在背後互握。

攵、身體：正直——就是下頦和腹部均稍向後縮，使後腦，臀部，脚跟成一直線。

冂、胸：略向前挺。

匸、頭：正直。

万、目光：向前平視。

勿、肩：平正。

3. 行的姿勢：

勹、手：自然搖動。

ㄆ、身體：正直。
ㄇ、胸：略向前挺。
ㄈ、頭：正直。
ㄉ、目光：向前平視。
ㄉ、其牠：舉步要平穩輕快。

4. 閱讀和寫作的姿勢：
ㄅ、手：置放桌上。
ㄆ、身體：正直。
ㄇ、頭：略向前傾。
ㄈ、視線：隨桌面平，斜的，不同和目的物成四十五度至十五度的角度，並保持一尺零五分的距離。
ㄉ、其牠：注意光線。

5. 行禮的姿勢：
ㄅ、手：行舉手禮時，舉手須有精神，行注目禮或鞠躬禮時，兩手須垂直。

ㄆ、身體：行舉手禮或注目禮的時候須正直，行鞠躬禮時上身須彎開成四十五度的角度。

ㄇ、頭：正直。

ㄈ、目光：行舉手禮或注目禮時，目光隨目的物移動，行鞠躬禮時，目光前視。

ㄉ、足：足跟靠攏，足尖略分開，膝踝靠攏。

ㄊ、肩：平正。

3.其牠：行禮須有恭敬親愛的表情。

二、好姿勢的養成，非一朝一夕所能奏效，而教師和家屬，亦決不能時刻伴隨兒童從事督促糾正，所以應該使兒童明瞭好姿勢的必需養成，能自己隨在注意牠。有效的辦法是：

1.培養兒童的衛生知識，使兒童明瞭；

ㄅ、姿勢和健康的關係。

ㄆ、所謂標準姿勢和牠的養成方法。

ㄇ、不正確姿勢的由來和醫療矯治的方法。

2. 佈置姿勢比較圖，姿勢棒，有關姿勢的標語，照片及鏡子等，於適當場所。
3. 改良設備——如桌椅道路等以減少兒童難於注意姿勢的機會。
4. 改良兒童服裝，使兒童動作自如。
5. 教師家長和兒童自治機關的服務人員——如巡察員，衞生幹事等，隨時隨地負責矯正不良的姿勢
6. 教師和家屬須常常提醒兒童，免使兒童日久頑生。
7. 各級隨時根據姿勢標準，舉行姿勢檢查。
8. 訓練兒童相互督促彼此的姿勢。
9. 兒童要立，要坐，要行，要閱讀，要寫作的時間，不可太長，使兒童不致無力維持適當的姿勢。

三、兒童優良姿勢的養成，和惡劣姿勢的矯治，除上述規定各種正確姿勢和隨時使兒童自行注意外，還有下列各方法，對於姿勢的訓練和糾正，亦有極大的幫助，但須由教師及家屬共同注意，努力：

1. 根據美國紐約公共學校班克樂夫特女士（Miss Banoroft）發明的姿勢考驗法，舉

行定期或不定期的級別，組別——低，中，高或全校的姿勢考驗或比賽，優勝的兒童，給以相當的獎勵。

2，聯絡家庭請家屬協助訓練或糾正姿勢。

3，舉行姿勢中心訓練。

4．演示各種優良姿勢，教師須以身作則。

5，用體操動作，——教材須適宜有效，改正惡劣姿勢。

6，設置吊槓，單槓，雙槓，肋木，攀登器；於公共場所，以便兒童於遊戲中糾正不良姿勢。

7，家屬，親戚，師友及社會上有姿勢惡劣的，應明白告知兒童，以免因好奇而學習。

8．使兒童營養良好，睡眠充足——晨起不必過早。

9。患有耳病，眼病及佝僂病，軟骨病的兒童，須急請醫生治療。

10在重聽及近視尚未矯正的兒童，教室座位須酌移到前列。

11各級年長失學身材特高的兒童，應予以解釋鼓勵，而免彎腰曲背，，青春期女生，尤宜注意。

12 禁止在光線不足的地方，閱讀字跡細小的課外書。

13 乳嬰不宜直抱，小兒學步不必過早，學步時，父母等牽攜左右手，應常常調換，並須伸手向下遷就兒童，以免側身仰攀；入學後，自可省却矯正姿勢的麻煩。

14 小兒應常昂首挺胸，不宜拘泥於舊習慣，故作老成持重彬彬有禮的態度；冬天切忌袖手。

15 一手不宜常挾持過重的物件；書包以背背或肩背爲妥當，手提箱不適宜。

16 禁止兒童以手掌托面頰或頭頸。

17 兒童衣服應隨天氣冷暖而增減，不宜過多或過少。

四、服式的適宜與否和兒童的姿勢有極大的影響，欲使兒童姿勢優良身體健康，服式必須寬舒，輕便而有彈性，本小學實施結果，認爲適於養成良好姿勢的服式是：

1. 低年級兒童服式：

ㄅ、春、夏、秋、季：採用國產棉織品工裝上白下藍有背帶，式樣如圖：

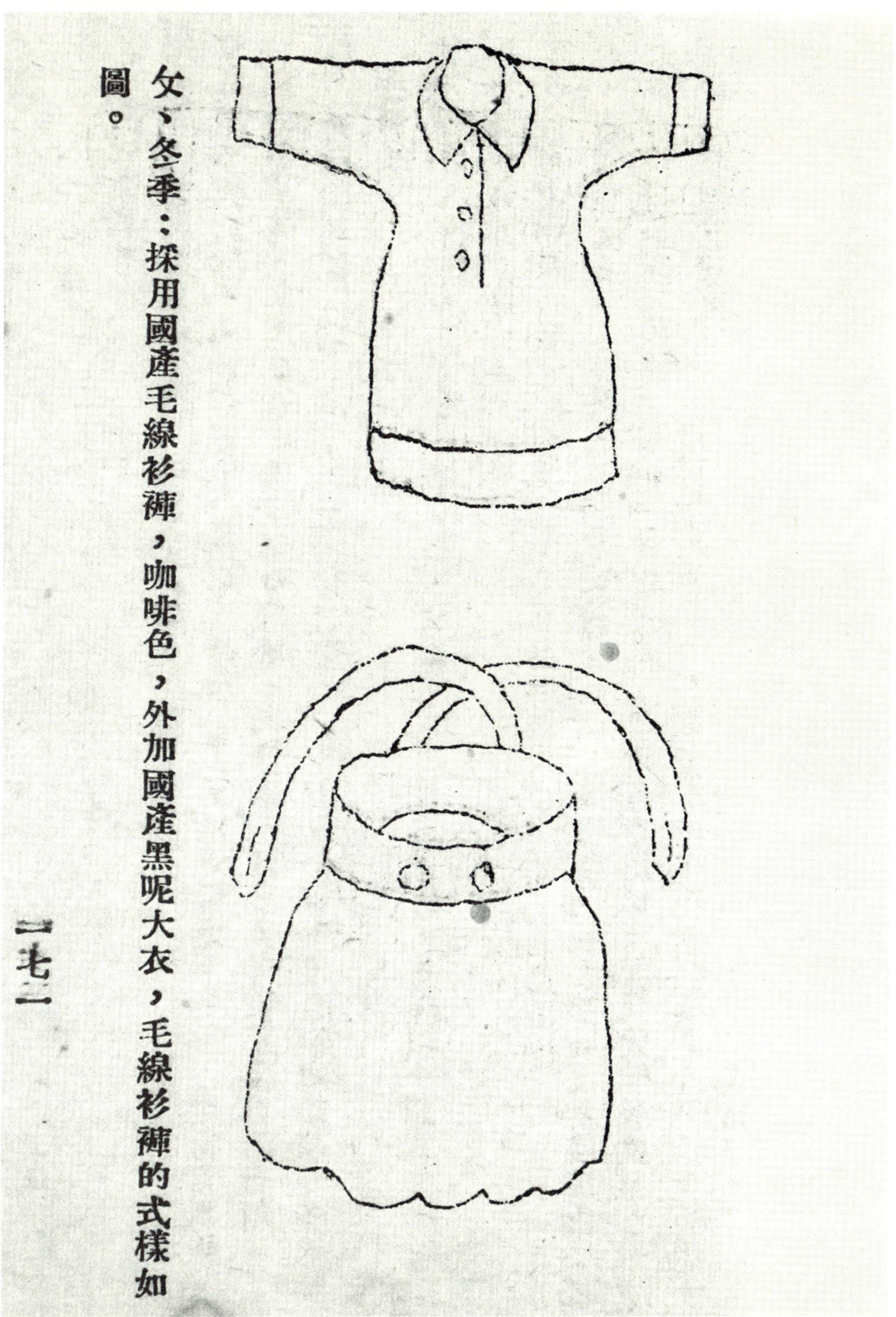

ㄆ、冬季：採用國產毛線衫褲，咖啡色，外加國產黑呢大衣，毛線衫褲的式樣如圖。

一七二

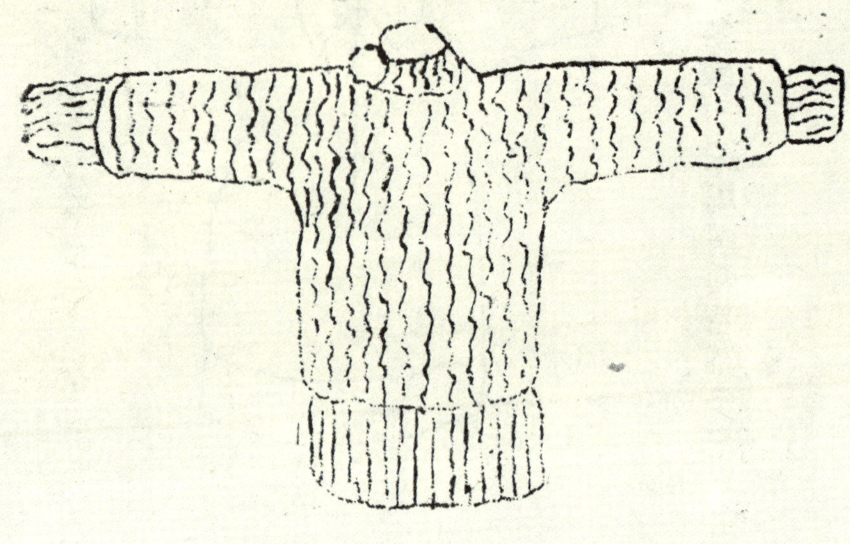

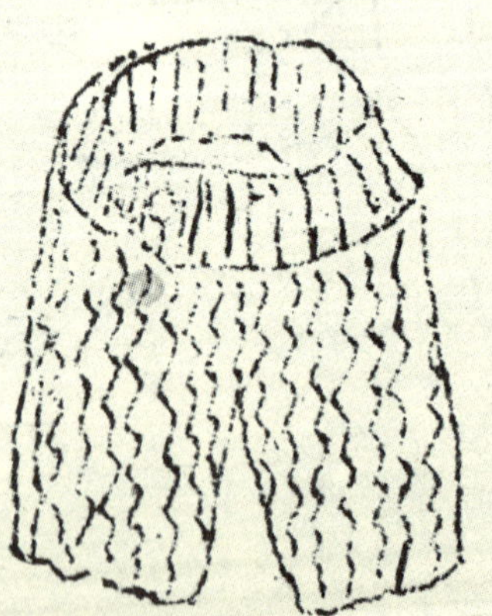

2.中高年級兒童的服式：

ㄅ、春，秋季：採用國產黃色斜紋童軍裝。

ㄆ、夏季衣服須寬大，男生採用國產白色棉織品，大翻領，短袖（肘上一寸五分）襯衫及短褲（膝上二寸），女生採用國產棉織品，白色大翻領短袖（肘上一寸五分）上衣及藍色短裙（齊膝女童軍裙）。式樣如圖：

甲、男生式：

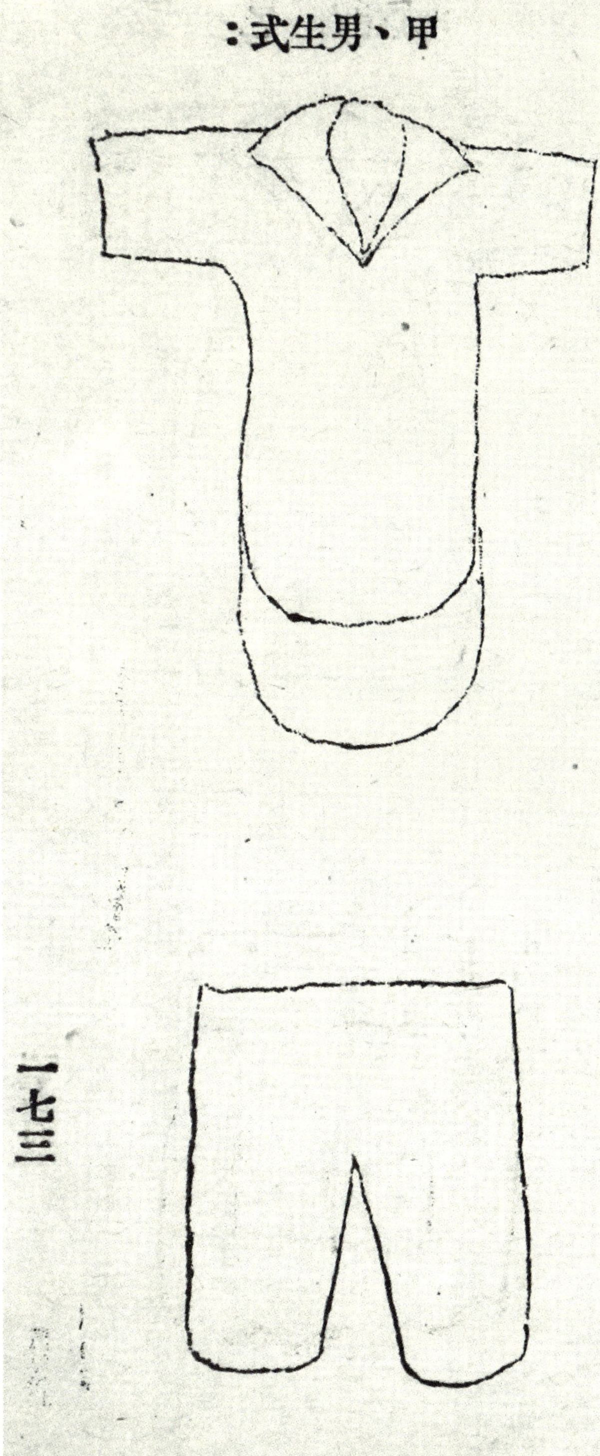

乙、女生式：

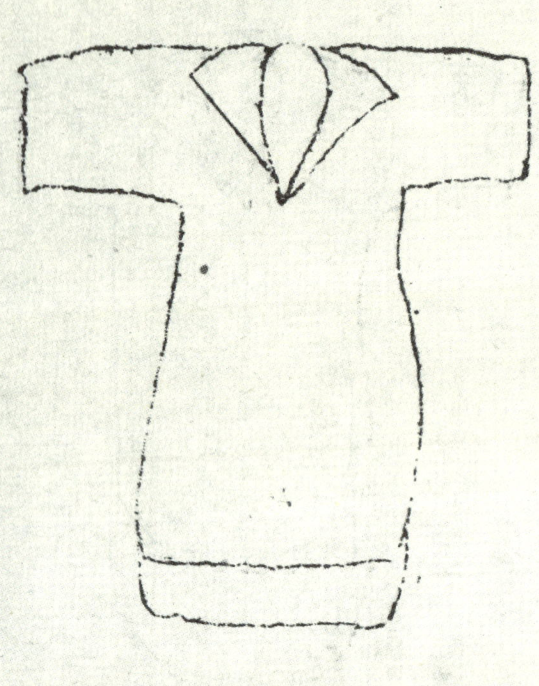

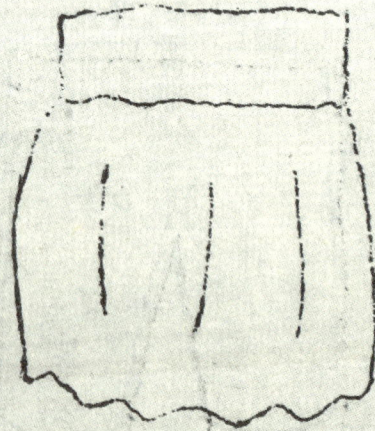

冂、冬季：童軍裝，外加國產黑呢童軍大衣。

五、兒童無論在學校或家庭中生活，都應有適合於他們生活的環境和設備，所以：

1. 各教室裏的課桌椅的高低長寬必須適度，間隔應使動作舒暢，光線宜從左上方射入，而且要充足，空氣容量須符合標準，黑板須縣掛得高低適度，而無反光。

2. 須置備適宜於各級兒童運動的各種運動器具。

3.兒童膳食桌椅應另備，不可和成人合用。

4.臥具應特備，床面和枕高必須合到正常，自宜獨臥。

5.大小便用具，應適合兒童高度。

6.兒童的書包、雨具及脫下的衣服等，應有規定的地方放置。

7.兒童在家內作業所用的桌椅亦須高低，長寬合度。

兒童優良姿勢的養成惡劣姿勢的矯正既不能求速効，教師及家屬自宜以楔而不捨的精神，使牠達到成功的目的。又因兒童年幼俱在家中生活，即進學校以後亦還有大部分時間是消耗在家庭中的，所以欲使姿勢訓練奏更大的效果，學校與家庭尤宜取得密切的聯絡，使家屬亦來分負此重大的責任。

二十五年十二月

怎樣改良不合兒童身體的課桌椅

孫志崐

課桌椅的好壞，對於兒童的身體，是很有關係的：課桌椅好，兒童身體也好；課桌椅壞，兒童的身體也壞。如駝背，近視，都是壞的課桌椅，所賜給兒童的。

本市各小學的舊有課桌椅，憑作者幾次的實地參觀，可說多數的學校是壞的；以一個學校來說，可說多數的學級是壞的，當這辦理小學教育應側重培養兒童有健全體格的現代，課桌椅確有下决心改良的必要。不過政府和人民都沒有錢，也是彰明昭著的事實，在這經濟恐慌的潮流下，籌集偌大的一筆改良課桌椅的費用，是有心乏力的，作者就將這一個「缺少經費」的困難點採做立論的依據。

爲顧到實施者的便利計，本問題，更可分成：「經費的籌措」，「舊課桌椅的改造」，「新課桌椅的添置」，「應有的組織」，等四個要點來探討。

一、經費的籌措——改良課桌椅的經費，可以別爲二種，卽改造費和添置費。籌措的方法如下：

1．改造費——是修舊用的，似以在學生學用品費項下開支爲宜。因爲現在一般小學的學用品費項下，都有勞作材料費的支出，如厚紙、竹片、木板等，今後在高年級或較高年級的勞作敎材中，訂有改造課桌椅的單元，切實教學。那末課桌椅的改造費，變爲勞作材料費，就可在學生的學用品費項下開支了。而且這是一舉二得的事，不但課桌椅的改造費有了着落，就是實施勞作教學的本旨，也接近了不少。

2. 添置費——是添新用的，因爲爲數大，非兒童和兒童家屬的能力所及；又因普及小學教育，充實小學設備，是政府的職責所在，所以由政府全部担負較爲妥善，只要政府對改良課桌椅有整個計劃，持續進行，那末全市小學的課桌椅，就能在限期內煥然一新了。現在讓作者立一個假定，求出這次本市改良市小課桌椅的支出約數吧：

(1)假定一付課桌椅的價錢是四元。

(2)假定一級的課桌椅有五十付，總價錢是二百元。

(3)假定這次的改良課桌椅，以市立小學爲限。

(4)假定市立小學的總級數是三百十四。

(5)那末這次改良市小課桌椅的經費是六萬二千八百元。

如果要把這六萬二千八百元的數目，分期支出，相信更可以再立這樣的一個假定：(以半年爲一期)

(1)第一期八十一級需費一萬六千元

(2)第二期七十五級需費一萬五千元

(3)第三期六十級需費一萬二千元
(4)第四期五十級需費一萬元
(5)第五期十二級需費二千四百元
(6)第六期八級需費一千六百元
(7)第七期七級需費一千四百元
(8)第八期六級需費一千二百元
(9)第九期五級需費一千元
(10)第十期四級需費八百元
(11)第十一期三級需費六百元
(12)第十二期二級需費四百元
(13)第十三期一級需費二百元

共計十三期三百十四級需費六萬二千八百元

二、舊課桌椅的改造——舊有課桌椅的需要改造之點是很多的，假使要全部改造，在經濟上是不合算，在事實上是不可能。所以在改造之先，務須審其爲害的程度，從比較中擇定改造的要點。依作者的淺見，認爲課桌椅的高度，是最值得改造而最易改造的要點。他如面的平斜，色的好壞等，都可以暫緩的。要使全校的課桌椅，高低合度，又不是零碎的改幾張或改幾副，就能完事的，應該以全校的課桌椅，爲改造的對象。茲將改造的步驟及方法寫下：

1. 整理全校課桌椅——把同式的（如單八平面式，單八斜面式，雙八平面式，雙八斜面式，K字式等）理在一起，排成自低至高的順序，再依各式的平均高度，排成總的順序。（要一付一付的）

2. 按照年級高低，分配全校課桌椅，例如低年級用最低的一式；中年級用較高的一式；高年級用最高的一式。

3. 按照兒童的身長，分配一級課桌椅——課桌椅經過這樣的分配後，高度己有相當的吻合了，所謂大致不錯；只有少數的特殊兒童，（過長過短）還不能穫到實惠，這就是我們要改造課桌椅的動機，更可以說是改造課桌椅的起點。嫌惜課桌椅過高，改造的手續非常簡單，把桌椅的脚截短就是了；嫌惜桌椅過低，就該接脚接脚的方法是：

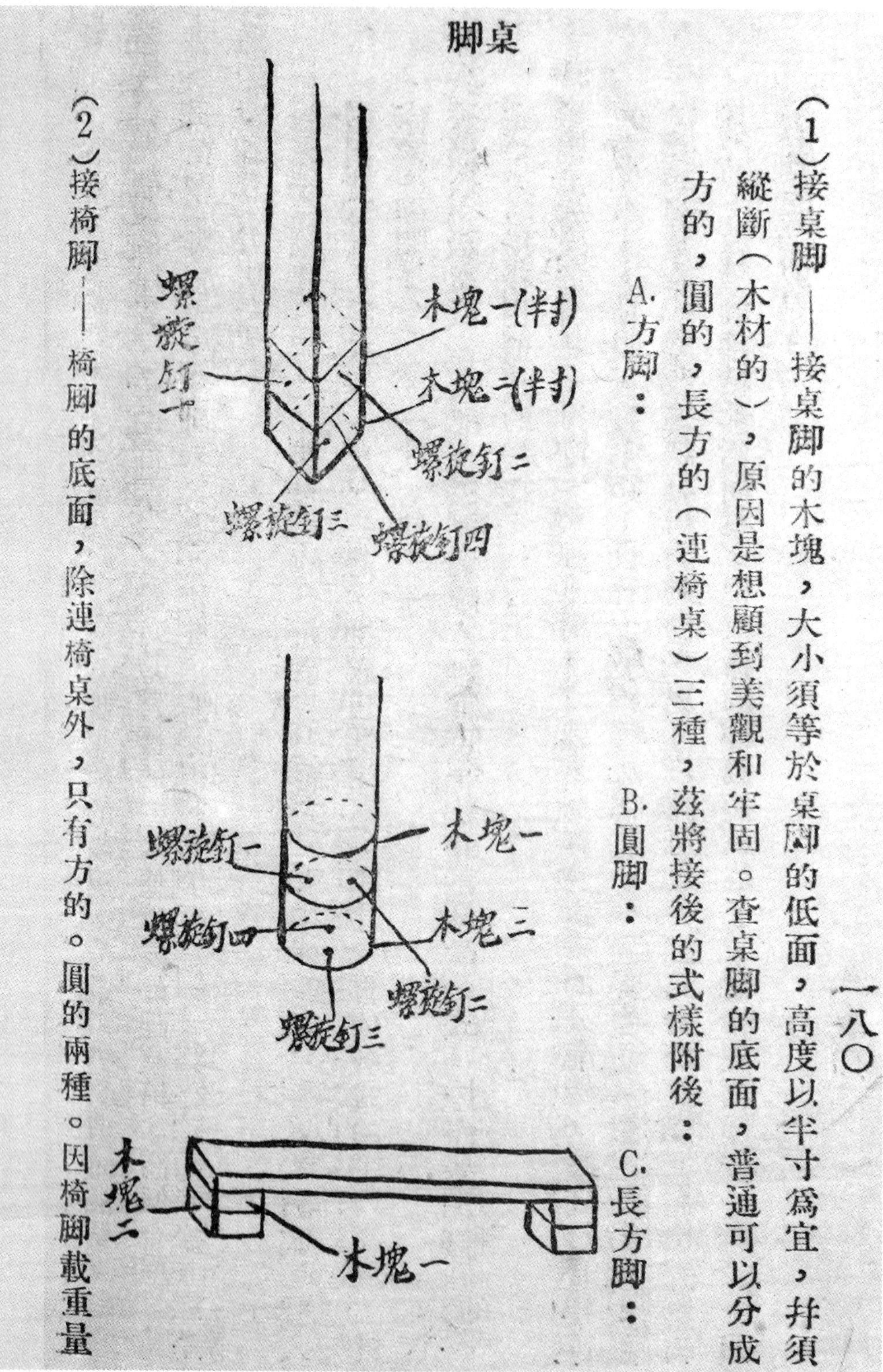

桌脚

（1）接桌脚——接桌脚的木塊，大小須等於桌脚的低面，高度以半寸爲宜，并須縱斷（木材的），原因是想顧到美觀和牢固。查桌脚的底面，普通可以分成方的，圓的，長方的（連椅桌）三種，茲將接後的式樣附後：

A.方脚：

B.圓脚：

C.長方脚：

（2）接椅脚——椅脚的底面，除連椅桌外，只有方的。圓的兩種。因椅脚載重量大，移動性強，不便接以木塊，宜乎接以半寸或一寸厚的木條。接後的式樣如下：

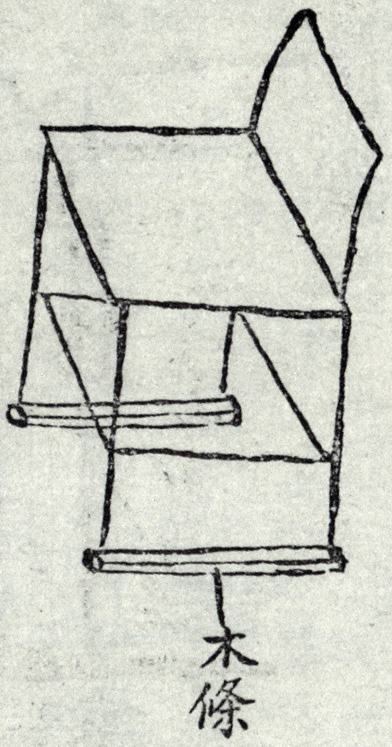

木條

三、新課桌椅的添置——添置新的課桌椅，是整個改良桌椅計劃中的要着，自然不容像改造舊有課桌椅的那般簡單，式樣，顏色，尺度，附件，質料，估價等，均須考究一下。現在把作者理想中的標準課桌椅，說明一下：

1. 課桌：

（1）式樣：

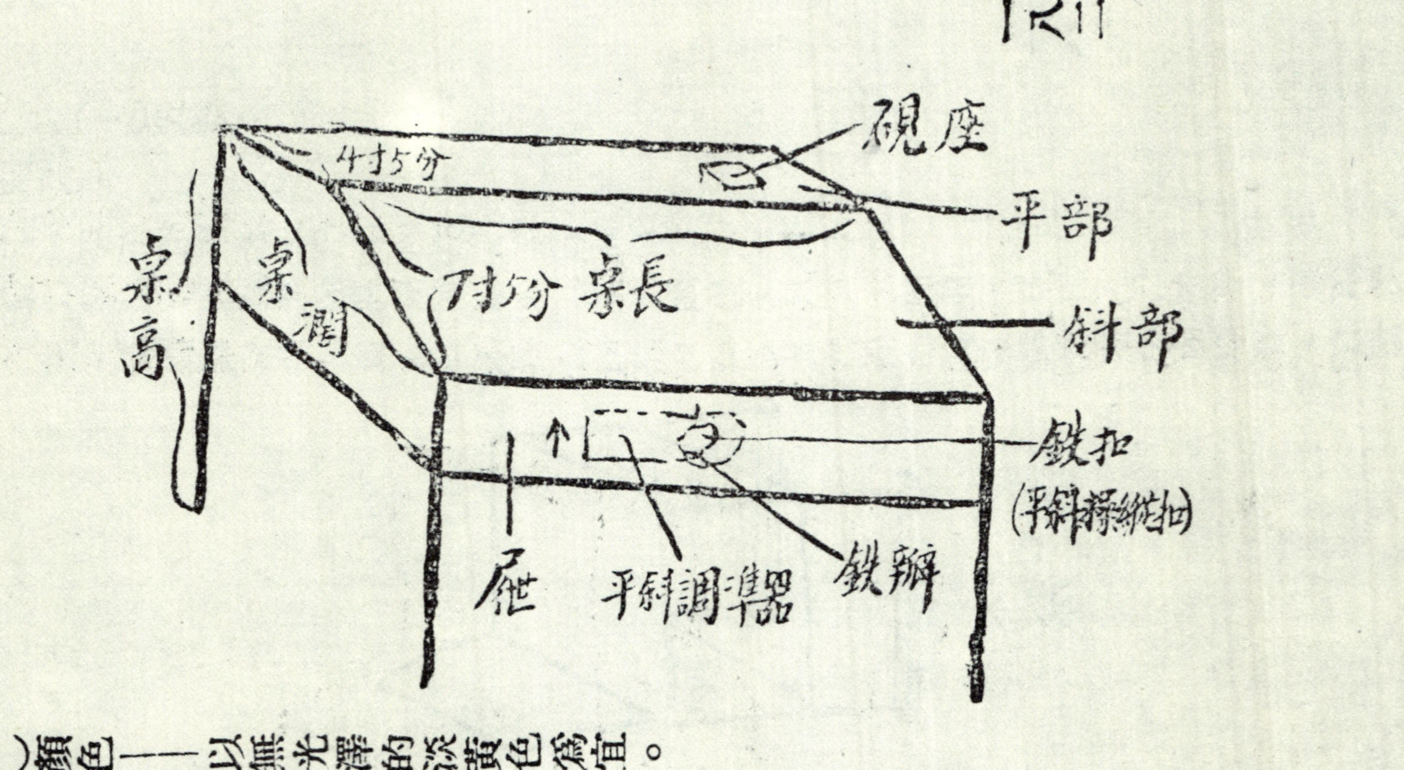

（2）顏色——以無光澤的淡黃色爲宜。

（3）尺度：

A. 桌面——分平斜兩部：斜部的傾斜度，須有桌高的$\frac{1}{6}$。

B: 桌高——爲椅高差尺之和（差尺卽身長的$\frac{1}{6}$）。所以要求得標準的桌高，必先求得準確的身長。如果我們以全市各校同級兒童的平均身長爲身長，那就有標準的桌高產生了。

C.桌長——應有兒童身長的$\frac{1}{3}$。

D.桌闊——因桌面有平斜兩部，所以桌闊也分兩部：平部以放得下硯池爲度，約計四寸五分；斜部以放得下地圖，講義夾等爲度，約計七寸五分。

（4）附件——爲切合實用，課桌上，須設有附件。如：

A.屜——備兒童藏物（書簿，講義，學用品等）用，尤其高級的兒童，最感屜的需要。

B.硯座——兒童的物件中，以寫字後的硯池，最難收拾：洗淨揩乾後再藏放嗎？校方沒有這樣的設備，兒童沒有這樣的時間；隨他濕淋淋地放入屜中嗎？恐怕屜中其他的東西會染到墨跡；留在桌角上不收拾嗎？說不定一時三刻會跌成碎片，更保不住前座的兒童，衣袖上不塗着墨跡，因而引起糾紛。所以在桌面的右角上，闢一個硯座，是不容或緩的事。有了藏放硯池的硯座，上述的困難，就可免除。硯座的式樣如下：

甲、不用時：

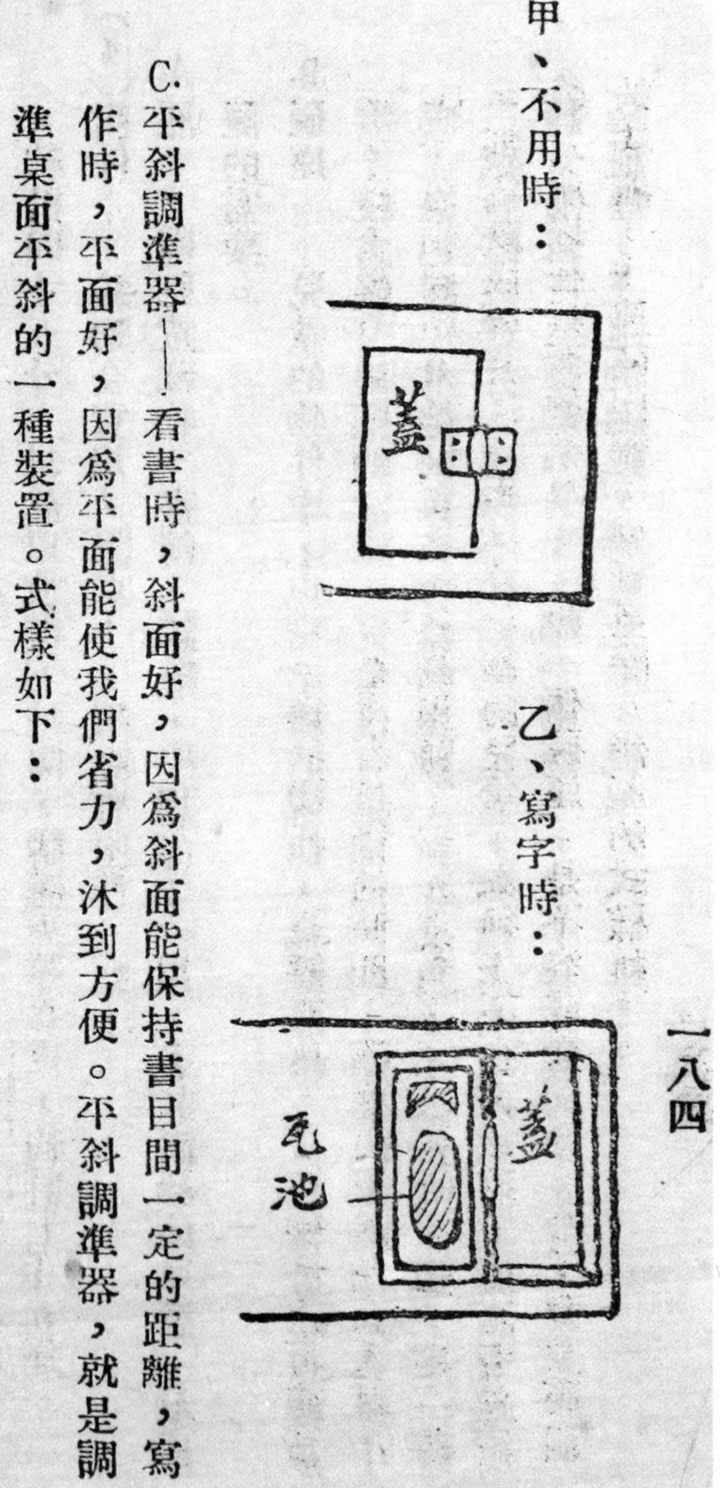

乙、寫字時：

C.平斜調準器——看書時，斜面好，因爲斜面能保持書目間一定的距離，寫作時，平面好，因爲平面能使我們省力，沐到方便。平斜調準器，就是調準桌面平斜的一種裝置。式樣如下：

甲、斜面時：

平斜操縱扣

平斜調準板

乙、平面時：

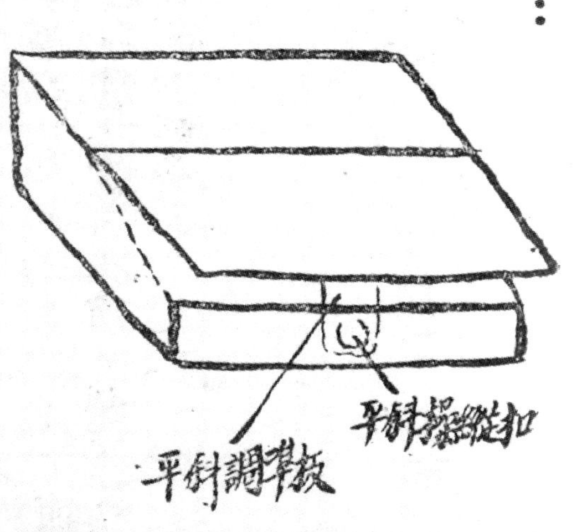

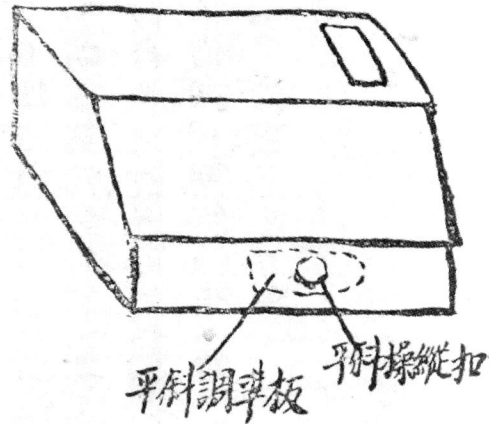

D，固定標幟——固定標幟的內容，有年級，聯號（桌椅）桌高，身長四項。有了年級的標幟，可使全校各級的課桌，不致散亂；有了聯號的標幟，可使成副的桌椅，不致拆開；有了桌高，身長的標幟，可使一級的兒童，不致坐錯。固定標幟須用道林紙做，鉛印，墨填，式樣如下：

年級

聯號	
桌高	
身長	

E,瓣扣——桌面斜部的下方，裝一鉄瓣，屜的前面裝一鐵扣（就是平斜操縱扣）備兒童鎖屜之用。因爲兒童受佔有慾的驅策，有時會暗拿人家的東西，不加防範，暗拿者品性漸趨惡劣，被拿者，損失與日俱增。爲了節省這區區的瓣扣之費，而慢藏誨盜，似手是教育的不經濟。

（5）質科——採用堅輕的木才。

（6）估價——每張三元五角。

2.課椅：

（1）式樣：

（2）顏色——黑色。

（3）尺度：

A，椅面——椅面稍向後斜，斜度九分。

B，椅高——等於兒童下腿的長。

C，椅長——初級一、一五尺，高級一、三七尺。

D，椅闊——等於兒童大腿長的3/4。

（4）質料——採用堅輕的本材。

（5）估價——每張五角。

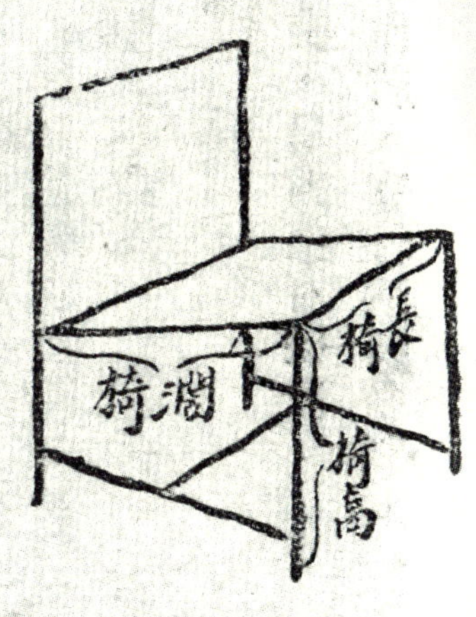

四、應有的組織——組織嚴密，會增進辦事的效能，這是盡人皆知的事。所以要改良全市小學的課桌椅，也不能例外，應該組成一個課桌椅改良委員會，由市督學，學區代表，教育專家等充任委員，掌理下列各事：

1.審查各校對本問題的研究結果。

2.根據審查錄，擬具完善的計劃。

3.備文呈請市府通令各小學在限期內，把舊有課桌椅改造完竣。

4.調查市內各小學的兒童身長。如：

(1)下腿的全長。

(2)大腿長的3/4。

(3)身長的1/6。

(4)身長的1/3。

5.編造經費支出預算書，呈請市府核發。

6.接洽貨眞價實的木作店，實行添新統制。

7.分發新課桌椅。

上述種種，是作者參閱書本及參觀學校的收穫，，是作者個已經驗的寫實，自信見聞不廣，立論簡陋；祇有「處處顧到事實」，是可自慰慰人。

二十五年十二月

怎樣增進皮膚抵抗力

林慈云

皮膚是包裹人體的東西，露在外面，防止一切外界的刺激來向體內侵襲，所以皮膚是身體的第一道防線。皮膚的功用，除了保護身體之外，還有很多，如：皮膚的表面血管擴張，能放散體溫，血管收縮，就能保持體溫，這是調節體溫的作用；皮膚中有汗腺皮脂腺，由汗腺分泌汗液，由皮脂腺分泌皮脂，可以排泄廢料，使皮膚光滑，這是皮膚的排泄作用；皮膚內的血管，能從空隙中吸取少量養氣，排出炭酸氣，這是牠的呼吸作用；皮膚裏還有神經和許多微小的感覺器，能感知溫冷，疼痛，壓迫等，這是皮膚的感覺作用，皮膚有這許多功用，對於我們身體的關係，當然很大，所以我們要注意皮膚的清潔和健康，使其不受創傷。兒童的皮膚因年齡幼稚，少受外界刺激之故，比成人要柔嫩潤澤，光滑而少縐紋，很容易受損害，我們要講究兒童衞生，首先應該注意兒童的皮膚健康問題，要設法增進他們皮膚的抵抗力，以應付外界的侵害，不影響身體的健康，現在一般兒童常因家庭方面，學校方面，對於這個問題，不十分注意，所以有的患着皮膚病，有的皮膚很粗糙乾燥，有的色彩過白可以透見血管的，有的呈褐黃色，有的有黑白斑紋的，有的易受感冒的，這種種都是皮膚不健康的現象而影響兒童全身的健康很大，所以兒童皮膚的保健問題，我們應該積極的注意促進。現在我們舉出幾種鍛鍊皮膚的方法，以供參考：

1. 少穿衣服——不使衣服壓迫皮膚，使空氣流通，能接觸皮膚，那末血管可以盡量的行其呼吸作用，不致感覺不舒。

2. 勤換內衣——使汗腺不致閉塞，廢物自然可以很暢通的排泄出來，促進其新陳代謝的機能。

3. 每天有定時合度的運動——運動非但能使精神爽快，且可促進皮膚的健全，但在每次運動以後，要養成兒童洗澡的習慣，使得運動後皮膚上的汗液垢膩不會堆積起來。

4. 常作戶外活動——做父母的常常怕孩子晒壞，吹涼，把孩子藏在屋內，弄得兒童一遇到日晒風吹，皮膚沒有强烈抵抗能力，就生起病來，所以要常常在戶外運動，使兒童增加風吹日晒的機會，養成兒童不怕風日的習慣，有抵抗冷風的力量，在驟冷驟熱的氣溫變化時，也不致感冒，一方面日光能增加皮膚的健康色素，但是兒童的舉動，往往很粗心的，在運動時應當要訓練他們注意皮膚之損傷。

5．早晚上下床時施行空氣浴——在不能行冷水浴的環境中，或不便行冷水浴，那末每天在早晚上床，下床的時候，應該施行空氣浴，這是很便於施行的方法，就是上床或下床時，脫去衣服，把一塊毛巾用力迅速摩擦全身，空氣溫暖的時候，可以三四分鐘，冬天半分鐘就夠了，不過在起初施行時，要顧到身體向來的習慣，要經過一定的順序，第一步在戶內閉窗施行，再戶內半開窗施行，再戶內全開窗施行，再到戶外施行，這樣皮膚的抵抗力，也就跟着順序漸漸的增進了。

6．早晨舉行日光浴——早晨的時候，日光溫和，和皮膚接觸後，可促進血行，增加體溫，同時紫外線可治我們內臟病，對於全身的健康，很有幫助，所以外國人很多有日光浴的習慣。我們最好在朝日初出的時候，選擇一個無風向東而有陽光的地方，解衣裸體，先局部，後全體，讓日光儘量地向我們皮膚刺激，浸潤，時間以半小時至一小時為度，夏日宜極早，遲則日光强烈，易中日光毒，冬天可稍遲過早恐溫度低，易受寒冷。

7．鼓勵兒童洗冷水浴——在身體健康的人，洗冷水浴，比熱水浴，效能更大，因為冷水浴，不但能夠清潔皮膚，排除污物，不可以使人覺得精神清爽，促進心力，更能鍛鍊皮膚，使皮膚强固，抵抗寒風，免除感冒，所以要鼓勵兒童施行冷水浴。不慣洗冷水浴的人，不能馬上就洗冷水浴，須得一步一步的實行，他的順序是這樣，1•暖室溫水2•暖室微溫水，3•暖室冷水4•普通室冷水，照這樣進行，就沒有什麽傷害了，冷水浴的浴室該保持華氏70°至80°的溫度，如可能時，在洗冷水浴之前，先行短時間的熱水浴；在洗的時候，要先盥顏面和頸部，然後再洗全身各部；未洗之前要身體溫熱，不致危險；冷水浴的時間，不宜稍長，半分鐘已很夠了，水愈冷，沐浴的時間，要愈短愈好；在冷浴之後，要趕快用毛巾用力的摩擦皮膚，直到發紅暖熱爲止，這乾巾務使迅速摩擦得普遍，這樣才能增進皮膚上生理的機能，可以得到冷水浴眞正的利益。

除了上面七種鍛鍊皮膚的積極方法外，在消極方面還應該注意下列的幾點：

1•運動後勿喝過多的水分——在運動的時候，皮膚的分泌作用，比較迅速，不宜多喝水。

2•忽遇驟寒，卽當盡量收縮毛孔——皮膚神經感覺驟寒刺激，當立刻收縮毛孔，使其緊閉，不會感冒。

3.注意兒童之體力量力——施行各種鍛鍊方法時，要注意兒童的體力量力，不可勉强，否則恐要影響到他的其他部份，因而損及體格的健全。

4.節制兒童日常吃過分的水果——吃過多的果子，兒童消化不良，足以妨害皮膚之健全。

5.兒童衣服及褲帶等不可緊束——以防礙身體的發育，皮膚的損壞。

6.兒童應自備面布浴布——普通的幾種皮膚病，都有傳染性，在兒童時代，更易傳染，所以公共的浴布及面布，不能使用，每個兒童應自備一塊，養成這種好習慣，可以防止各種皮膚病。

7.不使兒童玩弄汚穢的死水——不能流動的死水，常常寄生了各種細菌，兒童去玩弄時，往往細菌及汚物，容易侵入皮膚，以致損傷皮膚或染皮膚病。

8.糾正女生塗脂抹粉——脂粉一時能遮蔽皮膚外層，使牠顯白；但實際和垢膩一樣的妨礙官能，有的脂粉中含有鉛質，能吸收體內，以致中毒，女生在家庭中，很易沾染這個習慣，應切實勸戒，使其終生不用脂粉。

我們一方面把幾種鍛鍊皮膚的方法，積極進行；一方面把幾件應該注意的事項，常常檢點，這樣不難使皮膚日進健康，而成爲我們人身的干城。

何種體育教材對於矯正兒童胸背畸形最爲有效

李文彬

25年12月11日上午

一、確定幾種具體的體操教材：

（一）關於矯正胸部畸形的：

1.踏足或齊步。

2.聳身運動：

（1.）兩臂側平舉，手心向上，挺胸。

（2.）還原。

（3.）（4.）同（1.）（2.）

3.上肢運動：

（1.）兩臂后斜舉，左足向左出一步同時起踵。

（2.）手足還原。

（3.）（4.）同（1.）（2.）

（5．）（6．）（7．）（8．）換右足行之。

4．挺胸運動：

（1．）兩臂胸前平屈。

（2．）兩臂側反掌同時起踵。

（3．）（4．）依次還原。

5．腹部運動：

預備——兩手托頸左足向左出一步。

（1．）上體向前彎。

（2．）還原。

（3．）（4．）同（1．）（2．）

6．平均運動：

（1．）兩臂由側方肩上屈起踵。

（2．）屈膝兩臂側伸。

（3．）（4．）依次還原。

7.呼吸運動：

（1.）兩臂由前方徐徐外展——吸氣。

（2.）兩臂徐徐還原——（呼氣）

二、關於矯正背部畸形的。

（一）準備動作：

1.踏足或齊步。

2.全脊柱的整理。

（1.）聳身運動。

（2.）舉踵運動。

（3.）屈膝運動。

（二）體操動作

13上肢運動

（1.）兩臂側平舉，手掌向上。

（2.）兩臂上舉，手掌相對。

（3.）（4.）依次還原。

2.背部運動、預備——兩手扠腰，兩脚開立跳。

（1.）上體前屈，挺胸（到四十五度止）

（2.）還原。

（3.）（4.）同（1.）（2.）。

3.轉體運動：預備——兩脚開立跳。

（1.）兩手扠腰，上體向偏彎的方向轉；（例如腰椎左彎的，就做轉體向左的動作，右彎的就做轉體向右的動作）。

（2.）復正手放下。

（3.）（4.）同（1.）（2.）。

4.肩部運動：預備——兩臂側平舉，以肩爲軸，自上而后而下而前而至預備動作，畫大圓圈如此行二八止。

5.彎體運動：

（1.）兩臂側平舉，同時左足向左出一步。

（2.）兩臂由側方高舉，掌心向前，同時彎體向前兩手握足尖。
（3.）（4.）依次還原。
（5.）（6.）（7.）（8.）換右足行之，上體向後彎。
（2.）至（8.）同（1.）至（8.）。

6.撬行運動：

預備——（一）左右足向前踏出一步，（二）左右足屈膝右左膝跪地，兩手托頸。
（1.）體向後仰。
（2.）復正。
（3.）體向前俯兩臂側伸（注意胸部要和左右大腿接着）。
（4.）復正。
（5.）（6.）（7.）（8.）同（1.）（2.）（3.）（4.）。

7.呼吸運動：

預備——兩手扠腰，同時左足向左出一大步。

（1.）右臂高舉體向左彎右足屈膝，左足挺直（吸氣）。

（2.）還原。

（3.）（4.）換右方行之。

（三）關於矯正胸背畸形的幾種埶上操：

準備動作——踏足或原地跑步。

第一種　彈簧人

直立埶的當中，兩手扠腰，兩脚跟靠緊。兩脚跟提起，兩膝向左右分深屈，臀部坐在脚跟上。立即將兩腿伸直。同時脚跟放下，如此行五六次，兩手放下。

第二種　大鵬展翅

直立埶的當中，左（右）脚屈膝向前進一大步，兩臂側平舉掌心向前，上體前傾，同時左（右）脚向後徐徐伸直和上體成直線。再默數「一—二—三—四」數至「四」數速將左（右）脚收回與右（左）脚靠攏，上體復正，兩臂下垂。如此相互行進三四次。

第三種　蜻蜓戲水

直立墊中，右（左）腳屈膝前進一大步，兩臂由左右上舉。右（左）膝跪在墊上，上體徐徐前俯，兩臂徐徐向左右平舉掌心向下而至舉上，同時左（右）腳向後舉。與上體成平行線，腳尖出力向後指。同時默數「一—二—三—四」數至「四」數，上體徐徐復正，兩臂側舉，掌心向上，左（右）腳徐徐屈膝前進，仰體向後。如此相互前進三四次。

第四種　游泳式

由第三種跪式，成俯臥式：兩腿伸直，腳尖着墊，腳跟靠緊，兩臂平屈於胸前，頭部抬起，兩臂向上伸出，手背相對，胸部挺起，同時兩臂向左右分開由身體兩側收回平屈於胸前，胸部復原，如此行至五六次。

第五種　蝎子跳

俯臥墊上，兩手撐於身的左右，用兩手和兩腳尖跳躍前進，或向後退或用手腳交换向前爬進，較爲容易，如此行五六次。

第六種　蝦蟆跳

俯臥式，兩臂側屈於肩前，手心向下。兩膝深屈於身的兩旁。膝腿均着墊。再用兩小臂和小腿竭力使身體趁勢向前跳進。如此行五六次。

第七種　搖床

俯臥式，全體向後彎，成爲弓形，兩臂向後舉起，兩腿向後深屈，再用兩手緊握兩脚踝部，於是上體向前後搖動，使胸腹相互離墊，如此一起一落行至五六次。

第八種　饅頭

由俯臥式轉成仰臥式：兩手直伸身的兩側，掌心向下，兩脚分開高舉過頭的上方脚尖着墊止。臀部向上，團身像饅頭一樣。再還原。如此行五六次。

（四）確定幾種運動及遊戲

1. 排球
2. 騎射
3. 跳木馬
4. 跳木箱
5. 單槓
6. 雙槓

7. 肋木

8. 背縴

9. 開弓

10. 舉重

11. 撑船

12. 拉鋸

13. 平台

14. 踏車

15. 八段錦

16. 易筋經

二十五年十二月

研究會

體格檢查應如何實施

1. 檢查項目

ㄅ身長　ㄆ體重　ㄇ視力　ㄈ聽力　ㄉ耳疾

云砂眼及眼疾　ㄋ牙齒　ㄌ扁桃腺　ㄍ淋巴腺
ㄎ營養　ㄏ皮膚　ㄐ心臟　ㄑ胸（胸圍盈虛差）
广整形外科　ㄒ鼻　ㄓ大便　ㄔ血　ㄕ包莖
因預防接種　ㄗ傳染病

2.檢查人員：

ㄅ、醫師　　ㄆ、護士

ㄇ、教師（體育教師，級任，衛生股指導）ㄈ、兒童

万、就地醫院及醫學校的醫務人員或實習生。

3.學校醫師與護士的設置：

ㄅ、醫師

A,六學級以上的學校，以每校設置一人爲原則；六學級以下的學校，以與隣校拚設爲原則，由市衛生科主辦。設巡迴醫師。

ㄆ、護士：

A,以四學級設置一人爲原則。四學級以上的學校，得按照成數添設，四學級以下

的學校得與隣校拼設。由市衞生科主辦，薪修由市府出，幷規定護士須住校。

4.檢查方法：

ㄅ、檢查人員須分工合作，態度須純正，幷肯爲兒童保守祕密。

ㄆ、檢查前，對兒童須有懇摯的說明，對用具場地等須有充分的準備。

ㄇ、檢查時，須有一定的順序一定的場地，一定的路線。

ㄈ、檢查後，須有記載，統計報告及矯治的。

ㄪ、檢查時間上應劃分爲定期的和隨時的兩種。

ㄉ、檢查方法須有說明，如扁桃腺怎樣檢查。

5.檢查日期及次數：

ㄅ、全部檢查：

A,新生入學時一次，

B,舊生每學年終了時一次，每年須定出一個標準日。

ㄆ、部分檢查：

A,每週至少一次

B，體重每月一次，日期應相同；身長每學期一次。

6．體格檢查之設備，何種器械必須各校都備？何種器械可以聯合購置？及其購置，保管，使用等辦法：

ㄅ、必須各校都備的：

A，視力表一　B，身長尺一

C，帶尺一　D，表二

E，壓舌板或竹筷五十　F，臂形盤二

G，耳鏡一　H，返光鏡一

I，握力器

ㄆ、可以聯合購置的：

A，體重稱一

B，肺活量計一

C，血壓計一

ㄇ、購備方法——出售是項器械之店家，由市府衛生科事先接洽停當，再着各校置備，自備的經費由自備的小學負担，合備的經費，須按照學級數，由各校共同負担。

他如分期購備或一時購備齊全，最好由各聯合學校共同決定。

二、保管方法——經費負担最大，有衛生室或小醫院，地點適中的學校，須負保管的責任。不過措諸事實之先，最好獲得聯合各校的同意。

三、使用方法——自備的不論。合備的，在學期之始，由聯合各小學開明使用日期報告保管的小學，再由保管的小學排定日期輪流使用。在輪流使用之先，最好由聯合各小學商定用前之準備，用後之整理，用時之注意各點。

二十五年十二月

浙江省立杭州民衆教育館教導組　編

三年來的教育電影實施報告

杭州：浙江省立杭州民衆教育館事務組，民国二十六年(1937)鉛印本

三年來的教育電影實施報告

浙江省立杭州民衆教育館

廣播説話使千萬人凝神而諦聽非易事也負喚起民衆之責者嘗苦思焦慮而未有其方自電影與教育兩名詞發生聯繫而其效大宏廣播館於是項工作經三年之實踐益知其功能非尋常之講演所得而比儗也願我全人毋忽視焉

胡樸安

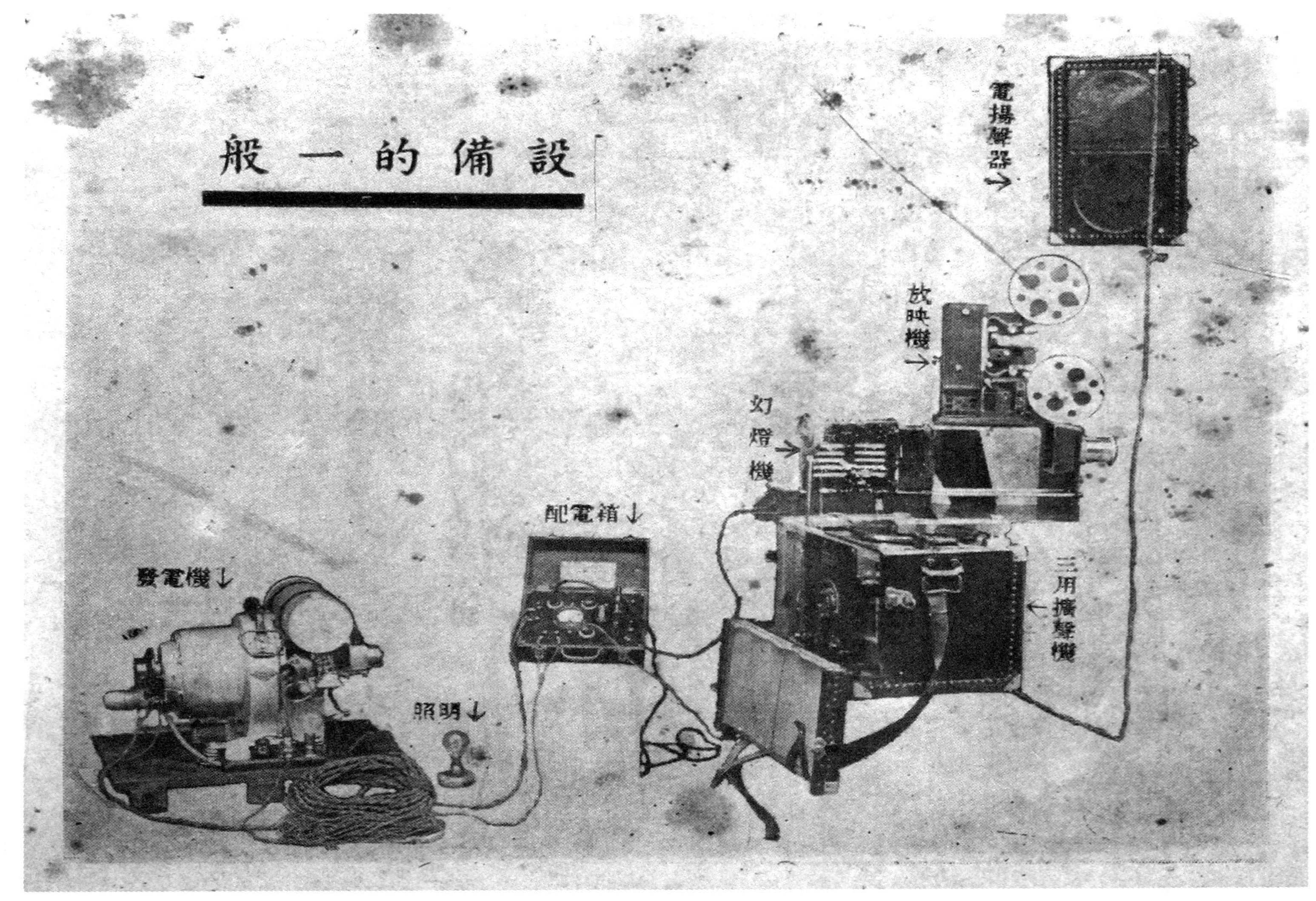
設備的一般
電揚聲器
放映機
幻燈機
配電箱
發電機
照明
三用擴聲機

教具的運輸
（一）
（二）
（三）

教具的展覽↓

銀幕的張掛↓

三年來的教育電影實施報告目次

攝影

(一) 前　言

我國的民衆教育，歷史淺短，施教方法，既極簡易，施教工具，又復窳陋；最先採用的，大都離不掉課本和黑板，即或在通俗講演的時候，加上一只搖鈴，或是一具唱片機，來引起民衆的興趣，已算是改進得多了。後來又有放映幻燈片，及化裝演講……種種更進步的方法，施教者雖極盡人事，然而功效迄未顯著，這是不可掩飾的事實。

在美國、蘇聯、意大利、和我們東鄰的日本等先進國家，由於電氣事業的發達，大都利用「電」來做社會施教的工具，因此電化教育就應運而生了。近年以來，我們在當軸積極提倡之下，電化教育，也日見發達，尤以教育電影，呈突飛猛進的狀態。

本館對於電影教育的設施，始於二十三年度，雖因經費人力的限制，未能盡量擴展，然而，華路藍縷，未嘗不經過一番苦心的籌劃，自從去年教育部舉辦電化教育人員訓練班，及省教育廳成立電化教育服務處後，事業進行，日見順利，茲蔣三年來教育電影實施概況，擇要報告於后，敬求教正！

愛迪生(EDISON)說：

「今後的教育，當以電影為中心。」

又說：

「誰支配着電影，誰就把影響民衆的一個最大的權威操在他的手內。」

(二)實施經過

二十三年度開始，本館卽着手籌備，最初購置柯達D型放映機一架，並向上海中國教育電影推廣處，訂約租借教育影片，每月換片兩次——每次供給教育及娛樂片各兩卷——同時並主持杭州市教育電影放映委員會巡迴講映事宜。

一、主辦杭州市教育電影放映委員會巡迴講映事宜

自民國二十三年十月十日起至二十四年五月九月止，主辦杭州市教育電影放映委員會巡迴講映事宜，共計講映教育影片二十部；娛樂片十部，受教人數約六萬四千九百七十餘人，茲將教育電影放映委員會辦法，及每晚輪流分赴各機關巡迴講映概況，分述於后：

1.杭州市教育電影放映委員會辦法

一、由省立高級中學，杭州師範學校，民衆教育實驗學校，杭州女子中學，杭州初級中學，杭州師範附屬小學，杭州民衆教育館，市立天長小學，橫河小學，佑聖觀巷小學，私立安定中學，宗文中學，蕙蘭中學，市立第一、二、三、四、五民衆教育館，中心民衆學校，茅家埠民衆教育實驗區等二十機關，組織成立杭州市教育電影巡迴第一隊；

二、依組織之先後，冠以第一第二……等名稱，以示分別；

三、每隊分推一主持機關，擔任保管機件，接洽換片等一切放映事宜；

四、所有經常臨時等一切費用，由參加機關平均分擔；

五、參加機關每月應將預算費用先期交付主持機關；

六、主持機關每月應將費用決算報告參加機關，虧找餘還；

七、影片說明書由主持機關代辦，該項費用按照各機關需用數量分別負擔。

2. 杭州市教育電影巡迴講映記載表

時間	自十月十日起至十月二十三日止	自十月二十五日起至十一月八日止	自十一月十一日起至十一月廿三日止
影片	白喉　磁器　狗偵探	練油　鳥巢　黑猫	造紙到報紙　自私自利
受教場所 \ 人數			
省立杭州民衆教育館	502	518	402
省立高級中學	463	454	502
省立杭州師範學校	254	208	219
省立民衆教育實驗學校	256	250	252
省立杭州初級中學	483	472	398
省立女子中學	314	356	370
省立杭師附屬小學	189	207	211
市立初級中學	218	302	291
市立天長小學	354	309	913
市立橫河小學	210	271	296
市立佑聖觀巷小學	318	377	328
私立安定中學	308	312	370
私立宗文中學	201	251	282
私立蕙蘭中學	180	20	211
市立第一民衆教育館			
市立第二民衆教育館			
市立第三民衆教育館			
市立第四民衆教育館			
市立第五民衆教育館			
市立中心民衆學校			
筧家埠民衆教育實驗區			
共計	4,245	4,493	4,523

自十一月二十七日起至十二月十日止	自十二月十一日起至十二月廿四日止	自十二月廿六日起至一月八日止	自三月十四日起至三月二十七日止	自三月二十八日起至四月十日止	自四月十一日起至四月二十四日止	自四月二十五日起至五月九日止	總計
墨西哥 參 偵探大王	肥皂 洗澡 戲院之一夜	木器之製造 骨骼 洪荒	救火 製糖 當舖夥計	海濱之鳥 皮膚 蟻與蝗虫 午夜返家	血液循環 夏威夷島 猴中英雄	蚊之生長 錫 伯爵	
209	478	408	314	338	452	481	4,102
418	424	471	482		456		3,670
251	230	210	221		254		1,847
270	266	256	259		248		2,057
491	408	487		302		413	3,454
304	318	335		309		304	2,610
229	213	217	209		230		1,707
278	275	268					1,632
345	378	298	307		338		2,720
274	256	261		261		224	2,013
297	310	304	301		311	317	2,838
355	309	311		354		350	2,669
275	260	244		258		243	2,514
217	195	189	191	187		201	1,775
			904	1080	1100	1250	4,334
			2580	2100	2400	1900	8,980
			780	850	640	690	2,960
			1300	1900	2100	2300	7,600
			760	730	280	640	2,410
				1200		980	2,180
			680		700		1,380
4,173	4,320	4,259	9,288	9,869	9,509	10,293	64,672

二、與中國文化建設協會浙江分會合辦露天教育電影場主持講映事宜

迨二十四年度夏，本館與中國文化建設協會浙江分會，合辦暑期露天教育電影場，在湖濱路本館體育場每晚講映。添置三用擴聲機及幻燈機等，並向上海柯達公司商洽義務供給影片，每三天更換新片四卷——教育娛樂影片各二卷，自七月十六日起，至九月十五日止，除天雨停映十四天，實映五十天，共計講映影片五十五卷，受教民衆總共計十二萬六千四百八十餘人。平均每天約有二千五百餘人，講映經過見下表：

1. 暑期露天教育電影講映場記載表

日期	時間	影片	幻燈片	歌曲片	通俗講演	受教人數
自七月十六日起至七月十七日止	自下午八時起至下午十時止	骨骼 消化 海底生物 第一本救火隊	新生活運動畫片	開會儀式 新生活運動歌 江心撐船歌 船夫曲 朝天子	新生活運動	四、一一一
自七月十八日起至七月二十日止	同前	齒的保護 齒的生長 第二本救火隊	夏令衛生畫片	開會儀式 大路歌 教我如何不想她 蘇武牧羊 西洋舞女	蒼蠅的害處	六、五〇九

自七月二十一日起至七月二十四日止	同前	血液循環 瘧病預防 準備奉命	西湖風景畫片	開會儀式 開路先鋒 畢業歌 揚子江暴風雨 不成呀約翰	本地風光	七、八五〇
自七月二十五日起至七月二十七日止	同前	皮膚 髮之清潔 污穢處置 準備奉命	防空畫片	開會儀式 悲秋 陽關三疊 漁光曲 燕雙飛	防空	七、七五〇
自七月二十八日起至七月三十日止	同前	第一二本華盛頓 野熊	風景畫片	開會儀式 南洋歌 開礦歌 催眠曲 百鳥朝鳳	旅行的益處	八、六三〇
自八月一日起至八月二日止	同前	第三四本華盛頓 高而夫球	動物畫片	開會儀式 歌叫 江心撐船歌 教我如何不想她 大路歌	世界上的動物	七、六〇〇
自八月四日起至八月五日止	同前	飲水 水的清潔法 後台戲	新生活運動標語	開會儀式 開路先鋒 畢業歌 揚子江暴風雨 不成呀約翰	怎樣清潔我們的飲料	五、六三〇
自八月六日起至八月八日止	同前	微菌 微生物的生命 墨水瓶 猴子鬧學	夏令衛生標語	開會儀式 悲秋 催眠曲 燕雙飛 陽關三疊	微菌	二、六一〇
自八月十日起至八月十一日止	同前	第一本疫病的傳染 姿勢 野獸的訓練	時疫病傳染畫片	開會儀式 漁光曲 南洋歌 開礦歌 朝天子	預防疫病	四、六〇〇

自八月十三日起至八月十五日止	同前	第二三本疫病的傳染 容易的報酬	同前	開會儀式 蘇武牧羊 西洋舞女 南天門 江心撐船歌	同前	五、三八〇
自八月十六日起至八月十七日止	同前	空氣的壓力 海上英雄	防毒畫片	開會儀式 大路歌 陽關三疊 漁光曲 不成呀約翰	防毒須知	七、六〇〇
八月二十日	同前	食物與生長 救護 海上英雄	廖仲愷先生殉國紀念標語	開會儀式 開路先鋒 畢業歌 朝天子 悲秋	先烈廖仲愷先生事略	三、八二〇
自八月二十二日起至八月二十四日止	同前	呼吸 白喉 黑猫 墨水瓶	衛生畫片	開會儀式 揚子江暴風雨 燕雙飛 催眠曲 南洋歌	可怕的白喉	九、三五〇
自八月二十五日起至八月二十七日止	同前	皮膚 洗浴 野熊	同前	開會儀式 西洋舞女 桑園寄子 朝天子 教我如何不想她	洗洛能增加皮膚的健康	六、九九〇
自八月二十八日起至八月三十日止	同前	脚 麵包與五穀 當舖夥計	飲食衛生標語	開會儀式 新生活運動歌 船夫曲 鳳陽歌 畢業歌	飲食的衛生	九、四七〇
自八月三十一日起至九月一日止	同前	陽光之力 水中的昆虫 高而夫球	昆虫畫片	開會儀式 陽關三疊 悲秋 船夫曲 畢業歌	人與陽光	六、七五〇

自九月四日起至九月十一日止	同前	養牛、絲、救護、墨水瓶	兒童年畫片	開會儀式、開路先鋒、獸叫、催眠曲、西樂舞女	杭州絲綢業的前途	一八、五七〇
九月十三日	同前	骨骼、絲、銀行	人體構造畫片	開會儀式、大路歌、江心撐船歌、南洋歌、開礦歌	全身骨骼	三、二六〇
共計	一〇〇	四三	一四	二六	一七	一二六、四八〇

三、巡迴各機關，團體、工廠，講映事宜

自露天教育電影場閉幕後，仍賡續上年度巡迴講映工作，并推廣至省會各機關、團體、工廠及外縣。當時未備發電機，而各縣多數未有電源，因此不克普遍講映。茲將當時巡迴講映各項辦法及記載表附錄如下：

1.浙江省立杭州民衆教育館教育電影巡迴省會各機關團體工廠講映辦法

一、本館爲推進民衆教育，普遍教育電影施教起見，特訂定本辦法。

二、凡省會各機關團體工廠等，均得向本館教導組接洽，由本館排定日期，前往講映，不收費用。惟路遠者，須由當地機關備車接送。

三、講映教育電影，每次以一場爲限。

四、各機關講映教育電影時，應請準備下列各項事務：

1.布置會場；

2.接電；

3.維持場內秩序；

4.派員參加講演或其他教育活動。

五、本辦法經本館館務會議通過施行。

2.省會各機關團體工廠特約講映教育電影登記表

機關名稱		地址	
負責人員		電話號碼	
講映場所		講映時間	月　日　時
電表恩配			
備註			

浙江省立杭州民衆教育館製

3.浙江省立杭州民衆教育館教育電影巡迴講映辦法

一　本館爲普及教育電影，並協助各縣市推進民衆教育起見，分赴各縣市巡迴講映教育電影；但以省第一輔導學區各縣爲限。

二　巡迴講映地點及日程，由本館於一星期前排定，通知各縣市民衆教育館。

三　巡迴講映次數，每縣市平均以六天爲限。（城區二天，鄉區四天。）

四　各縣市民衆教育館，接到本館巡迴講映通知後，應請準備左列各項事務：

1.代爲安排講映員舖位；

2.布置會場；

3.接電；

4.接洽赴鄉鎮講映事宜，最好代爲排定日程及路線，並通知當地民教機關；

5.派員參加講演，或其他教育活動。

五　本館教育電影講映員之膳食，概由自理，必要時請接洽機關代辦者，須如數算還。

六　各縣市民教館對於本館教育電影，及講映辦法，或影片內容，請儘量供獻意見；當面與講映員研討，或書面向本館函商，無不竭誠接受。

七 本辦法經本館館務會議通過後施行。

4.(　　)月份講映教育電影工作預定表

日	時	片名	地點	場所	備註
1.					
2.					
3.					
4.					
5.					
6.					
7.					
8.					
9.					
28					
29					
3,					
31					

省立杭州民衆教育館製

（正　　面）

5. 浙江省立杭州民衆教育館教育電影巡迴講映日記

民國二十　年　月　日星期　記載者＿＿＿＿					
講映地點					
講映場數					
講映時間	第一場				
	第二場				
教育影片		幻燈片		歌曲片	
受教人數					
附帶活動					
本日駐在地		備註			

（反面）

粘貼郵票

杭州市湖濱路

浙江省立杭州民衆教育館

教導組

教育電影巡迴隊 自 寄

年 月 日

6.二十四年度上期教育電影巡迴講映記載表

月份	日期	時間	地點	場所	影片	受教人數	輔助用具	附註
九	十五日	自上午八時起至下午九時止	海甯縣城區	縣立民衆教育館	浙江鱸爪 骨骼 骨骼 救護 墨水瓶	二、三〇〇	三用擴聲機	
	十七日	同前	岳坟	市立靈慶里小學	骨骼 救護 水之澄清 墨水瓶	三〇〇	同前	
	十八日	同前	閘口	市立六和塔小學	同前	六五〇	同前	
	十九日	同前	杭縣南塘鎮	縣立南塘民衆教育館	同前	五八〇	同前	
	二十一日	同前	舊行宮	女警訓練班	同前	二〇〇	同前	
	五日	同前	湖濱路	本館	同前	三〇〇	同前	
	十日	自下午三時起至下午五時止	同前	同上	眼睛 駕車	五八〇	同前	
	十二日	自下午八時起至下午十時止	莧橋	市立第一民衆教育	同前	一、四〇〇	同前	
	十三日	同前	彭埠	市立第二民衆教育館	同前	三、〇〇〇	同前	

十

十五日	同前	銅元路	省立杭州女子中學	同前	五〇〇	同前	
十六日	同前	學院前	省立杭州初級中學	同前	六〇〇	同前	
十七日	同前	葵巷	私立安定中學	同前	五〇〇	同前	
十八日	同前	皮市巷	私立宗文中學	同前	四五〇	同前	
十九日	同前	湖濱路	本館	同前	四〇〇	同前	
二十二日	同前	性存路	省立杭州師範學校	同前	三〇〇	同前	
二十三日	同前	上倉橋	警官學校	同前	四〇〇	同前	
二十四日	同前	舊貢院	省立高級中學	同前	三七〇	同前	
二十五日	同前	茅家埠	市立第三民衆教育館	木材 種樹 救火隊	六〇〇	同前	
二十六日	同前	清泰門外	市立第五民衆教育館	同前	五〇〇	同前	
二十七日	同前	閘口	市立閘口小學	同前	二〇〇	同前	

二十九日	同前	太廟巷	市立太廟巷小學	同前	三〇〇	同前	
三十日	同前	橫河橋	市立橫河小學	同前	三〇〇	同前	
三十一日	同前	體育場路	蠶絲職業學校	同前	二五〇	同前	
一日	同前	惠興路	私立惠興女子中學	同前	二六〇	同前	
二日	同前	學士路	私立弘道女子中學	同前	二〇〇	同前	
三日	同前	石塔兒頭	私立中山中學	同前	二〇〇	同前	
五日	同前	湖濱路	本館	同前	五五〇	同前	
六日	同前	清波門	淸園茶店	同前	四二〇	同前	本館特約茶店
八日	同前	孝女路	市立天長小學	同前	四〇〇	同前	
九日	同前	觀橋	天華茶園	同前	四〇〇	同前	本館特約茶店
十日	同前	平海路	大世界電影場	同前	八〇〇	同前	

十一

十二日	同前	湖濱路	本館	金礦 農場 偵探大王	五〇〇	同前	
十三日	同前	彭埠	市立第二民衆教育館	同前	八〇〇	同前	
十四日	同前	學院前	省立杭州初級中學	同前	五〇〇	同前	
十五日	同前	葵巷	私立安定中學	同前	四〇〇	同前	
十六日	同前	學士路	私立子女中學	同前	三五〇	同前	
十七日	自下午四時起至下午六時止	吳興縣城區	開明舞台	同前	六二〇	同前	吳興水災遊藝會邀請
十七日	自下午九時起至下午十一時止	同前	同前	同前	五八〇	同前	同前
十八日	自下午八時起至下午十時止	佑聖觀巷	佑聖觀巷小[illegible]	同前	二〇〇	同前	
十九日	自下午六時起至下午十時止	皮市巷	私立宗文中學	同前	三〇〇	同前	
二十日	同前	上倉橋	警官學校	同前	三五〇	同前	
二十一日	同前	性存路	省立杭州師範學校	同前	二〇〇	同前	

二十二日	同前	鋼元路	省立杭州女子中學	同前	二六〇	同前	
二十三日	同前	筧橋	市立第一民衆教育館	同前	一、一〇〇	同前	
二十四日	自上午八時起至上午十時止	平海路	大世界電影場	同前	六〇〇	同前	
二十六日	自下午八時起至下午十時止	體育場路	省立蠶絲職業學校	同前	一七〇	同前	
二十七日	同前	惠興路	私立惠興女子中學	同前	二一〇	同前	
二十九日	同前	嘉興縣城區	縣立民衆教育館	同前	一、四〇〇	同前	
三十日	同前	同前	同前	同前	一、二〇〇	同前	
一日	同前	同前	同前	同前	一、五〇〇	同前	
二日	同前	同前	同前	骨骼 水之澄清 救護 偵探大王	一、六三〇	同前	
三日	同前	太廟巷	市立太廟巷小學	養牛 呼吸 後台戲	三〇〇	同前	
四日	同前	佑聖觀巷	市立佑聖觀巷小學	同前	二九〇	同前	

	五日	同前	孝女路	市立天長小學	同前	二五〇	同前
	六日	同前	石塔兒頭	私立中山中學	同前	二六〇	同前
	七日	同前	茅家埠	市立第三民衆教育館	同前	五〇〇	同前
	八日	同前	清泰門外	市立第五民衆教育館	同前	一、〇〇〇	同前
	十日	同前	舊貢院	省立初級中學	同前	四〇〇	同前
	十一日	同前	橫河橋	市立橫河小學	同前	二九〇	同前
	十二日	同前	學院前	省立杭州初級中學	同前	三五〇	同前
	十三日	同前	葵巷	私立安定中學	同前	四〇〇	同前
十二	十四日	同前	彭埠	市立第二民衆教育館	同前	一、〇〇〇	同前
	十五日	同前	湖濱路	本館	同前	六〇〇	同前
	十七日	同前	皮市巷	私立宗文中學	同前	三〇〇	同前

十八日	同前	上倉橋	警官學校	同前	二五〇	同前	
十九日	同前	性存路	省立杭州師範學校	同前	三〇〇	同前	
二十日	同前	銅元路	省立女子中學	同前	四〇〇	同前	
二十一日	同前	閘口	市立閘口小學	同前	三〇〇	同前	
二十二日	自下午三時起至下午五時止	湖墅	新民社	同前	四五〇	同前	
二十三日	自下午八時起至下午十時止	覓橋	市立第一民衆教育館	同前	六八〇	同前	
二十四日	同前	體育場路	省立蠶絲職業學校	同前	二〇〇	同前	
二十五日	同前	惠興路	私立惠興女子中學	同前	三五〇	同前	
二十六日	同前	橫河橋	市立橫河小學	植物 煤礦 當舖夥計	三六〇	同前	
二十七日	同前	舊貢院	省立高級中學	同前	四〇〇	同前	
二十八日	同前	學士路	私立弘道女子中學	同前	二〇〇	同前	

日期	時間	地點	場所		人數		
二十九日	自上午十時起至上午十二時止	南星橋	江西會館	同前	八〇〇	同前	
三十一日	自下午七時起至下午九時止	茅家埠	市立第三民衆教育館	同前	三二〇	同前	
一							
一日	同前	湖濱路	本館	同前	二三〇	同前	
二日	同前	清泰門外	市立第五民衆教育館	同前	五〇〇	同前	
三日	同前	湖濱路	本館	同前	四三〇	同前	
七日	同前	太廟巷	市立太廟巷小學	同前	三〇〇	同前	
八日	同前	佑聖觀巷	市立佑聖觀巷小學	同前	三二〇	同前	
九日	同前	石塔兒頭	私立中山中學	同前	一五〇	同前	
十日	同前	孝女路	市立天長小學	同前	三六〇	同前	
十五日	同前	奎垣巷	私立女子職業學校	同前	二五〇	同前	
共計			八五	二〇	四四、五四〇		

附註　本學期八月一日起至九月十四日止辦理暑期露天教育電影講映場受教人數故未列入

7.二十四年度下期教育電影巡迴講映記載表

月份	日期	時間	地點	場所	影片	受教人數	輔助用具	備註
二	九日	自下午七時起至下午九時止	湖濱路	本館	血液循環、救護、高而夫球	五〇〇	三用擴聲機	
	十一日	同前	同前	同前	骨骼、猫鴨遊戲、黑猫、墨水瓶	五六〇	同前	
	十三日	同前	鎮東樓	市南民衆俱樂部	同前	二・九〇〇	同前	
	十四日	同前	清泰門	錦福茶店	同前	二四〇	同前	本館特約茶店
	十五日	同前	湖濱路	本館	同前	三五〇	同前	
	十八日	同前	同前	同前	同前	三〇〇	同前	
	十九日	同前	海甯縣城區	縣立民衆教育館	同前	一・三〇〇	同前	
	二十日	同前	同前	縣立中山中學	血液循環、救護、高而夫球	二・三〇〇	同前	
	二十一日	同前	同前	海甯商會	骨骼、救護、黑猫、墨水瓶	一・五〇〇	同前	

二十二日	同前	海甯縣袁化鎮	中心小學操場	同前	二•一〇〇	同前
二十三日	同前	海甯縣硤石鎮	曠場	骨骼 貓鴨遊戲 高而夫球	四•六〇〇	同前
二十四日	同前	同前	中心小學操場	血液循環 救護 黑貓 墨水瓶	三•九五〇	同前
二十五日	同前	海甯縣斜橋鎮	福音堂	同前	六〇〇	同前
二十八日	同前	湖濱路	本館	同前	二四〇	同前
二十九日	同前	二龍頭	之江大學文理學院	骨骼 救護 墨水瓶 黑貓	六〇〇	同前
七日	同前	中正橋直街	養老所	骨骼 救護 高而夫球	四六〇	同前
八日	同前	湖濱路	本館	石山中哺乳動物 弱者之戰術 兒童年開幕典禮 杭市第四屆小學運動會	六二〇	同前
十一日	同前	三街前	省立貧兒院	骨骼 救護 高而夫球	四三〇	同前

三

十三日	同前	清泰門外	市立第五民衆教育館	同前	四五〇	同前	
十四日	同前	茅家埠	市立茅家埠小學	同前	四八〇	同前	
十五日	同前	湖濱路	本館	血液循環 貓鴨遊戲 黑貓 墨水瓶	四五〇	同前	
十八日	同前	清波門	清園茶店	同前	三五〇	同前	本館特約茶店
二十日	同前	蕭山縣西興鎮江邊	浙贛鐵路俱樂部	同前	二·五〇〇	同前	
二十四日	同前	覓橋	市立第一民衆教育館	同前	四三〇	同前	
二十五日	同前	湖濱路	本館	鐵路的安全 波得探險 高而夫球	三五〇	同前	
二十六日	同前	彭埠	市立第二民衆教育館	同前	二·八六〇	同前	
二十八日	同前	岳坟	市立鑪慶里小學	同前	三〇〇	同前	
三日	同前	湖墅	新民社	骨骼 救護 高而夫球	二·八〇〇	同前	
四日	自下午二時起至下午四時止	湖濱路	本館	同前	六五〇	同前	

月	日	時間	地點	場所	片名	人數	備考	
四	四日	自下午七時起至下午九時止	同前	同前	同前	一•四一〇	同前	
	五日	同前	南星橋	江西會館	同前	一•二四〇	同前	
	十五日	同前	梅花碑	育嬰所	同前	五四〇	同前	
	十六日	同前	彭埠	市立第二民衆教育館	漿液循環 猫鴨遊戲 黑猫 墨水瓶	二•三〇〇	同前	
	十八日	同前	湖濱路	本館	同前	一九四	同前	
	十九日	同前	大學路	省立圖書館	同前	二三九	同前	
五	九日	同前	望江門直外	國醫訓練班	骨骼 救護 高而夫球	一•〇六四	同前	
	十日	同前	湖濱路	本館	同前	三八〇	同前	
	十七日	同前	同前	同前	同前	六五〇	同前	
	二十日	同前	烏龍巷	人力車夫俱樂部	同前	八三〇	同前	
	二十四日	同前	湖濱路	本館	眼睛 高而夫球	三七〇	同前	

	二十八日	同前	同前	同前	眼睛 黑猫 墨水瓶	四·五〇〇	同前	
	二十九日	同前	望江門直街	國醫訓練班	同前	一五九	同前	
	三十日	同前	舊藩前前	貧民工廠	同前	三五〇	同前	
六	三日	同前	慈谿縣城區	縣立民衆教育館	同前	八〇〇	同前	
六	四日	同前	慈谿縣觀海衞鎮	城隍廟	骨骼 汽車 高而夫球	一·〇〇〇	同前	
六	五日	同前	慈谿縣鳴鶴場鎮	彭安公祠	同前	九〇〇	同前	
六	六日	同前	慈谿縣駱駝橋鎮	城隍廟	同前	一·〇〇〇	同前	
六	七日	同前	慈谿縣城區	縣立民衆教育館	血液循環 鉄苗與鐵塊 猫鴨遊戲 黑猫	九二〇	同前	
六	八日	同前	慈谿縣陸家埠鎮	中心小學	同前	五〇〇	同前	
六	十一日	同前	湖濱路	本館	鐵猫與鐵塊 汽車 黑猫 墨水瓶	五四〇	同前	

七	六日	同前	清泰門外	市立第五民衆教育館	鐵路的安全 汽車 埠而大球	五七〇	同前
	七日	同前	茅家埠	市立第三民衆教育館	同前	四五〇	同前
	八日	同前	覓橋	市立第一民衆教育館	同前	五〇〇	同前
	十日	同前	湖濱路	本館	同前	一・七〇〇	同前
	十一日	同前	岳坟	昆蟲局	同前	四六〇	同前
	十二日	同前	彭埠	市立第二民衆教育館	同前	三七〇	同前
	十五日	同前	湖濱路	本館	同前	二七〇	同前
	十六日	同前	同前	本館	同前	四五〇	同前
共計				五八	一五	三五八、九〇六	

8. 二十五年度上期教育電影巡迴講映記載表

月份	日期	時間	地點	場所	影片	受教人數	輔助用具	備註
八	八日	自下午八時起至下午十時止	餘杭縣城區	縣立圖書館	骨骼 救護 高而夫球	三六〇	三用擴聲機	
	九日	同前	餘杭縣前鎮倉	民衆教育館	同前	四五〇	同前	
	二十五日	同前	筧橋	市立第一民衆教育館	眼睛 墨水瓶	五八〇	同前	
	二十六日	同前	淸泰門外	市立第五民衆教育館	同前	六三〇	同前	
	二十八日	同前	淨慈寺前	市立第三民衆教育館分部	同前	四八〇	同前	
	二十九日	同前	彭埠	市立第二民衆教育館	同前	六七〇	同前	
	二日	同前	湖濱路	本館	同前	五二〇	同前	
	七日	同前	同前	同上	同前	四九〇	同前	
	十二日	同前	同前	同上	骨骼 棉貨 黑貓 墨水瓶	六〇〇	同前	

九	十七日	同前	同前	同上	同前	三〇〇	同前
	十八日	同前	閘口	市立六和塔小學	骨骼 棉貨 沐浴清潔 救護	八〇〇	同前
	二十日	同前	清泰門外	市立第五民衆教育館	同前	六四〇	同前
	二十四日	同前	湖濱路	本館	同前	四三〇	同前
	二十九日	同前	同前	同上	同前	四七〇	同前
十	一日	同前	柴朵橋	私立旅浙安徽小學	骨骼 救護 高而夫球	六四〇	同前
	五日	同前	湖濱路	本館	同前	五一〇	同前
	六日	同前	太平門外	浙江大學農村實驗區	同前	一·四〇〇	同前
	十日	同前	湖濱路	本館	骨骼 棉貨 高而夫球	一·三四〇	同前
	十四日	同前	舊貢院前	高級中學附屬小學	同前	五〇〇	同前
	二十日	同前	湖濱路	本館	血液循環 棉貨 黑貓 墨水瓶	四一〇	同前

	二十六日	同前	同前	同前	同前	三八〇	同前
	二十八日	同前	望江門外	市立望江門小學	同前	七〇〇	同前
	三十日	同前	餘杭縣城區	中心小學操場	同前	一·四〇〇	同前
	三十一日	同前	清泰門外	市立第五民衆教育館	同前	四二〇	同前
十一	一日	同前	松木場	市立第三民教館分部	同前	二五〇	同前
	二日	同前	湖濱路	本館	骨骼 貓鴨遊戲 棉貨 墨水瓶	三七〇	同前
	十二日	同前	同前	同前	同前	四一〇	同前
	十七日	同前	二龍頭	之江大學文學院	同前	三〇〇	同前
	二十日	同前	覓橋	市立第一民衆教育館	造紙 汽車 鐵苗與鐵塊 忽略的妻子	四五〇	同前
	二十一日	同前	彭埠	市立第二民衆教育館	同前	九八〇	同前

二十三日	同前	清泰門外	市立第五民衆教育館	同前	七一〇	同前
二十四日	同前	湖濱路	本館	同前	五二〇	同前
二十七日	同前	同前	同前	同前	四九〇	同前
二十九日	同前	南山路	省立杭州師範附屬小學	骨骼 救護 高而大球	四五〇	同前
十二						
四日	同前	同前	同前	同前	四三〇	同前
五日	同前	太平門外	浙江大實農村學驗區	從開花到結果 造紙 黑貓 墨水瓶	二・一〇〇	同前
十三日	同前	湖濱路	本館	同前	三五〇	同前
二十日	同前	清泰門外	市立第五民衆教育館	玉蜀黍 棉之生長 偵探大王	五四〇	同前
二十二日	同前	海甯縣城區	春照中心小學	同前	六〇〇	同前
二十五日	同前	太平門外	浙江大學農村實驗區	同前	一・二〇〇	同前
二十六日	同前	湖濱路	本館	家庭看護法 血 救護	二五〇	同前

	二十七日	同前	馬坡巷	私立虎林中學	鐵苗與鐵塊 植物移民	一•八〇〇	三用擴聲機
	三十日	同前	東淸巷	私立大經小學	同前	四五〇	同前
一	一日	同前	湖濱路	本館	玉蜀黍 棉之生長 偵探大王	六五〇	同前
	二日	同前	同前	同前	同前	六〇〇	同前
	四日	同前	太平門外	浙江大學農村實驗區	同前	九〇〇	同前
	十日	同前	彭埠	市立第二民衆教育館	同前	一•三〇〇	同前
	十一日	同前	横河橋	本館分部	同前	一五〇	同前
	十二日	同前	同前	同前	家庭看護法 血 黑猫 墨水瓶	三四〇	同前
	二十三日	同前	筧橋	市立第一民衆教育館	同前	五八〇	同前
	二十五日	同前	茅家埠	市立第三民衆教育館	同前	四七〇	同前
共計			四七	五二	二〇	三三、七六〇	

三、辦理教育電影固定講映場

民國二十六年二月間，本館充實關於教育電影事業的設備，并擇定市區內設立教育電影固定講映場，東、南、西、北、中五處；需用影片，除每兩月由教育部社會教育司供給一次外——四卷——其他概向省教育廳電化教育服務處借映。茲將各項講映教育電影辦法及最近半年來教育電影講映工作一覽附錄如下：

1.浙江省立杭州民衆教育館教育電影固定講映場暫行辦法

一、本館為推進民衆教育，普遍教育電影起見，設立教育電影固定講映場，特訂定本辦法辦理之；

二、本館教育電影固定講映場，暫設以下五區：

1.東區——鎮東樓市南民衆俱樂部；

2.南區——南星橋義勇警察俱樂部；

3.西區——茅家埠市立第三民教館；（現改在黃肉巷曠場）

4.北區——湖墅新民社；（現改在馬巷坡安定中學操場）

5.中區——湖濱路本館。

三、本館教育電影固定講映場，每區施教地點，以五個月爲一期，期滿另擇適當場所，但必要時，得繼續延長之。

四、本館教育電影固定講映場，每週講映一次，由本館排定日期，預先通告。

五、本館教育電影固定講映場，來賓須憑劵入場，不收劵資，並須遵守場內一切規則，否則恕不招待。

六、本辦法經本館館務會議通過施行。

2.入座劵

浙江省立杭州民衆教育館

教育電影固定講映場

入　座　劵

日　期：　　月　　日

每劵祇限一人。嬰孩恕不招待。

3. 浙江省立杭州民衆教育館教育電影固定講映場民衆入場須知：

一、本館爲謀電化教育之普及起見，特擇定省會適中地點，分設東南西北中教育電影固定講映場五處，並訂定本辦法實施之。

二、講映日期及地點暫定如下：

1. 星期二——鎮東樓市南民衆俱樂部；
2. 星期三——南星橋義勇警察俱樂部；（天雨改在民權路杭州民衆俱樂部）
3. 星期四——茅家埠市立第三民教館；（現在改黃肉巷曠場）
4. 星期五——湖墅新民社；（現改在馬坡巷安定中學操場）
5. 星期六——湖濱路本館。

三、各場講映時間暫定如下：

1. 六月至九月——下午八時起。
2. 十月至五月——下半七時起。

四、受教民衆須遵守左列規則：

1. 憑券入場，每券祇限一人，概不收費；

2. 舉行開會儀式，放映國府　林主席及　蔣委員長肖像時，均須起立致敬；

3. 出入本場，須照規定路線；

4. 場內物品，如有損壞，須照價賠償；

5. 場內不得兜銷食物；

6. 凡嬰孩醉漢患傳染病者或患神經病者，概不招待；

7. 場內須放輕脚步，並須遵守秩序；

8. 場內不得赤身露體及拋棄雜物隨地涕唾。

五、受教民衆如不遵守前項規則，得隨時令其退出。

六、受教民衆觀聽後，如發生疑難，可用書面寄請本館教導組解答之。

4.浙江省立杭州民衆教育館講映教育電影記錄簿

中華民國二十　年　月　日星期　午　時　分起至　時　分止　氣候

秩序	
一	前奏曲
二	開會——奏樂
三	全體肅立
四	唱黨歌
五	向國旗黨旗及總理遺像行最敬禮
六	恭讀總理遺囑
七	靜默
八	向國府林主席及蔣委員長肖像敬禮
八	報告
十	講映教育影片
十一	教育片問題解答
十二	播唱教育歌曲——放映歌詞燈片
十三	講映教育影片
十四	教育影片問題解答
十五	放映教育歌曲——放映歌詞燈片
十六	放映娛樂影片——播唱音樂
十七	放映幻燈畫片
十八	放映娛樂影片——播唱音片
十九	散會——播唱音樂

地點	幻燈片					歌曲片					電影片								
											教育				娛樂				備註
參加人數	片名					片名					片名								
	片數					片數					卷數								
	內容提要					內容提要					呎數								紀錄者
											內容提要								

改進意見

5. 浙江省立杭州民衆教育館教育影片收發登記簿

片名	卷數	呎數	收期 年	月	日	還期 年	月	日	發還方法	備註

6. 浙江省立杭州民衆教育館教育唱片登記簿

號數	片名	演奏者或歌唱者	內容提要	價值 元	角	購置日期 年	月	日	出品商號	備註

7. 浙江省立杭州民衆教育館幻燈片登記册

號數	片名	張數	內容	價值 元	價值 角	購置日期 年	月	日	出品處	備註

8. 二十五年度下期教育電影固定講映記載表

月份日期	時間	地點	場所	影片	幻燈片	歌曲片	受教人數	備註
十一日	自下午三時起至下午五時止	湖濱路本館	第五固定講映場	防毒 國貨年	防毒	警鐘 好姊妹衝鋒 四合 下山虎	五四〇	
十二日	同前	同前	同前	同前	同前	同前	三四〇	
十三日	同前	同前	同前	同前	同前	同前	五七〇	
十四日	同前	同前	同前	同前	同前	同前	五八〇	

二

十六日	自下午八時起至下午十時止	鎮東樓 市南民衆俱樂部	第一固定講映場	同 前	同 前	同 前	一•七〇〇	
十七日	同 前	南星橋 義勇警察俱樂部	第二固定講映場	同 前	同 前	同 前	一•九〇〇	
十八日	同 前	茅家埠 市立第三民教館	第三固定講映場	同 前	同 前	同 前	八〇〇	
十九日	同 前	湖墅 新民社	第四固定講映場	同 前	同 前	同 前	二•五〇〇	
二十日	同 前	湖濱路 本館	第五固定講映場	國光	國難地圖	義勇軍進行曲 無畏歌 塞上曲 錦城春	四三〇	
二十三日	同 前	鎮東樓 市南民衆俱樂部	第一固定講映場	同 前	同 前	同 前	四七〇	
二十四日	同 前	水亭子 市立水亭小學	臨時講映場	同 前	同 前	同 前	三八〇	天雨臨時改變場所
二十五日	同 前	茅家埠 市立第三民教館	第二固定講映場	同 前	同 前	同 前	九四〇	
二十六日	同 前	體育場路 省立體育場	臨時講映場	同 前	同 前	同 前	三•三〇〇	
二十七日	同 前	湖濱路 本館	第五固定講映場	同 前	同 前	同 前	五三〇	
一日	同 前	鎮東樓 市南民衆俱樂部	第一固定講映場	我們的首都 巴里島 鮭魚 矮人	防空建設	漁光曲 節儉歌 一枝梅 香篆曲	六八〇	

三

三日	同前	南星橋義勇警察俱樂部	第二固定講映場	同前	同前	同前	二·七〇〇	
四日	同前	茅家埠市立第三民教館	第三固定講映場	同前	同前	同前	一·八〇〇	
五日	同前	湖墅香積寺	第四固定講映場	同前	同前	同前	一·七〇〇	
六日	同前	湖濱路本館	第五民衆教育館	同前	同前	同前	四三〇	
九日	同前	鎮東樓市南民衆俱樂部	第一固定講映場	西湖 蠶絲 衣及手臉的清潔 春日	空襲時之避難	醉臥沙場 歡樂歌 中花六板 築堤歌	六三〇	
十日	同前	民權路杭州民衆俱樂部	臨時講映場	同前	同前	同前	七四〇	天雨臨時改變場所
十一日	同前	茅家埠市立第三民教館	第三固定講映場	同前	同前	同前	八六〇	
十三日	同前	湖濱路本館	第五固定講映場	同前	同前	同前	七九〇	
十五日	同前	舊貢院	省立高級中學附屬小學	同前	同前	同前	五八〇	臨時講映
十六日	同前	鎮東樓市南民衆俱樂部	第一固定講映場	華盛頓	同前	童子軍歌 給摩登小姐 雁來紅 龍吐珠	一·四〇〇	

十七日	同前	民權路杭州民衆俱樂部	臨時講映場	同前	同前	同前	七五〇	天雨臨時改變場所
十八日	同前	南山路杭州師範附屬小學	同前	同前	同前	同前	三九〇	同前
十九日	同前	湖墅五界廟	第四固定講映場	同前	同前	同前	一·四〇〇	
二十日	同前	湖濱路本館	第五固定講映場	同前	同前	同前	四九〇	
二十三日	同前	鎮東樓市南民衆俱樂部	第一固定講映場	深海怪物 抵抗 駱駝獻舞	防空兵器	勞動歌 打哼歌 船夫曲 龍吐珠	一·八〇〇	
二十四日	同前	民權路杭州民衆俱樂部	臨時講映場	同前	同前	同前	二九〇	天雨臨時改變場所
二十五日	同前	茅家埠市立第三民教館	第三固定講映場	同前	同前	同前	七四〇	
二十六日	同前	湖墅香積寺	第四固定講映場	同前	同前	同前	一·八〇〇	
二十七日	同前	湖濱路本館	第五固定講映場	同前	同前	同前	七二〇	
三十日	同前	鎮東樓市南民衆樂俱部	第一固定講映場	種樹 橡皮 新生活運動 航空救國	同前	新生活運動歌 青天白日歌 陽春曲 醉漁唱晚	一·八五〇	

三十一日	同前	南星橋義勇警察俱樂部	第二固定講映場	同前	同前	同前	二•五〇〇	
一日	同前	民權路杭州民衆俱樂部	臨時講映場	同前	同前	同前	三八〇	
二日	同前	湖墅五界廟	第四固定講映場	同前	同前	同前	二•三〇〇	
三日	同前	湖濱路本館	第五固定講映場	同前	同前	前前	五九〇	
六日	同前	鎮東樓市南民衆俱樂部	第一固定講映場	小朋友	盡忠保國的岳飛	童子軍歌 催眠曲 東風第一枝 飄飄紅	二•七〇〇	
七日	同前	南星橋義勇警察俱樂部	第二固定講映場	同前	同前	同前	三•八〇〇	
八日	同前	茅家埠市立第三民教館	第三固定講映場	同前	同前	同前	六•三〇〇	
九日	同前	湖墅五界廟	第四固定講映場	同前	同前	同前	二•一〇〇	
十日	同前	湖濱路本館	第五固定講映場	同前	同前	同前	一•三〇〇	
十一日	同前	彭埠	市立第二民教館	同前	同前	同前	三•四〇〇	臨時講映

四

十三日	同前	鎮東樓市南民衆俱樂部	第一固定講映場	救火 飛來禍 伯爵騙局	防空建設	大路歌 鎌刀舞歌 賀新涼 催眠曲	二・四〇〇
十四日	同前	南星橋義重警察俱樂部	第二固定講映場	同前	同前	同前	三・七〇〇
十五日	同前	松木場市立第三民教館分部	第三固定講映場	同前	同前	同前	五二〇
十六日	同前	湖墅五界廟	第四固定講映場	同前	同前	同前	二・九〇〇
十七日	同前	湖濱路本館	第五固定講映場	同前	同前	同前	六二〇
二十日	同前	鎮東樓市南民衆俱樂部	第一固定講映場	沙與泥 污穢的處置 本省社教人員暑期講習會	民族忠臣史可法	節儉歌 賣報歌 塞上曲 蘇武牧羊	二・八〇〇
二十一日	同前	民權路杭州民衆俱樂部	臨時講映場	同前	同前	同前	六五〇
二十二日	同前	南山路省立杭州師範附屬小學	同前	同前	同前	同前	三八〇
二十三日	同前	湖墅五界廟	第四固定講映場	同前	同前	同前	一・八〇〇
二十四日	同前	湖濱路本館	第五固定講映場	同前	同前	同前	四二〇

二十七日	同前	鎮東樓市南民衆俱樂部	第一固定講映場	汽車 朝鮮 台灣 墨水瓶	平倭名將 戚繼光	開路先鋒 鋤頭舞歌 下山虎 滾繡球	一・四〇〇	
二十八日	同前	南星橋義勇警察俱樂部	第二固定講映場	同前	同前	同前	二・三〇〇	
二十九日	同前	南山路省立杭州師範附屬小學	臨時講映場	同前	同前	同前	五・三〇〇	
三十日	同前	湖墅新民社	第四固定講映場	同前	同前	同前	一・二〇〇	
一日	同前	湖濱路本館	第五固定講映場	同前	同前	同前	五・一〇一	
四日	同前	鎮東樓市南民衆俱樂部	第一固定講映場	本省高中學生集中軍訓 海底生物 彼得冒險 騙局	新生活標語	大地進行曲 凱歌 塞上曲 一枝梅	三・七〇〇	
五日	同前	南星橋義勇警察俱樂部	第二固定講映場	同前	同前	同前	五・九〇〇	
六日	同前	南山路省立杭州師範附屬小學	臨時講映場	同前	同前	同前	二八〇	
七日	同前	湖墅新民社	第四固定講映場	同前	同前	同前	三・四〇〇	
八日	同前	湖濱路本館	第五固定講映場	同前	同前	同前	一・八〇〇	

五

十一日	同前	鎮東樓 市南民衆俱樂部	第一固定講映場	白喉 菲列渚 五十六年痛國恥圖 史 貓鼠戰爭		總理紀念歌 節儉歌 瀑下飛泉 錦城春	一・七〇〇	
十二日	同前	橫河橋 本館分部	臨時講映場	同前	同前	同前	一八〇	天雨臨時改變場所
十三日	同前	茅家埠 市立第三民教館	第三固定講映場	同前	同前	同前	九八〇	
十四日	同前	湖墅 新民社	第四固定講映場	同前	同前	同前	二・四〇〇	
十五日	同前	湖濱路 本館	第五固定講映場	同前	同前	同前	一・九〇〇	
十八日	同前	鎮東樓 市南民衆俱樂部	第一固定講映場	污穢的處置 水之澄清 沐浴和髮的清潔 滅蚊蠅 高而夫球		新生活運動 賣報歌 下山虎 龍吐珠	二・五〇〇	
十九日	同前	南星橋 義勇警察俱樂部	第二固定講映場	同前	同前	同前	二・八〇〇	
二十日	同前	民權路 杭州民衆俱樂部	臨時講映場	同前	同前	同前	五三〇	天雨臨時改變場所
二十一日	同前	湖墅 新民社	第四固定講映場	同前	同前	同前	二・三〇〇	
二十二日	同前	湖濱路 本館	第五固定講映場	同前	同前	同前	二・一〇〇	

二十三日	同前	清泰門外市立第五民教館		同前	同前	同前	六三〇	臨時講映
二十四日	同前	東園巷本館分部	第四固定講映場	同前	同前	同前	六·五〇〇	
二十五日	同前	鎮東樓市南民衆俱樂部	第一固定講映場	血 齒的生長 癆病預防 高而夫球	救急圖	義勇軍進行曲 鋤頭舞歌 香篆曲 一枝梅	一·二〇〇	
二十六日	同前	南星橋義勇警察俱樂部	第二固定講映場	同前	同前	同前	二·五〇〇	
二十七日	同前	茅家埠市立第三民教館	第三固定講映場	同前	同前	同前	九六〇	
二十八日	同前	湖墅新民社	第四固定講映場	同前	同前	同前	三·七〇〇	
二十九日	同前	湖濱路本館	第五固定講映場	同前	同前	同前	三·〇〇〇	
三十〇日	同前	二龍頭	之江大學文學院	非列濱 新生活 飛來禍 伯爵	同前	同前	五九〇	
三十一日	同前	黃肉巷	臨時講映場	同前	同前	同前	九·八〇〇	
一日	同前	鎮東樓市南民衆俱樂部	第一固定講映場	蔣公回京 普通食鹽 塞外風光 騙局	同前	大路歌 鐮刀舞歌 中花六板 雁來紅	一·六〇〇	

六

二日	同前	民權路杭州民衆俱樂部	臨時講映場	同前	同前	同前	四八〇	
三日	同前	湖濱路本館	第五固定講映場	同前	同前	同前	五九〇	
四日	同前	湖墅新民社	第五固定講映場	同前	同前	同前	二•四〇〇	
五日	同前	湖濱路本館	第五固定講映場	同前	同前	同前	一•五〇〇	
八日	同前	鎮東樓市南民衆俱樂部	第一固定講映場	養牛 海濱之島 綏遠剿匪專號	救急字片	打哼歌 醉臥沙場 龍吐珠 飄來紅	一•五〇〇	
九日	同前	南星橋義勇警察俱樂部	第二固定講映場	同前	同前	同前	二•七〇〇	
十二日	同前	湖濱路本館	第五固定講映場	同前	同前	同前	四八〇	
十五日	同前	鎮東樓市南民衆俱樂部	第一固定講映場	汽力 綏遠剿匪錄	夏令衛生標語	義勇軍進行曲 大無畏歌 一枝梅 香篆曲	七八〇	
十六日	同前	南星橋義勇警察俱樂部	第二固定講映場	同前	同前	同前	一•四〇〇	
十七日	同前	民權路杭州民衆俱樂部	臨時講映場	同前	同前	同前	七五〇	

十八日	同前	黃肉巷曠場	第四固定講映場	同前	同前	同前	三·七〇〇	自本日起將新民社第四固定講映場遷移此處講映
十九日	同前	湖濱路本館	第五固定講映場	同前	同前	同前	二·六〇〇	
二十日	同前	東青巷	私立大經小學	同前	同前	同前	六二〇	臨時講映
二十二日	同前	[illegible]東樓市南民衆俱樂部	第一固定講映場	農場牧羊駕車	同前	鐮刀舞歌 [illegible]光曲 陽春曲 醉漁唱晚	三·八〇〇	
二十三日	同前	民權路杭州民衆俱樂部	臨時講映場	同前	同前	同前	五八〇	天雨臨時改變場所
二十四日	同前	東[illegible]巷本館分部	同前	同前	同前	同前	一九〇	同前
二十五日	同前	[illegible]牧巷安定中學操場	第四固定講映場	同前	同前	同前	一·一〇〇	自本日起將茅家埠第三固定講映場遷移此處講映
二十六日	同前	湖濱路本館	第五固定講映場	同前	同前	同前	一·三七〇	
二十九日	同前	[illegible]東樓市南民衆俱樂部	第一固定講映場	金礦 本省一區第三屆運動會 中國新聞 黑貓	新生活運動標語	開礦歌 打哼歌 四合 雁來紅	二·四〇〇	

	三十日	同前	南星橋義勇警察俱樂部	第二固定講映場	同前	同前	同前	三四〇〇
共計				一〇五	六二	一六	三四	一七六、七三〇

四、主持省第一學區教育電影巡迴講映隊事宜

二十五年度下期，開始主持省第一學區教育電影巡迴隊巡迴講映事宜。每縣講映次數，一學期內，至多者達四十五次，至少者九次，均以各機關負擔經費為標準，並力求普及偏僻地域為原則。

1.浙江省第一學區教育電影巡廻隊辦法

一、本省學區為利用教育電影以增廣民衆知識，改善社會習俗，發揚民族精神，推進社會教育起見，特組織本省學區教育電影巡迴隊，巡迴放映教育電影。

二、教育電影巡迴隊，設機師一人，工役一人，隨帶電影片機械及一切用具，赴本省學區各縣巡迴放映。

三、教育電影巡迴隊到達各縣時，由各縣政府排定巡迴路線，講映時間與場所。並令飭到達主持機關預為通告宣傳，號召觀衆。

四、教育電影講映時，應同時說明影片內容；講映前後並舉行通俗講演，說明及演講員由各縣民敎館派員担任，或由各縣政府令飭講映場所相近之教育機關派員担任。

五、敎育電影巡迴隊所需費用，由各縣縣政府依照各縣等級比例分擔。

六、敎育電影巡迴隊所需影片，向敎育廳借用之。

七、敎育電影巡迴隊得附設辦事處於省立杭州民敎館，並由省立杭州民敎館負責主持，按月排定巡迴縣份，並接洽借取影片等。

八、本辦法由本省學區輔導會議辦事處委員會通過後，呈請 敎育廳核准施行。

2.浙江省第一學區二十五年度敎育電影巡迴隊經費預算

（甲）經常收入

項目	全年數額	本學期數額	參酌各縣市教育經費分配其成數
第一項 各機關負擔	一、八〇〇元	九〇〇元	
第一目 省立杭州民衆教育館	五四〇元	二七〇元	30%
第二目 杭州市	三六〇元	一八〇元	20%
第三目 杭縣	一八〇元	九〇元	10%
第四目 海甯縣	一四四元	七二元	8%

第五目 富陽縣	一〇八元	五四元	6%
第六目 新登縣	七二元	三六元	4%
第七目 臨安縣	七二元	三六元	4%
第八目 於潛縣	七二元	三六元	4%
第九目 昌化縣	七二元	三六元	4%
第十目 餘杭縣	七二元	三六元	4%
第十一目 杭州師範附屬小學	一〇八元	五四元	6%
共計	一、八〇〇元	九〇〇元	

（乙）經常支出

項目	全年數額	本學期數額	說明
第一項薪給	四四五元	二二七、五元	機師一人，月薪二十五元，工役一人，月支十二元，合計如上數
第二項川旅	七二〇元	三六〇、〇元	川旅運費月支約六十元
第三項消耗	五七八元	二八九、〇元	汽油月用三聽，每聽約五元，機器油一加倫，每加倫四元，燈泡一只二九元。
第四項預備	五七元	二八、五元	
共計	一、八〇〇元		

3. 浙江省第一學區教育電影巡迴隊二十五年度第二學期預定巡迴講映次數表

機關別	次數	說明
杭州市	四五次	每次平均約需費大洋四元，本學期以四五次計須負担費用一八〇元，詳預算。
杭縣	二三次	
海甯縣	一八次	
富陽縣	一四次	
新登縣	九次	
臨安縣	九次	
於潛縣	九次	
昌化縣	九次	
餘杭縣	九次	
杭州師範附屬小學	一四次	
省立杭州民教館實施區	六七次	
共計	二二六次	

4. 致各市縣政府函式

逕啓者：本隊自　月　日起，來
貴　巡迴講映教育電影，至希
令飭各該場所預爲佈置，廣事宣傳；至於巡迴路綫，講映時間及場所，並請
先期排定，俾便循次講映，相應函請
查照爲荷！此致
　縣縣政府

浙江省第一學區教育電影巡迴隊啓
主持機關：浙江省立杭州民衆教育館

次序	日期	地點
第　次	月　日	
第　次	月　日	
第　次	月　日	
第　次	月　日	
第　次	月　日	
第　次	月　日	

注意　此表排定後請交本隊講映員，俾便循次進行。

5. 報告表

浙江省第一學區教育電影巡迴隊報告表

次數	講映日期	起訖時期	場所	影片名稱
第一次	月 日	自 午 時 分 至 午 時 分		
第二次	月 日	自 午 時 分 至 午 時 分		
第三次	月 日	自 午 時 分 至 午 時 分		
第四次	月 日	自 午 時 分 至 午 時 分		
第五次	月 日	自 午 時 分 至 午 時 分		
第六次	月 日	自 午 時 分 至 午 時 分		
第七次	月 日	自 午 時 分 至 午 時 分		
第八次	月 日	自 午 時 分 至 午 時 分		

以上共計講映 次，相應報告於右。

此致

縣縣政府

浙江省第一學區教育電影巡迴隊

教育電影講映員 （簽名）

中華民國二十 年 月 日

此單撰就二份，一份報告當地縣政府，一份存本隊備查。

6. 工作月報表

浙江省第一省學區教育電影巡迴隊講映工作月報表

中華民國　　年　　月份

講映次序	日期	起訖時間	地點	場所	影片名稱	影片種類	影片卷數	影片長度	觀衆人數	觀衆教育程度	講演講解題目記要	結果	備考
第　次	月　日	自　午　時　分 至　時　分　止								中學以上　% 小學　% 不識字　%			
第　次	月　日	自　午　時　分 至　時　分　止								中學以上　% 小學　% 不識字　%			
第　次	月　日	自　午　時　分 至　時　分　止								中學以上　% 小學　% 不識字　%			

注意 1. 本表由省學區社教輔導機關逐月塡報二份
2. 如同一場所講映二次以上者應依次照塡

塡報

中華民國二十　年　月　日

7. 二十五年度下期第一省學區教育電影巡迴講映記載表

月份	日期	時間	地點	場所	影片	受教人數	備註
	十八日	自下午八時起 至下午十時止	海甯縣城區	縣立民衆教育館	骨骼 救護 高而夫球	一・二〇〇	

日期	時間	地點	場所	片名	觀眾人數	備考
二						
十九日	同前	同前	同前	棉之生長 落花生 墨水瓶 黑猫	三•六〇〇	
二十日	同前	同前	中山中學操場	同前	一•二〇〇	
二十一日	同前	海甯縣硤石鎮	中心小學操場	同前	二•一〇〇	
二十二日	同前	同前	同前	骨骼 救護 高而大球	五•六〇〇	
二十三日	同前	海甯縣袁化鎮	中心小學操場	同前	一•二〇〇	
二十四日	同前	同前	同前	棉之生長 落花生 黑猫 墨水瓶	二•〇〇〇	
二十五日	同前	海甯縣伊橋鎮	曠場	同前	三•六〇〇	
二十六日	同前	同前	同前	骨骼 救護 高而大球	四•二〇〇	
十九日	同前	臨安縣城區	運動場	我們的首都 西湖風景 手和衣服的清潔 高而大球	一•三〇〇	
二十日	同前	同前	縣黨部門口曠場	骨骼 救護 黑猫 墨水瓶	一•二〇〇	

三

日期	時間	地點	場所	內容	人數	備考
二十一日	同前	臨安縣青山鎮	曠場	我們的首部 西湖風景 手和衣服的清潔 春日	二·四〇〇	
二十二日	同前	臨安縣亭川鎮	中心小學內	同前	三〇〇	
二十三日	同前	臨安縣夏禹橋	曠場	同前	一·〇〇〇	
二十四日	同前	臨安鎮化龍鎮	同前	同前	七〇〇	
二十五日	同前	臨安縣青雲橋	同前	同前	一·六〇〇	
二十六日	同前	鎮安縣金岫鎮	同前	同前	一·二〇〇	
二十七日	同前	臨安縣橫湖鎮	中心小學	同前	六〇〇	
一日	同前	杭縣丁橋鎮	中心小學	同前	四〇〇	
二日	同前	杭縣和睦鎮	小學校操場	同前	七〇〇	
三日	同前	杭縣喬司鎮	曠場	同前	三·六〇〇	

四日	同前	杭縣臨平鎮	中心小學操場	同前	一·九〇〇	
五日	同前	杭縣小林鎮	曠場	同前	四·〇〇〇	
六日	同前	杭縣亭趾鎮	中心小學操場	同前	一·六〇〇	
七日	同前	杭縣博陸鎮	曠場	同前	二·四〇〇	
八日	同前	杭縣五杭鎮	同前	同前	一·八〇〇	
九日	同前	杭縣塘棲鎮	民衆敎育館運動場	同前	一·六〇〇	
十七日	同前	杭縣界河鎮	省立杭州師範農村部	同前	一·六〇〇	
十八日	同前	杭縣丁山河	曠場	同前	一·一〇〇	
十九日	同前	杭縣東塘鎮	同前	同前	三·二〇〇	
二十日	同前	杭縣上絳埠鎮	同前	同前	二·一〇〇	
二十一日	同前	杭縣安溪鎮	同前	同前	二·〇〇〇	

四

二十二日	同前	杭縣西施塢鎮	中心小學操場	同前	七五〇	
二十三日	同前	杭縣瓶窰鎮	窰山上	同前	五·四〇〇	
二十四日	同前	杭縣良渚鎮	民衆教育館運動場	同前	一·四〇〇	
二十五日	同前	杭縣長橋鎮	曠場	同前	一·〇〇〇	
二十六日	同前	杭縣三墩鎮	杭縣民衆俱樂部	同前	二·六〇〇	
二十七日	同前	杭縣南塘鎮	賽東嶽廟	同前	五〇〇	
二十九日	同前	杭縣留下鎮	中心小學操場	同前	三·二〇〇	
八日	同前	杭州市五堡鎮	市立第三民衆教育館分部	飛來禍 南洋羣島 蚊之生長 伯爵	一·二〇〇	
十七日	同前	海甯縣城區	縣立民衆教育館	同前	一·六〇〇	
十八日	同前	同前	中山中學操場	白喉 五十六年痛史 菲列濱 貓鼠戰爭	一·二〇〇	
十九日	同前	同前	運動場	南洋羣島 新生活運動 五十六年痛史	一·三〇〇	

五						
二十日	同前	同前	縣立民衆教育館	同前	六〇〇	
二十一日	同前	海甯縣長安鎮	令公廟	白喉 非列濱 五十六年痛史 貓鼠戰爭	二・六〇〇	
二十二日	同前	同前	長安小學操場	蚊之生長 南洋羣島 新生活運動 伯爵	一・二〇〇	
二十三日	同前	海甯縣斜橋鎮	福音堂	同前	七四〇	
二十四日	同前	同前	顯聖廟	白喉 五十六年痛史 非列濱 貓鼠戰爭	一・六〇〇	
二十五日	同前	海甯縣硤石鎮	民衆教育館	同前	七〇〇	
二十九日	同前	杭州市華家池	浙江大學農村實驗區	蚊之生長 非列濱 伯爵	八〇〇	
一日	同前	杭州市新和豐鎮	省立杭州師範附屬小學農村部	飛來禍 非列濱 新生活 伯爵	一・八〇〇	
二日	同前	杭州市合興鎮	省立杭州師範附屬小學農村部分部	同前	一・九〇〇	
六日	同前	杭縣轉塘鎮	中心小學操場	同前	四〇〇	

六					
七日	同前	杭縣周家埠鎮	同前	同前	四五〇
八日	同前	杭縣袁家埠鎮	中心小學校門外曠場	同前	四六〇
十日	同前	富陽縣城區	方家祠堂曠場	同前	五・五〇〇
十一日	同前	同前	天后宮	養牛 綏遠剿匪專號 墨水瓶	六〇〇
十二日	同前	同前	城隍廟	骨骼 救護 高而夫球	六〇〇
十三日	同前	同前	同前	南洋 新生活運動 海濱之鳥 飛來禍	七八〇
十七日	同前	杭州市新和豐鎮	省立杭州師範附屬小學農村部	骨骼 救護 高而夫球	七六〇
十八日	同前	同前	同前	南洋 五十六年痛史 蛟之生長 伯爵	一・二〇〇
十九日	同前	杭州市合興鎮	省立杭州師範附屬小學農村部分部	同前	一・一〇〇
二十日	同前	同前	同前	骨骼 救護 高而夫球	九六〇
二十一日	同前	杭州市九堡鎮	省立杭州師範附屬小學施教區	同前	八六〇
共計		四五	六四	二一	一〇八、七二〇

6• 施教統計

甲、受教人數統計

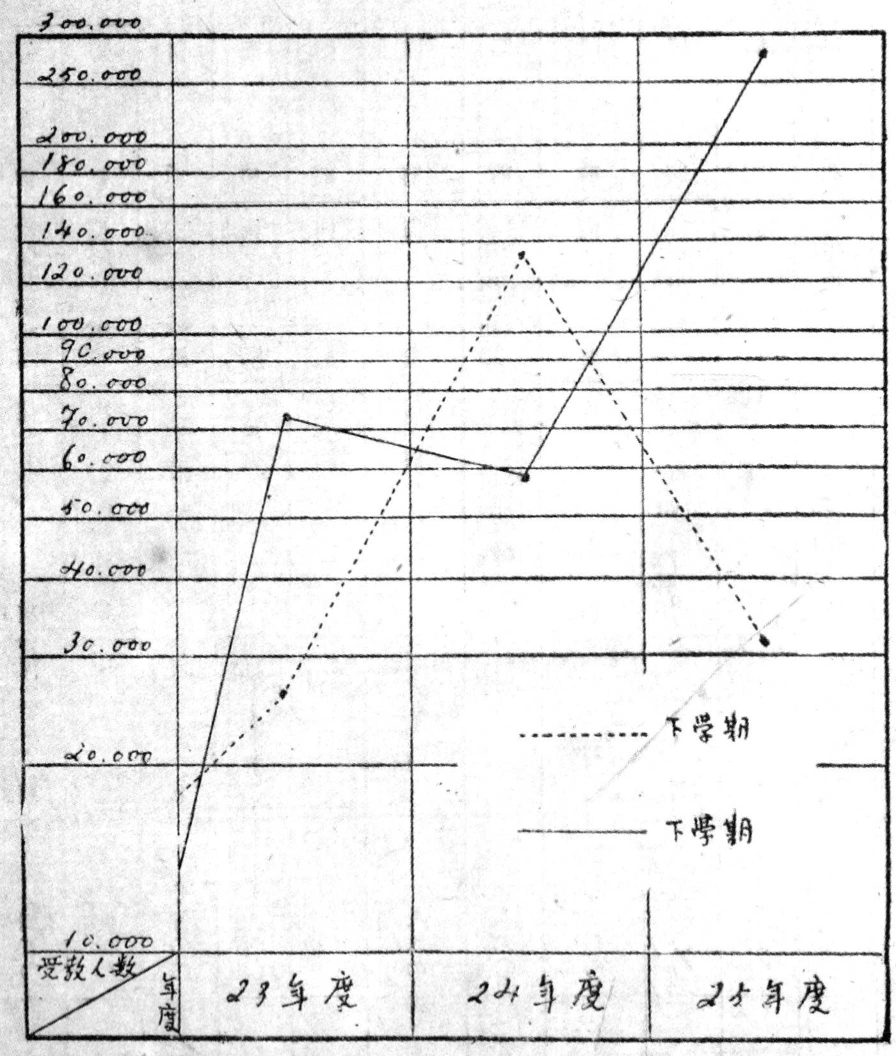
教育電影受教人數統計圖
300.000
250.000
200.000
180.000
160.000
140.000
120.000
100.000
90.000
80.000
70.000
60.000
50.000
40.000
30.000
20.000
10.000
受教人數
年度
23年度
24年度
25年度
下學期
下學期

乙、講映次數統計

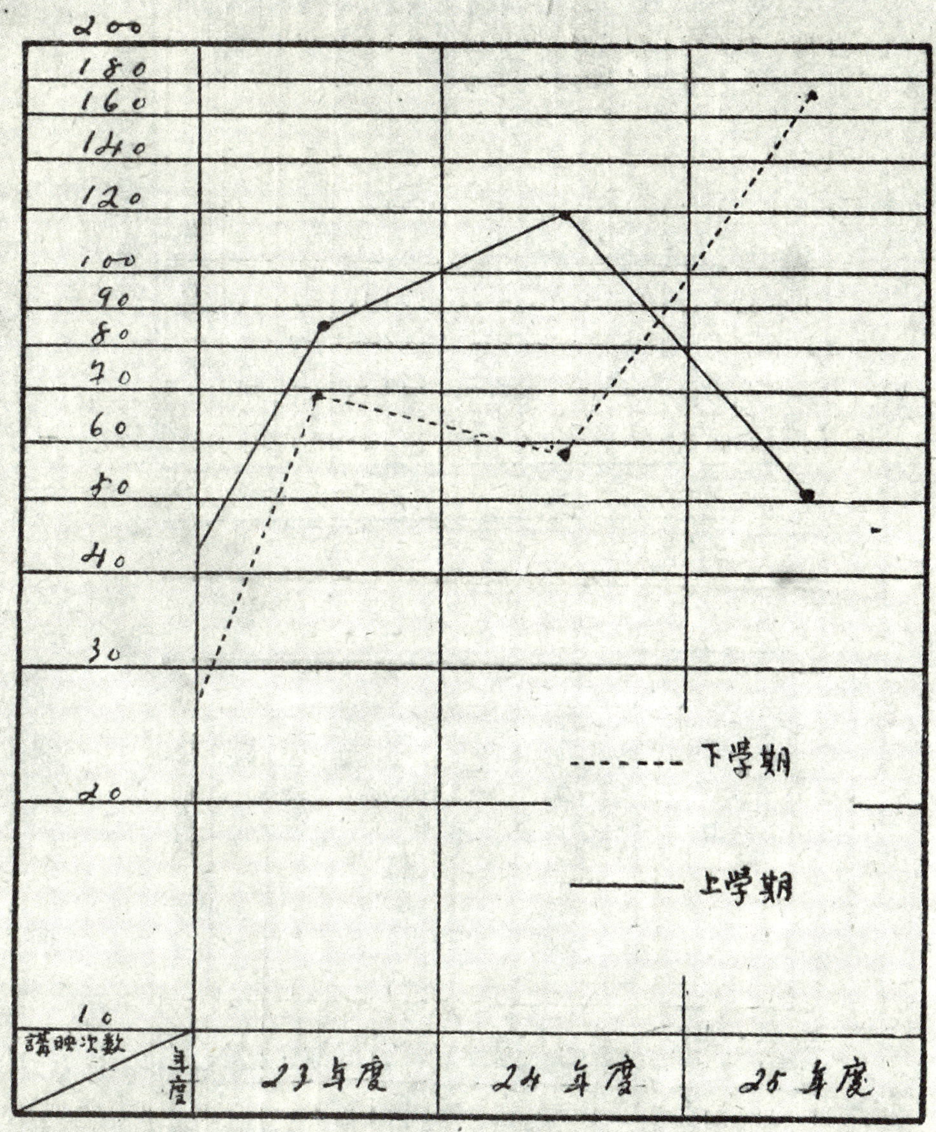
教育電影講映次數統計圖
200
180
160
140
120
100
90
80
70
60
50
40
30
20
10
講映次數
年度
23年度
24年度
25年度
下學期
上學期

丙、講映教育影片統計

類別	種數	片名	卷數	呎數
衛	二五	白喉	1.	四〇〇
		沐浴	1.	二〇〇
		骨骼	1.	四〇〇
		皮膚	1.	四〇〇
		血液循環	1.	四〇〇
		消化	1.	四〇〇
		齒的生長	1.	四〇〇
		齒的保護	1.	四〇〇
		癆病的預防	1.	四〇〇
		呼吸	1.	四〇〇
		髮的清潔	1.	二〇〇
生		污穢的處置	1.	四〇〇
		飲水	1.	四〇〇
		水的清潔法	1.	四〇〇
		細菌	1.	四〇〇
		微生物的生命史	1.	四〇〇
		疫病的傳染	1.	四〇〇
		足	1.	四〇〇
		盲目的預防節省目力	2.	四〇〇
		家庭看護法	1.	四〇〇
		血	1.	四〇〇
		衣服的清潔	1.	二五〇
		洗面洗手	1.	二〇〇

	姿勢	1.	四〇〇
	救護	1.	二五〇
動物	鳥巢	1.	四〇〇
	海濱的鳥	1.	四〇〇
	白蟻與蝗蟲	1.	四〇〇
	蚊之生長	1.	四〇〇
	海底生物	1.	二〇〇
	小海狸	1.	二〇〇
	水中的昆蟲	1.	四〇〇
	牛	1.	四〇〇
	貓鴨遊戲	1.	一〇〇
	石山中的哺乳動物	1.	四〇〇
	比得探險記	1.	四〇〇
	鮭魚	1.	四〇〇
	探海怪物	1.	四〇〇
	野獸訓練	1.	四〇〇

	弱者之戰術	1.	四〇〇
地理	墨西哥	1.	西〇〇
	夏威夷羣島	1.	四〇〇
	非列濱羣島	1.	四〇〇
	南洋	1.	四〇〇
	巴里島	1.	四〇〇
	我們的首都	1.	四〇〇
	塞外風光	1.	四〇〇
	西湖	1.	四〇〇
	台灣	1.	三〇〇
	朝鮮	1.	三〇〇
植	玉蜀黍	1.	四〇〇
	棉花的生長	1.	四〇〇
	落花生	1.	四〇〇
	橡皮	1.	四〇〇
	麥	1.	四〇〇

類別	片名	卷數	尺數
物	麵包與五穀	1.	四〇〇
	棉貨	1.	四〇〇
公民	國貨年	1.	三〇〇
	國光	4.	一・六〇〇
	駱駝獻舞	1.	一八六
	抵抗	1.	三三五
	新生活運動	1.	四〇〇
	航空救國	1.	四〇〇
	飛來禍	1.	四〇〇
化學	救火	1.	四〇〇
	練油	1.	四〇〇
	肥皂	1.	四〇〇
	金	1.	四〇〇
	錫	1.	四〇〇
	鐵苗與鐵塊	1.	四〇〇
	防火	1.	四〇〇

類別	片名	卷數	尺數
	鹽	1.	四〇〇
	防毒	3.	一一〇〇
物理	空氣的壓力	1.	四〇〇
	日光之力量	1.	四〇〇
	鐵路之安全	1.	四〇〇
	汽車	1.	四〇〇
	燈之用法	1.	四〇〇
	汽力	1.	四〇〇
勞作	農場	1.	四〇〇
	種樹法	1.	四〇〇
	木器之製造	1.	四〇〇
	蠶絲	1.	四〇〇
	絲	1.	四〇〇
	沙與泥	1.	四〇〇
	磁器	1.	四〇〇
	造紙頭報紙	1.	四〇〇

類別	片名	數量	金額
	牧羊	1.	四〇〇
新聞	浙江鱗爪	1.	四〇〇
	本省兒童年開幕典禮	1.	一〇〇
	杭州市第四屆小學運動會	1.	一〇〇
	本省社會教育人員暑期講習會	2.	八〇〇
	本省高中學生集中軍訓	1.	四〇〇
	蔣公回京	1.	四〇〇
	綏遠剿匪專號	1.	七〇〇
	綏遠剿匪錄	1.	七〇〇
	本省一區第三屆運動會	1.	四〇〇
	中國新聞45號	3.	三〇〇
歷史	華盛頓	5.	二•〇〇〇
	五十六年病史	1.	四〇〇
故事	小朋友	5.	二•〇〇〇
	騙局	1.	四〇〇
	狗偵探	2.	八〇〇

類別	片名	數量	金額
娛	黑貓	1.	三〇〇
	自私自利	2.	八〇〇
	偵探大王	2.	八〇〇
	戲院之一夜	2.	八〇〇
	洪荒	2.	八〇〇
	當舖夥計	2.	八〇〇
	午夜返家	2.	八〇〇
	猴中英雄	2.	八〇〇
	伯略	1.	四〇〇
	救火隊	2.	八〇〇
	進備奉命	2.	八〇〇
	打高而夫球	2.	八〇〇
	後台戲	2.	八〇〇
	墨水瓶	1.	三〇〇
	猴子鬧學	1.	四〇〇
	海上英雄	1.	八〇〇

樂								
野熊	銀行	駕車	忽略的妻子	移民	養日	矮人	貓鼠戰爭	共計
2.八〇〇	2.八〇〇	2.八〇〇	2.八〇〇	2.八〇〇	1.三〇〇	1.三〇〇	1.三〇〇	163

(三)現有設備

本館關於教育電影方面，各項教學工具，雖常在經費支絀之中，亦不使其因噎廢食，歷年來逐漸購置，數量亦頗可觀，茲分述於下：

一、機件類：

名稱	數量	出品商號
柯達L型三吋鏡放映機	一具	上海柯達公司
柯達D型放映機	一具	同前
500W幻燈機	一具	同前
中華4W交直流三用擴聲機	一具	上海中華無線電研究社
電揚聲器	一具	同前
中華1250W直流發電機	一具	同前
配電箱	一具	同前
1000W變壓器	一具	上海柯達公司
600 W變壓器	一具	同前
直流電，	一只	杭州福來電料公司

二、影片類：

片名	長度	出品商號
全身骨骼	四〇〇	上海柯達公司
血液循環	四〇〇	同前
救護	二〇〇	同前
黑貓	三五〇	同前
墨水人	三五〇	同前
打高而夫球	八〇〇	同前
小貓與鴨的遊戲	一〇〇	同前

三、唱片類：

號數	片名	演奏者或歌唱者	內容提要	出品商號
1	開會儀式唱歌	張亦慶等		華聯
2	總理遺囑 又	嚴工上		華聯
3	總理紀念歌	黎明暉	歌曲	大中華
4	青天白日歌	黎明暉	歌曲	大中華

5	國旗歌	鼓樓小學學生	歌	曲	百代
6	軍歌	鼓樓小學學生	歌	曲	百代
7	新生活運動歌		歌	曲	百代
8	勞動歌		歌	曲	百代
9	黨歌	趙梅伯	歌	曲	高亭
10	凱歌	袁美雲 王引	歌	曲	百代
11	鋤頭舞歌	小先生	歌	曲	百代
12	鐮刀歌	小先生	歌	曲	百代
13	鐵蹄下的歌女	王人美	歌	曲	百代
14	義勇軍進行曲	袁牧之 顧夢鶴	歌	曲	百代
15	大地進行曲	高占非	歌	曲	百代
16	節儉歌	陳玉梅	歌	曲	百代
17	給摩登小姐	陳玉梅	歌	曲	百代
18	中國童子軍歌	倉碩小學校	歌	曲	百代
19	醉臥沙場	黎莉莉	歌	曲	百代
20	大無畏歌	袁美雲	歌	曲	百代
21	好姊妹衝鋒	袁美雲	歌	曲	百代

22	狼山謠	黎莉莉	歌曲	百代
23	築堤歌	尚冠武	歌曲	百代
24	械鬥之歌	尚冠昌	歌曲	百代
25	江心撑船歌	趙元任	歌曲	百代
26	教我如何不想她	趙元任	歌曲	百代
27	大路歌	金燄等	歌曲	百代
28	開路先鋒	金燄	歌曲	百代
29	畢業歌	袁牧之 陳波兒	歌曲	百代
30	揚子江暴風雨	森森歌舞團	歌曲	百代
31	不成呀約翰	張秀山	歌曲	百代
32	悲　秋	嚴增瑞	歌曲	百代
33	陽關三疊	潘奇	歌曲	百代
34	漁光曲	王人美	歌曲	百代
35	燕雙飛	陳玉梅	歌曲	百代
36	催眠曲	陳玉梅	歌曲	百代
37	南洋歌	談瑛	歌曲	百代
38	開礦歌	聶耳	歌曲	百代

39	挑夫曲	凴鳳 大鳳	歌曲	麗歌
40	打哼歌	凴鳳 大鳳	歌曲	麗歌
41	賣油條	江曼莉	歌曲	麗歌
42	賣報歌	龔秋霞	歌曲	麗歌
43	警鐘	龔秋霞	歌曲	麗歌
44	漁陽鼓	青年歌詠隊	歌曲	勝利
45	新生活	青年歌詠隊	音樂	勝利
46	船夫曲	俄國音樂隊	音樂	蓓開
47	瀑下飛泉	何與年等	音樂	百代
48	錦城春	何與年等	音樂	百代
49	下山虎	梁以忠	音樂	百代
50	滚繡球	梁以忠	音樂	百代
51	賀新涼	何大傻等	音樂	百代
52	妲妃催花曲	何大傻等	音樂	百代
53	雁來紅	廣東名家合奏	音樂	百代
54	飄飄紅	何大傻等	音樂	百代
55	東風第一枝	梁以忠	音樂	百代

56	悲秋	吳文成	音樂	新月
57	朝天子	宋郁文等	音樂	新月
58	四合	汪悔初 張麗生	音樂	麗歌
59	塞上曲	自然藝術會	音樂	麗歌
60	一枝梅	自然藝術會	音樂	麗歌
61	覲樂歌		音樂	勝利
62	中花六板		音樂	勝利
63	塞上曲	衛仲樂	琵琶獨奏	麗歌
64	陽春曲	衛仲樂	琵琶獨奏	麗歌
65	醉漁唱晚	衛生衡	七弦琴獨奏	百代
66	陽關三疊	衛生衡	大琴獨奏	百代
67	蘇武牧羊	曹子勳	口琴獨奏	百代
68	西洋舞女	曹子勳	口琴獨奏	百代
69	音樂會奏薦歌			高亭
70	英國軍歌			勝利
71	南天門	譚少培 王幼卿	平劇	高亭
72	桑園寄子	滿其豔 瑞德寶	平劇	高亭

73	百鳥朝鳳	人人愛	口技	大中華
74	獸叫	人人愛	口技	大中華

四、幻燈片類：

種數	片名	內容	張數
1.	開會儀式	公民教育	10
2	空襲時之避難	國防教育	10
3	防空建設	國防教育	9
4	防空與防空的兵器	國防教育	21
5	預防毒氣	國防教育	6
6	盡忠保國的岳飛	公民教育	32
7	平倭名將戚繼光	公民教育	14
8	民族忠臣史可法	公民教育	18
9	一個愛國的老百姓	公民教育	15
10	教育類詞	識字教育	40

五、雜件類：

名稱	數量
1'×9呎白布銀幕	一幅
9×7 7×5呎白布銀幕	二幅
銀色硬幕	一方
黑色夾窗帘	二十幅
橡皮包綫	十碼
皮包綫	二十碼
花綫	三十碼
插頭	十只
台燈	一座
修理機件用具	二十件
另件	

(四)施教步驟

一、事前準備：

1. 試映新片——在每次講映新片到達後，先行試映一次，使講映員先能明瞭各片內容及意義，待正式講映時，便於說明。

2. 編述問題——將各片內容擇要摘出，編成問答題目，寫在幻燈片上，在每一卷影片映畢後，用幻燈片將問答題目映在銀幕上，講映員用擴聲機一問一答的方式講述下去。

3. 擬訂節目——根據每期更換影片時，確定節目，在每次講映前，公諸觀衆，其節目順序如下：

1. 儀式：

開會奏樂；

全體肅立；

唱黨歌；

向黨國旗及　總理遺像行最敬禮；

恭讀 總理遺囑；

靜默一畢；

向國府 林主席及 蔣委員長敬禮；

禮畢報告；

2.講映教育影片「　　」

3.解答教育影片問題（映幻燈片）

4.唱映教育歌曲「　　」

5.講映教育影片「　　」

6.解答教育影片問題（映幻燈片）

7.講述幻燈片「　　」

8.講映教育影片「　　」

9.解答教育影片問題（映幻燈片）

10唱映教育歌曲「　　」

11放映娛樂片「　　」——播送音樂唱片

12講映教育影片問題(映幻燈片)

13散會——播送音樂唱片

4.宣傳工作——在講映教育電影之前，須將宣傳品張貼各處，使民衆易於參加。廣告式樣如下：

浙江省立杭州民衆教育館
講映教育電影
時間：　月　日　時起
地點：
影片名稱：

二、事後處理

1.斷絕電源——每次講映完畢，先將電源斷絕，并將應用機件，加以一度揩拭，保持清潔。

2.整理影片——影片講映後，仍須倒回，以便下次講映。如遇有斷片及損壞地方，立刻用膠水接好，凡講映五次以上影片，即用四氯化炭洗拭乾淨，保持影片壽命。

3.詳實記錄——每場終了後，須將日期，時間，影片名稱受教人數等，記錄日記簿內，以便參閱統計。

教育電影場是：
教室；
教育電影是：
課本。

(五)機件使用

實施電影教學，其原動力，卽為應用的各種機件，能善用與否，都很容易影響到全部教學的工作。所以使用的技術，應常常的注意，才可免去臨場工作停頓之慮！茲將實施電影教學上最主要機件之使用方法，介紹於后：

一、發電機

此機係移動發電機，分一一〇伏一二五〇瓦，一一〇伏六〇〇瓦直流兩種，計重九十三公斤，須用兩人扛運。如圖

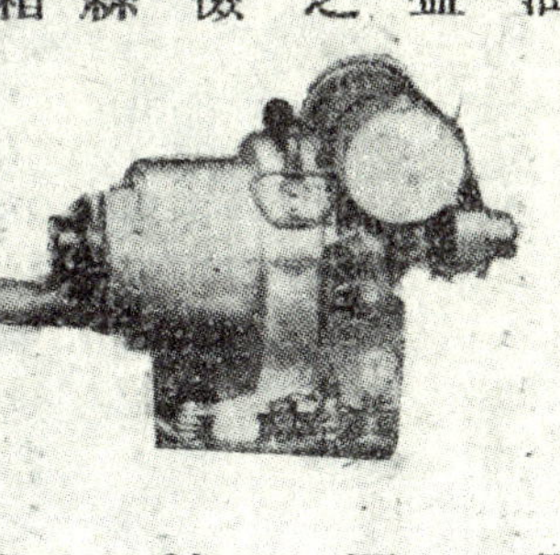

1.開車前的準備——將汽油(或煤油)傾滿燃油壺，以量杯盛機油二管(煤油僅用一管)混和之，注入油筒，將滿為止。其次檢驗火花塞之發火良否？汽缸螺絲鬆動否？調速器靈滑否？配電箱接線妥當否？凡此種種均應檢視一週，以免開動後發生故障。檢視完畢，將油尖裝滿汽油，以備開車。

2.開車——將油筒下面的開關撥開，自吸風口的注油孔注入汽油少許，用開車皮帶依前頭方向繞上開車滑輪，急速抽之，機卽開動。倘不轉動，如法再抽，連續抽之，必開動矣。機開動後，將磁機上之着火指針，漸向上撥，並視出之濃淡，旋轉之勻穩，可知執行之佳良與否？若出氣濃黑，機行不穩，為進油太多，宜將針閥旋進調節之。若

出氣清淡，機行忽然急促者，爲進油太少，瞬息卽有停機的可能，急宜將風門關小！以謀補救，並將針閥旋出調整之，以達吾人所需要之佳良目的而止。針閥的旋進退出，其數甚微，均應緩慢處之，不可操之過急，方可達到適當之點，倘進油至多，燃燒不易，進油太少，前後不繼，都有發生停機的可能，應當切記，以免應用緊急時，發生此種情形，或誤認機身的不良，而妄加處置。

3.潤滑——機身全部潤滑，全賴燃油中所和的機油，在混合之時，應注意其比例，不可認意配合，因機油過多，汽缸內易結黑灰，機油太少，則潤滑缺乏，汽缸與活塞易於磨損或生嚙結之弊，機行約一小時，宜自注油孔注機油數滴，以增其潤滑。電機軸承，則自開車輪滑之油眼，注入牛油，機行六十小時以上，加一次已足。

4.停車——若欲停車，將油箱下的開關，先行撥上，以左手撳磁機上的撳釘，（同時自注油孔注入機油少許，吸入汽缸，保持潤滑）機卽停止。但須注意待機完全停止後，方可放手。機停止後，將磁機之着火指針，仍撥向原處，以便下次易於開車。

二、放映機

放映機的構造，各廠各別，種類甚多，然其原理則一。茲舉柯達出品之L型十六公厘放映機，作一簡單說明，讀者能明瞭一機的構造，則其他各種皆可舉一反三矣。第一圖爲該機的外型，後部爲燈房及電動機，上有電動機燈電流調節器，前部爲鏡頭及各部推進器，下有電動機及燈綫的開關及正映逆映倒片交換鈕，最前爲影片之盤兩隻及俯仰角調節，此機略可分爲電力，動力，光力三部：

1.電力——電流由電源插入，經過電動開關至電動機，中途有一阻力線，用以調節電動機的電壓抑制其迴轉速度，一路由電燈開關至電燈座中途，亦有一降壓電阻，以便調節燈絲適宜電壓，保護燈絲壽命，此乃電力部份的大概。

2.動力——影片由上部片盤引入上部推進輪後，再引過間歇推進輪至下部推進輪，而後捲於下部片盤，各部輪齒，動力均發於電動機，藉各齒引帶傳達，影片在十六分之一秒，作一移動的間歇，即能得移動而明晰的影像。

3.光力——小型放映機大都應用燈泡，以其啓閉便利，而可減少機之面積，燈泡後置有反光鏡，折射光力至前部，燈前置有凸透鏡及鏡頭，在凸鏡之前，又有安全落下器及瞬息關閉器，安全落下器爲防止機件發生故障，影片被光熱灼熱之用，瞬息閉關器，當影片移動一節時迴轉一次，影片靜止時，使光線透過而映出，俟第一節與第二節交片時，即又閉上將光線遮斷之，以期連續運動，在吾人眼中的映像，遂不致有切斷而察出影片移動的感覺。

此機裝用的鏡頭，共有四種，視放映的遠近，影像的大小，隨意裝配。計有一吋，二吋，三吋，四吋四種。放映機與影幕的距離愈近，則放出的影像愈小，愈遠則愈大。燈泡亦有三種，隨鏡頭裝置，即七百五十支光，五百支光，及四百支光，機上裝有特製開關，能裝檯燈或任何燈線插入機內。便能自明自暗，機動則燈熄，機停則燈亮。此機電力係一百十磅，若在二百二十磅電力處用，須另備變壓器。玆將使用方法，略述於下：

1. 裝置——將彈簧紐(1)一撳，舉起上面之片盤軸(2)；扳下片盤軸(3)至不能轉下爲止，如第一圖。

將電線上之插頭插入放映機之插座上，並將線之另一端接於電燈或壁上之樸落上，用100或125磅交流或直流電均可。如未知電流之磅數者切勿開機，須先行詢問就近之電力公司。電力若係220磅須另用變壓器，若放映柯達五彩影片時宜用光度較高之燈泡。

2. 穿片——接合柄(7)推至中央『THREAD』之地位，而燈開關(6)須置於『OFF』上關閉之，參看第一二圖。

第一圖

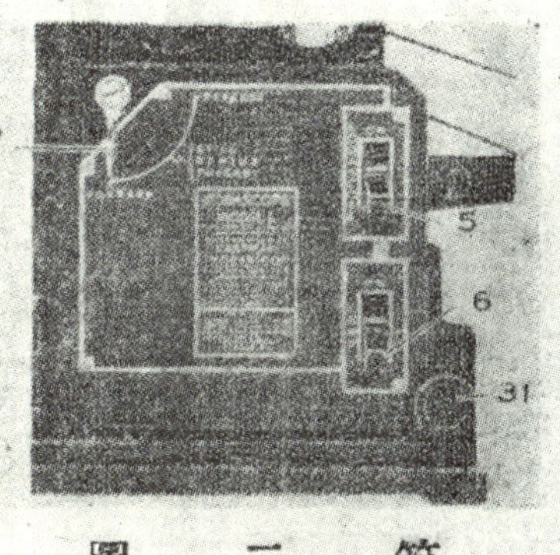

第二圖

將上下　壓片梜(9)及(10)上之圓鈕向外一拉，即可向上開啓，以便將軟片軸入。將第四圖(20)鏡頭上之對光針撳下位至插圖中之地。將片門(17)上之圓鈕(18)向外一拉，並向右方推轉即可開啓。如第三圖之(9)及(10)之壓片梜並(17)之片門等均已開啓。

將裝滿之盤置於放映機上部之片軸上，片盤上之影片若係原片，則其光亮是一面向片盤之中央，若係拷貝片則反之

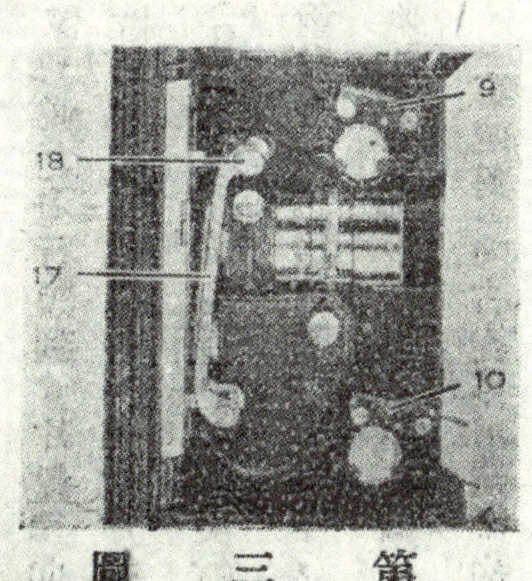

第三圖

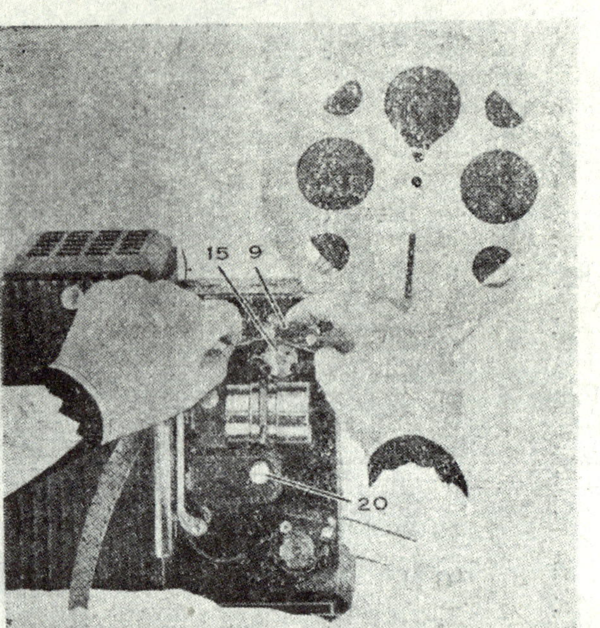

第四圖

，而影片上之影像，視之須行顛到。片盤須向順轉。乃將影片拉出約計二呎左右。將軟片插於上面之壓片梜(9)及轉片輪(15)中。務使軟片孔與片輪上之齒黏合，然後將壓片梜推下，而將針插緊於放映器上之洞中。參看第三圖。

將圓鈕(20)，(第四圖)向右旋轉，使拉鈎(21)(第五圖)離開片門。在圓鈕(20)(第四圖上之形指向右方，則拉鈎已經離開。將軟片在(17)之片門後推入，如(第五圖)。軟安貼置於片槽內，則自能上下滑動，軟片須放入二長條之槽內。軟片無光之一面，須對向第五圖(28)之鏡頭筒。將片門之頂向左推動，軟片門即行關閉；第七圖(18)之螺釘，其端務須撳入放映機之洞內。第六圖片門下端之螺釘(19)若不

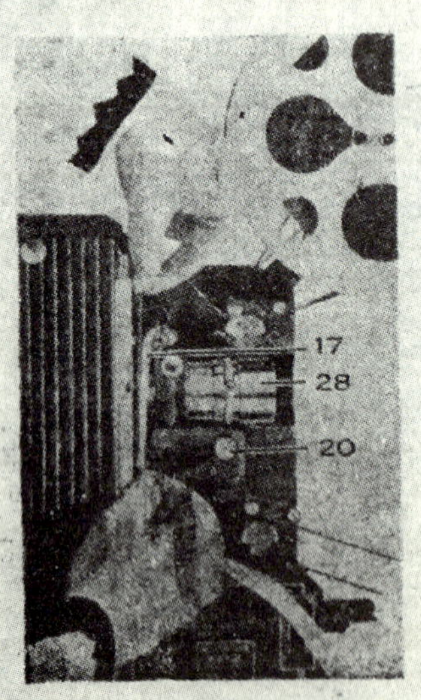

第五圖

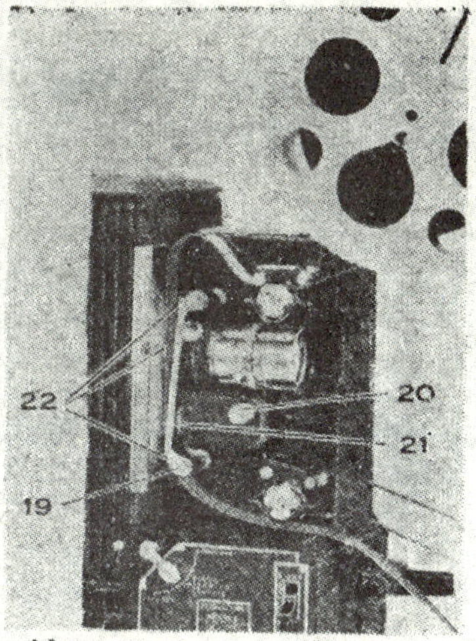

第六圖

鬆動，可不必顧及；當機器轉動時切勿開啓片門。

影片放入片門後，在上端須留一片兜(即將影片放鬆)其大小可依映機上之線路，如第七圖之(23)在片門下端，亦須如上端之將其留兜，然後將影片放入第七圖之齒輪(16)與壓片楔(10)之中間，片孔須放入齒輪上，乃將壓片楔(10)撳下，使彈簧鈕推進。片門上下兩端之片兜頗爲重要，如第八圖之(32)及(24)，否則映機開動後，將使影片拉緊而有損壞之虞。

將空片盤置於下首之片軸上。并將軟片之端穿於空片盤上之中心，至少向右順轉一二轉，看第八圖之箭頭。將軟片捲緊，不使稍有鬆動。

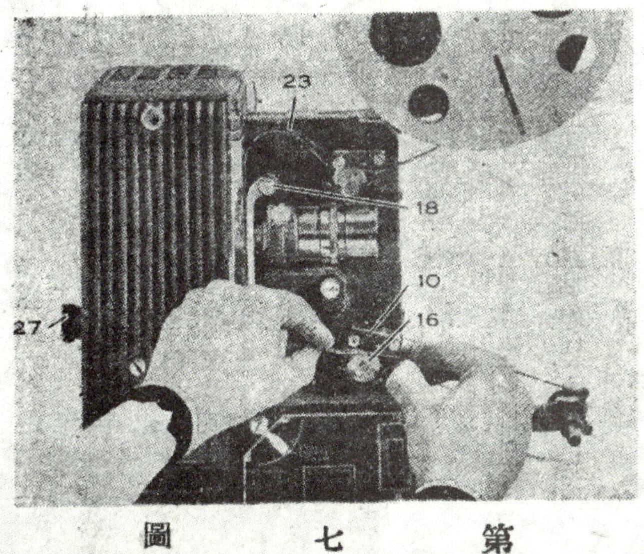

第七圖

將圓鈕如第八圖箭頭之向右順轉數次以視察軟片是否穿置及行走適當。

3. 運用方法——放映機穿映適當後，將燈開關(6)如第九圖之置於『ON』字上，並將接合柄(7)推至底下有『FORWARD』之地位上，(如第九圖)。倘機器不即轉動，可將(20)之圓鈕向右順轉(如第九圖)；快慢調整鈕(27)(第七圖)亦須向右順轉。

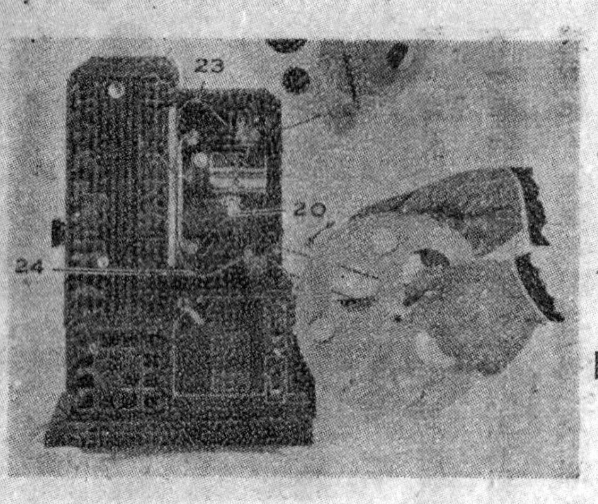

第八圖

調整放映機之快慢，可將快慢調整鈕(27)向左或向右轉動。放映機轉動之準確轉數，(為一秒鐘轉影片十六格)或可以齒輪(15)上之圓點為標記，(如第九圖)在每秒鐘內轉二轉。

將對光針(29)(第九圖)舉起，乃將鏡頭對光，並將針上下移動，俾影片清晰映於銀幕上。

如銀幕上之影像，在上面或下面，見有橫線一條，此即表示影片之格道不正，欲校正此弊，可將片格校正桿(30)(第九圖)推上或推下。俟橫線不見，即可將高低校正鈕(31)(第九圖)向左右旋轉，則映機即隨之高下，俾將影像之高低，適當調整於銀幕上。倘銀幕上之影像顛倒或動作向後，則上面片盤之影片未曾繞正，須將該片盤卸下，而將影映倒捲於另一片盤上後始能放映。如景物左右相反，係由於倒片時繞反，或穿片時不愼，將放映之影片反穿於映機上所致。

放映時欲得影像滑稽之動作或使其動作相反等，（將接合柄（7）（第九圖）推上至（REVERSE）記號上），軟片卽倒行，而人物之動作亦皆倒行。當接合柄推向任何一面時，可無需停止機器之動作。

放映單張之「靜照」，可將接合柄（7）（第九圖）推至中央『STILL』之地位上。可將卽自停止時，倘銀幕上黑暗者，將圓鈕（20）（第九圖）轉動，轉開快門，卽可見景物畢現。

若欲開映時，可將接合柄（7）撳至底下（ENRWARD）之地位上，機器卽順行。

放映時倘見銀幕上之景物抖動而不清晰者，恐由於軟片孔已經破裂，或片門上下兩

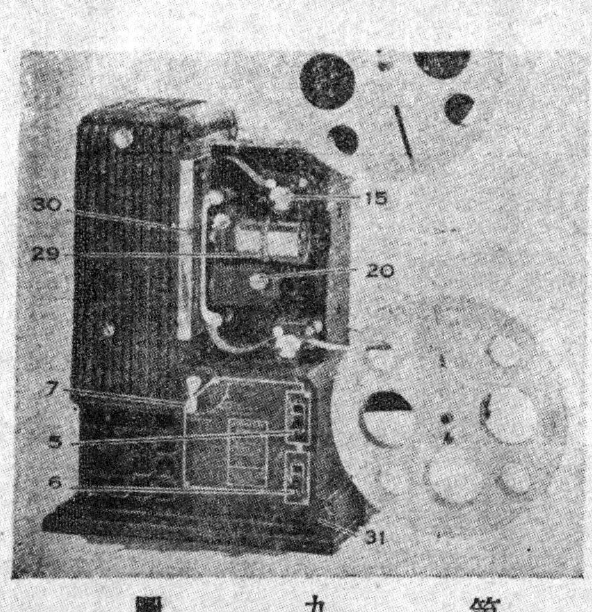

第九圖

端之片兜鬆緊不勻，或影片在片門之槽（22）（第六圖），內未曾平貼所致。欲將其校正，可將接合柄（7）（第九圖）推至中央地位，使機器停止動轉，將圓鈕（20）轉過，使箭頭對向右面或向放映機之前面，其撳下之拉鈎，即已鬆片開門；並將片門上下兩端之片兜（23）及24）（第八圖）同行鬆開，在片門內上下滑動。於必要時將壓片梜（9）或（10）（第三圖）開啓一只。務使影片在片軌之兩邊槽線內。然後將其繼續放映。

影片既已完全經過放映機之後，乃將燈開關（6）（第九圖）轉至OFF）上。接合柄（7）（第九圖）須遷至中間之地位，以便換新或穿片。風扇須繼續轉動，使燈筒內不致過熱。機關開關（5）（第九圖）能愈少用愈佳。

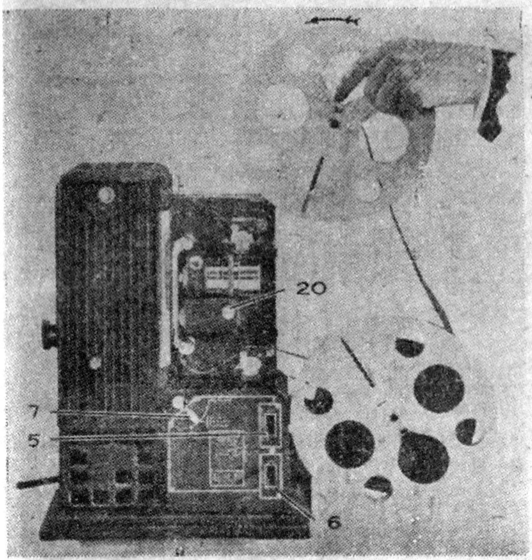

第十圖

4.倒片——影片既經放映之後，須將其倒回於原片盤上，以便下次再用。

倒片須將接合柄（7）（第九圖），置於中央（REWIND）之地位上；燈開關（6）（第九圖）須置於（OFF）上關閉之，而機器開關（5）須置於（ON）字

第十圖

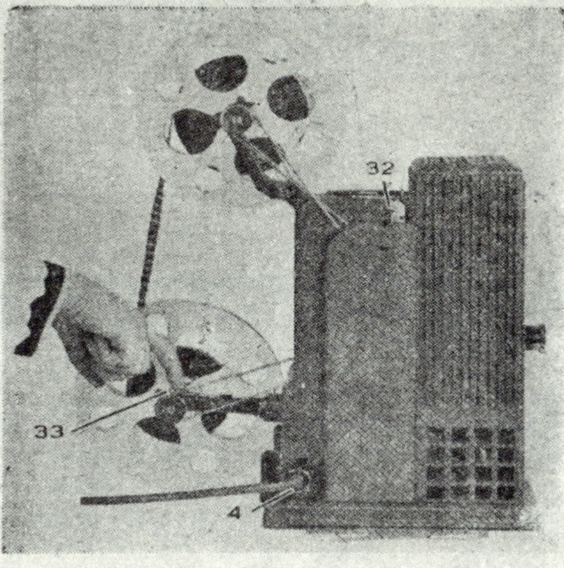

上開啓之。將影片之端穿於上首片盤(第九圖)之中心，而將片盤如第十圖順箭頭之方向轉動數轉。倘上首片盤之輪緣無彈簧之針者，則須將軟片穿於片盤中心之縫道內。

將倒片鈕(32)(如第十一圖)向燈筒方向推之，使其自動置於適當之地位。倘片盤不動，將上首之片盤順箭頭之方向(第十一圖)旋轉一轉。

放映機上之倒映機器，倒動影片極快，故有時或須使其稍緩。欲其遲緩，可將轉片制輪(33)(第十一圖)一撳，如插圖中所示。

既已倒竣之後，將接合柄(7)(第十圖推至(FORWARD)處，使機器停止轉動，向後再將其然後推至中央地位，以便下次穿片而再放映第二片。

當接合柄(7)(第十圖)推至(FORWARD)或(REVERSE)時，換片鈕(32)(第十一圖)即自動回至其以前之原處。

鏡頭，反光鏡及片門，須保持潔淨，放映機應用時，常須將其加油，各機加油之地位，計有六處。卽映機頂面之油盒，於加油時將盒蓋開啓，滴入數滴，而不可太多，上下片盤軸各有油孔二處，每孔內滴油一滴已足。

三、幻燈機

幻燈機爲輔助放映機之用，可編製各種補充教材，製成燈片，補充影片內容的不足，及影片開映以後，解答問題時，均可利用幻燈片，功用很大。牠是一種光學的器械，應用凸透鏡擴大的原理，將置成的文字或圖畫燈片，映時在影幕上面，供大衆觀看的一種教

甲圖

乙圖

丙圖

具。機中最主要者如：鏡頭、長光鏡、燈泡、反光鏡，電線等；幻燈機的種類甚多，以蔡伊康出品的達愛博克司（Diabox）手提式幻燈機（如圖）甲、乙、丙、較爲合用。玆將使用方法，介紹於後：

1. 用一一〇或二二〇伏特五〇〇華脫的燈泡爲光源。但須檢燈機所用燈泡電壓與放映場內所用電源電壓是否相同？否則，須另用變壓器調整之。

2. 鏡頭有長短之分，場所遠大者，應用特長鏡頭，近者卽用短距離鏡頭。

3. 電源接上，燈機時光準確，矯正鏡頭焦點，使映像清晰後，卽可開始上片工作。

4. 將燈片插入片框內，推動片框，卽可逐片映入影幕上，但上片時須將有字一面向燈倒置，（如圖A）則映出在影幕上，方成正影。（如圖B）

（A）

（B）

教育
電影

5. 幻燈機用畢後，須俟熱度散走，方可將蓋蓋上。不然，燈泡容易損壞。

6. 幻燈機不可震動，要小心輕放。應安放在乾燥的地方，以免受潮。

四、三用擴聲機

擴聲機是用以放大聲浪的機器，人的言語或歌唱，若利用擴聲機可將音量擴大，雖有百千萬人集合的場所，仍可使每個人都能聆聽清晰。牠與電影放映機或幻燈機同時使用，可說明影片的情節，可解釋幻燈片的意義，都有密切聯帶的關係，不可分離的主要物。此機是一只超外差式的收音機，有一級高週率放大，先把外來的電波加以一次擴大後，再經過一次檢波震盪，就變成了中間週率電波，再經過兩次擴大，然後經過檢波而變成低週率電波，再經推換式的底週率擴大。所以此機的音是十分宏亮，收程也非常遙遠。開唱片的時候，就是把週率和中間高週率各部分的線路絕斷，接上拾音器是了。

內部的構造，可以分做四部分。第一部分是高週率擴大，由一只6R6眞空管管理之。第二部分是中間週率擴大，由一隻6R6眞空管管理檢波。一隻37眞空管管理震盪，兩隻6R6眞空管管理擴大。第三部分是低週率擴大，由一隻6R6眞空管管理第二次檢波及音量控制。一只37及四只43眞空管管理擴大，其他另有一只12z2兩只25z5眞空管在用交流電源時，管理整流的，這就是第四部分。其他還有一隻電動機和一隻拾音器，是唱唱片用的、還有一只話筒（就是顯微音器）和一只話筒變壓器，是擴大言語用的。

牠的構造，雖很複雜，但使用方法。極爲簡易，茲將上海中華無線電研究社出品之。一一。伏特，四瓦脫交直流三用擴聲機（如圖）用法，分述如下：

1. 使用前應先檢驗電源電壓與機器需要電壓是否相符合，並應先將各插頭插入機上的插座，然後再將電源開關開啓，使用完畢拆卸時，應先將電源開關關閉，然後再將插頭等除去，不照上述手續，機內蓄電器容易損壞。

2. 此機裝有兩個開關，即燈絲開關與高壓開關，使用時度先開燈絲，待燈絲燃熱後，（約半分鐘至一分鐘）再開高壓，關閉時反之。

3. 安置揚聲器，不宜面向板壁等平面障礙物，揚聲器背後，亦應留餘地數尺，務使揚聲器前後的聲浪，不被板壁等折回，否則，因折回聲浪的遲緩性而損害音質殊甚。揚聲器與傳話器不宜處置太近，方向亦不宜直對傳話器，務使揚聲器發出聲浪不再傳及傳話器，否則，因循環放大，而發生聲浪回授，（Acaustie leedback）即狂叫不已。

4. 此機輸出綫（揚聲器等線或路綫）與輸入線（傳聲話器線拾音器道線或路線），不宜並行，並行則因磁電感應而發生電氣回授，（Eleetric fdeebas-k）亦使擴聲機狂叫不已。

5. 如在禮堂或大廳內，因有窗壁圍繞，聲浪每被再三衞折而成回聲，以致音質惡劣，宜減低揚聲器音量，並增加揚聲器數量。

6. 此機音量管理器，開啓過大，非但不能增加音量，反足以使音質惡劣，音量管理之適當度數，由經驗深之，使用一二次後，卽可熟知。室內或狹小的場地，揚聲並與傳話器不能遠離時，每易發生回授，減低音量，可避免之。

7. 此機不宜靠近發電機及電機動等，否則，易起雜聲。

8. 此機之拾音器導綫，傳話器導線等，不宜與交流電燈並行，最好要接用地綫，便可避免雜聲。

(六)脚本編述

現在所講映的影片，除少數國產片外，大多還是舶來品。在我國一般智識程度幼稚的民衆，不能適合我們的需要；而且仰給外貨供給，每年的漏卮亦大有可觀。當此非常時期，實施民衆教育的責任，在灌輸民衆基本常識，培養民衆民族意識，增進民衆生產力量；教育影片，要符合這個目標，那非設法自編脚本，自製影片不可。

本館很想在這方面有所努力，故於本年度實施電影教育計劃中，除實施講映工作外，添列編述脚本及攝製影片一項，茲爲抛磚引玉計，試行編就關於生計教育的「磚瓦的製造」及社會常識的「浙贛路沿線的風景」脚本二種。第因未備攝製機件，未能依預定計劃實現，僅將脚本呈送省教育廳核示辦理。茲將兩脚本，分述於后：

一、磚瓦的製造

特寫1　各種磚瓦——舊式磚瓦及面磚洋瓦放成一個圖案。

特寫2　各種砌好的磚頭。上面加一「磚」一字。

特寫3　各種砌好的瓦片。上面加一「瓦」字。

景1　鄉下人做泥坯。上面加「之製造」三字。

字幕1　在第一個特等寫景頭上橫書大字如下：磚瓦之製造下面一行小字「浙江省立杭州民衆教育館製。」

字幕2　磚瓦的出産地。

畫片1　中華民國分省全圖，浙江省的省界特别明顯，慢慢現出「浙江」二字，用一個箭指浙江的地方。然後把另外的地方漸淡下去，而至於看不見。再把浙江省地圖放大，放大後再慢慢地加上分縣界綫。再加上「嘉善」二字，指頭在嘉善地方，然後再把再外的地方淡下去，再把嘉善全縣圖放大。

字幕3　嘉善縣城。

畫片2　嘉善縣全圖上慢慢的加上個城牆。

字幕4　干窰。

畫片3　嘉善縣圖上加一黑點。

景　2　干窰鎮全景鳥瞰。

字幕5　下甸廟。

畫片4　圖上再加一黑點。

景　3　下甸廟全景鳥瞰

字幕6　洪家灘。

畫片5　圖上再加一黑點。

景 4 洪家灘全景鳥瞰。

字幕 7 天壬莊。

畫片 6 圖上再加一黑點。

景 5 天壬莊全景鳥瞰。

字幕 8 製造磚瓦之原料。

字幕 9 粘土

景 6 許多粘土堆在廣場上。

字幕 10 粘土取自田野

景 7 許多人在掘取泥土。把泥土運往船內。

字幕 11 有許多人民專以販賣粘土爲職業的。

景 8 泥販之家庭及生活情形。

字幕 12 販泥船。

特寫 4 販泥船。

景 9 乘風破浪之販泥船。

字幕13 磚瓦泥坯之製造。

字幕14 製造泥坯者都是該地農民。

景10 天王莊附近之農民生活。

字幕15 粘土之製作。

景11 廣場堆積許多泥土，農婦用水把泥澆溼。

特寫5 兩隻脚踏泥。

景12 由特寫景頭漸漸縮小，至一個人在踏泥，再縮小至一個人在踏泥，旁邊一個人在把泥用鏟鏟上去。

字幕16 製磚坯。

景13 泥堆的一條泥岸。

特寫6 銅絲弓把泥割開。

特寫7 木架子。（磚的模子。）一手把灰撒到架子中。

景14 從特寫鏡頭漸漸縮小至一個農婦在管理木架子。男子將刮下的粘土用力丟下去。再由農婦將粘土刮光，成一完整之泥磚。

字幕17 泥坯製成後，借陽光熱力，蒸發出水份。

景15　由十餘歲的小孩子將製成泥磚移至廣場上受日光曝晒。

字幕18　機製磚坏。

特寫8　一架製磚器。

景16　由特寫景漸漸縮小而至機器開動，一人把泥放進去，一方面有製成的磚坏出來。

畫片7　機器的解剖及動作情形。

字幕19　機製磚比人工磚美麗整齊。

景17　人工磚與機製磚製在一起。人工磚旁有「人工磚」三字。用箭頭指人工磚。機製磚好有「機製磚」三字，用箭指着機製磚。

字幕20　各有用途。

字幕21　人工磚之用途。

字幕22　打牆壁。

景18　許多工人打牆。

景19　各種磚砌牆壁。

字幕23　造寶塔

景20 各種磚砌寶塔。

字幕24 築城。

景21 各種磚砌城。

字幕25 造碉堡。

景22 各種磚製碉堡。

字幕26 造橋。

景23 各種磚造橋樑。

字幕27 造磚瓦窰。

景24 各式窰。

字幕28 造煙囱。

景25 各大工廠之煙囱。

字幕29 打灶。

景26 各種灶頭

字幕30 舖地。

景27　各種人造工磚舖成之地面。
字幕31　機製磚之用途。
字幕32　造坟。
景28　各種磚造坟墓。
字幕33　機製磚之用途。
字幕34　裝飾牆壁。
景29　各種圖案牆壁。
字幕35　舖地。
景30　各種圖案地面。
字幕36　瓦坯之製造。
特寫9　用銅絲弓把粘土割一薄片。
字幕37　瓦筒模子。
特寫10　瓦筒模子全部。

特寫11　圓形木架。

特寫12　把竹簾放上架子。再圍上一條布。

字幕38　製瓦筒。

景31　把特寫景縮小，而成爲一個人把泥圍布的外面。一個人管理架子。

特寫13　把模子轉旋。將泥片做成圓筒再木將圓筒磨光，然後將毛邊切去。

景32　一人將已做成之圓筒放到曠場上去曝晒

字幕39　每個瓦筒，劈成瓦坯三塊。

景33　先由一人用泥刀將瓦筒刻三條紋路，再由一人將整個瓦筒分成三塊。

字幕40　機製瓦片。

特寫14　製瓦機器。

景34　由特寫鏡頭縮小成一正在工作之製瓦機，一人將粘土放入，一方面有製成瓦坯出來。

字幕41　人工瓦和機製瓦的用途是差不多的。

景35　各種房子的匯面。

字幕42　燒磚瓦。

字幕43　窰。

景36　一隻或幾隻窰磚瓦窰。

畫片　磚瓦窰的解剖。

字幕44　裝窰。

景37　許多工人把磚瓦坯裝運到窰內去。

景38　窰內裝起來的情形。

字幕45　一定要把磚瓦裝成許多火弄。

畫片8　窰內的情形。

字幕46　經七晝夜的火燒。

字幕47　燃料。

字幕48　稻草。

景39　稻草柴堆。

字幕49 樹枝。

景40 硬柴堆。

字幕50 煤。

景41 煤堆。

字幕51 燒火。

景42 一個人在窰門口燒火。

字幕52 封頂。

景43 一個人用泥土把窰頂封固。

畫片9 窰內火燒情形。

字幕53 燒三四天後已燒成紅色磚瓦，然後再把窰門封成小一孔。

字幕54 燒後面。

景44 一個人在小孔中燒火。

字幕55 挑水。

景 45　一個人把水挑到窰頂上去。

字幕 56　磚瓦經過水淋後，纔漸漸變黑。

畫片 10　水淋磚瓦，墁墁變黑情形。

字幕 57　再燒三四天後就把窰開通。

景 46　一個人把窰頂封泥開一方孔。

字幕 58　出窰。

景 47　許多人把燒成的磚瓦搬運出來。

字幕 59　磚瓦的藝術。

景 48　各種洋瓦的畫樣。

景 49　各種舊式磚瓦的花作。

字幕 60　磚瓦的功効。

字幕 61　磚瓦能防禦敵人。

景 50　萬里長城。

景51　各種碉堡。

字幕62　磚瓦能調節寒暖。

景52　雪落在屋上。

景53　猛烈的太陽晒在屋上。

字幕63　磚瓦能遮蔽風雨。

景54　狂風暴雨打在屋上。

字幕64　磚瓦能幫助交通。

景55　磚橋。

字幕65　磚瓦能點綴風景。

景56　西湖寶叔塔風景。

景57　古宮及頤和園等風景。

字幕66　完！

二、浙贛鐵路沿線的名勝

字幕1　浙贛鐵路沿線的名勝。

浙江省立杭州民衆教育館攝製。

畫片1　浙贛鐵路沿綫名勝區域一圖將名勝區域，逐一現出，

字幕2　昔日的險阻難行，交通梗阻。

景1　荒山曠野，長途跋涉、徒步、趁轎鏡頭。（鏡頭移動）

景2　江河險灘，逆水行舟、拉縴、推船鏡頭。（鏡頭移動）

字幕3　今日的康莊大道，交通便利。

字幕4　將要完成的錢江大橋。

景3　錢江大橋全部的工程。（由遠而近）

字幕5　溝道浙江江西兩省『文化』『經濟』的浙贛鐵路。

景4　浙贛鐵路行車的斷片，和開車時的鏡頭。

字幕6　四通八達的公路。

景5　公路行車的斷片，和車站上的鏡頭。

畫片2　重露浙贛鐵路沿綫名勝區域圖—現出諸暨區域記號。

字幕7　苧羅村。

　　距諸暨縣城約一公里餘，

　　西施的故鄉。

景6　苧蘿村浣沙溪全景，

字幕8　晉，王羲之的手筆『浣紗』碑。

景7　浣紗碑特寫。

字幕9　西施祠。

景8　西施祠外景絞開。

景9　西施祠內景絞閉。

字幕10　五洩。

　　距諸暨縣城二十五公里。

景10　五洩途中的斷片。

字幕11　高約十餘丈的第一洩。

景11 第一洩全景淡出。

字幕12 形如白虹垂磵的第二洩。

景12 第二洩全景淡入。

字幕13 靜如處子的第三洩。

景13 第三洩全景淡出。

字幕14 幽居空谷的第四洩。

景14 第四洩全景淡入。

字幕15 狀若矯龍，聲似輥雷的第五洩。

景15 第五洩全景淡出。

畫片3 重露浙江鐵路沿綫名勝區域圖——現出諸暨至建德區域路綫記號。

字幕16 七里隴與嚴子陵釣台。

距建德縣城二十九公里。

景16 七里隴全景遠寫。

字幕17 東西兩釣台。

景17　東西兩約台全景淡入。

字幕18　嚴先生祠。

景18　嚴祠外景絞開

景19　嚴祠內景絞閉

畫片4　重露浙贛鐵路沿綫名勝區域圖—現出諸暨至建德，建德至永康區域路綫記號。

字幕19　永康三勝。

方巖，壽山，靈巖。

距永康縣城二十五公里。

字幕20　（一）重重疊疊的方巖。

高三百八十四尺，周圍三公里。

景20　方岩全景由遠寫到近寫

字幕21　方巖名勝之一「百步磴。」

景21　百步蹬全景由遠寫到近寫。

字幕22　方巖名勝之二「飛橋。」

景22 飛橋全景由近寫到遠寫。

字幕23 方巖名勝之三「胡公廟。」

景23 胡公廟外景近寫到遠寫。

字幕24 方巖名勝之四「屏風閣。」

景24 屏風閣全景由遠寫到近寫。

字幕25 (一)陡壁臨空的「壽山」。

又名五峯山。

景25 壽山全景，由遠寫到近寫。

字幕26 壽山峯下之「五峯書院。」

朱晦庵，呂東萊，陳龍川諸先儒講學處。

景26 五峯書院外景，絞開。

景27 五峯書院內景，絞閉。

字幕27 (二)拔地而起的「靈岩。」

景　28　靈岩全景，由遠寫到近寫。

字幕28　靈岩石洞，朱文公講學處。

景　29　朱文公講學處近寫。

畫片5　重露浙赣鐵路沿綫名勝區域圖—現出諸暨至建德，建德至永康，永康到金華區域路綫記號。

字幕29　北山。

距金華縣城約十餘公里。

綿延凡四十餘公里。

字幕30　北山名勝之一「佛壽山。」

紀念宋南屏濟顛僧八百誕辰而建。

景　30　佛壽山全景，由遠寫到近寫。

字幕31　北山名勝之二「雙龍洞。」

拔海四百二十五公尺，分內外兩進。

洞內鐘乳下垂，宛若雙龍。

景　31　雙龍洞外景遠寫。

景32 双龙洞内景近写。

字幕32 北山名胜之三「冰壶洞。」

拔海四百八十公尺。

景33 冰壶洞外景远写。

景34 冰壶洞内景近写。

字幕33 北山名胜之四「朝真洞。」

拔海七百公尺。

景35 朝真洞外景远写

景36 朝真洞内景近写。

画片6 重露浙赣铁路沿线名胜区域图—现出诸暨至建德，建德至永康，永康至金华，金华至江山区域路线记号。

字幕34 浙闽孔道仙霞岭。

仙霞岭在浙江福建两省的边境，

距江山县城约六十公里，

綿延四十餘公里，
嶺高約二千餘公尺。

景37 仙霞嶺全景絞開。

字幕35 仙霞嶺的「雲嶺亭。」

景38 雲嶺亭近寫。

字幕36 清冽可鑑的「浣霞池。」

景39 浣霞池近寫。

字幕37 溪流急湍的「化龍溪。」

景40 化龍溪全景由遠寫到近寫。

字幕38 深坑萬丈，驚心動魄的「二十八都道上。」

景41 二十八都道上遠寫。

畫片7 重露浙贛鐵路沿綫名勝區域圖—現出諸暨至建德，建德至永康，永康至金華，金華至江山，江山至弋陽「區域路綫

記號

字幕39 龜峯。

距戈陽縣城十五公里。

景 42 龜峯全景絞閉

字幕 40 龜峯名勝之一「圭壁峯。」

景 43 圭壁峯鏡頭

字幕 41 龜峯名勝之二「醉人峯。」

景 44 醉人峯鏡頭。

字幕 42 龜峯名勝之三「疊龜峯。」

景 45 疊龜峯鏡頭

字幕 43 龜峯名勝之四「雙劍峯。」

景 46 雙劍峯鏡頭

字幕 44 龜峯名勝之五「振衣台。」

景 47 振衣台鏡頭。

景 48 「戈水奇觀」西字特寫。

字幕45　龜峯名勝之六「無聲泉。」

景49　無聲泉鏡頭

字幕46　龜峯名勝之七「伏虎岩。」

景50　伏虎岩鏡頭

字幕47　龜峯名勝之八「雨花台。」

景51　雨花台鏡頭

字幕48　龜峯名勝之九仙人礄。

景52　仙人礄鏡頭

景53　「壁立萬仞」四字特寫。

畫片8　重露浙贛鐵路沿線名勝區域圖—現出諸暨至建德，建德至永康，永康至金華，金華至江山，江山至弋陽。弋陽至貴溪路綫區域記號。

字幕49　張天師居住的龍虎山。

距貴溪縣城四十餘公里。

字幕50 上清宫。

在贵溪县，上清镇。

景54 上清宫头门远写到近写。

景55 上清宫巍阙近写。

字幕51 天师府。

在上清镇街中，

张天师的住宅。

景56 天师府外景近写。

景57 天师府内景近写。

字幕52 雲錦山的正一观。

距上清宫七公里，亦名龙虎山，

天师鼻祖汉张道陵煉丹处。

景58 雲錦山正一观全景由远写到近写。

字幕53 正一观正殿。

景 59 正一觀正殿近寫。

字幕54 第一代天師，漢，張道陵塑像。

景 60 張道陵塑像特寫絞閉。

字幕55 正一觀前的七星池。

景 61 七星池近寫。

字幕56 正一觀後的水簾。

景 62 水簾近寫。

字幕57 仙岩。

由龍虎山沿上清溪約一公里。

綿延約二公里。

景 63 仙岩全景由遠寫至近寫。

畫片9 重露浙贛鐵路沿線名勝區域圖——現出諸曁至建德建德至永康，永康至金華，金華至江山，江山至弋陽，弋陽至貴溪，貴溪至南昌區域路線記號。

字幕58 西山的萬壽宮。

距南昌西北三十公里。

景 64 萬壽宮正門全景

字幕59 萬壽宮正殿。

供許旌陽塑像。

景 65 萬壽宮正殿景

景 66 許旌陽塑像特寫。

字幕60 萬壽宮前的倒栽柏。

枝葉下覆，蒼綠可愛，相傳爲許眞祖手植，斬蛟劍卽瘗子共下，又名瘗柏劍。

景 67 倒栽柏近寫

字幕61 望仙亭。

相傳呂洞濱訪許眞祖處。

景 68 望仙亭近寫。

畫片10　重露浙贛鐵路沿線名勝區域圖，絞閉●

字幕62　完了！

附註：在攝製每一縣名勝，告一段落時，擬插攝當地的生產概況，或民俗動態斷片的鏡頭，使影片內容生動，不致單調，以增興趣，關於此項字幕及攝製的鏡頭，須俟開拍時隨時隨地編入，兹不贅列。

教育影片是課本，

推行人員是教師，

上課要指定參考書籍，

推行要加入補充教材。

（七）後　語

本館辦理教育電影，爲期三載，雖在經費拮据的時候，尙能勉强支持，縱無美滿的收穫；然而在現階段的民敎工作中可算差强人意、除逐日講映工作之外，現擬撰述敎育電影各片說明書，及施敎方案，俾作講映人員易於實施。並在出發巡迴外縣的時候，常感覺到長途的跋跡，和機件運輸的困難，時間與金錢，兩不經濟。況本省公路發達，交通便利，因而想到擬在經費可能範圍以內，設置敎育電影大卡車乙輛，除晚間供講映敎育電影之用外，並可以兼辦書報閱覽，化裝講演，藥醫治療等種種活動，以作實施民衆敎育的新工具，則敎育上之收穫，當較目前更大了。

——完——

教育電影是：
充實民族意識；
發揚固有德性；
啓發民衆知識；
鍛鍊民衆身體；
養成生產技能；
這五大使命的利器。

杭州師範學校推廣教育處　編輯

小學勞作教育

杭州：杭州師範學校總務處，民国二十二年（1933）鉛印本

師範教育學術講演集第二集
小學勞作教育
浙江省立杭州師範學校
民國二十六年夕

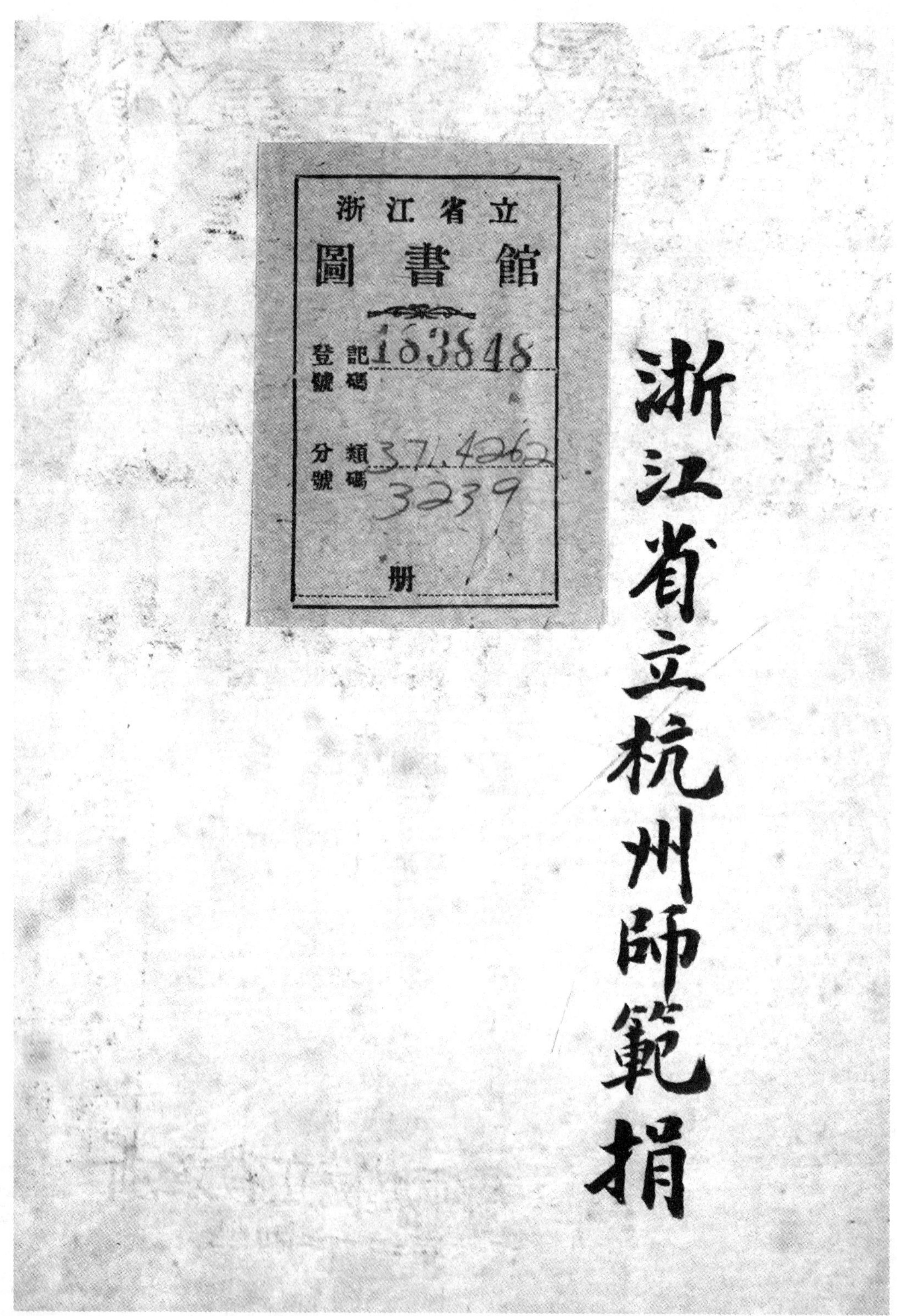
浙江省立
圖書館
登記號碼 163848
分類號碼 371.4262
3239
册
浙江省立杭州師範捐

杭州

大升協紙號

開設同春坊大馬路

本號自清季創辦以來迄今百有餘年素主抵制仇貨挽回利權歷承　各界贊許近來各貨銷路日見發達特向各省採辦上等名紙一切文具儀器錦綾對聯壽屏禮書股票文憑結婚證書以及師旅團營連軍隊表册各種簿籍名目繁多不及細載聘請上等著名技師悉心研究精益求精本號向抱薄利主義並爲推廣營業起見各貨價格特別從廉外埠函購原班郎寄决無延誤如蒙惠顧無任歡迎

自働電話號碼二一四〇四

小學勞作教育

目錄

本號自運歐美呢絨各色嗶嘰上等國貨專製陸海
空軍政警學校各界西裝制服式樣時新採辦風雪
雨衣皮鞋皮件衛生內衣西裝用品無不具備精製
領章帽章各式證章式樣精美各貨定價低廉如蒙
賜顧無任歡迎倘荷
各機關團體惠顧價目特別克己以示優待

恆泰祥軍服公司謹啓

地址杭州市三元坊
大馬路東平巷對面

序

我國自施行新教育以來，已三十餘年，學制數更，方法屢易，迄於今日，民生日益苦，社會日益窮，國難日益急，其原因固多，而以往教育之徒事模倣，不切實際，實亦不得辭其咎。此係顯然之事實，無可諱言者。

傳統教育之所以失敗，究其癥結，蓋在於消廢太大而無所生產。教育與社會之需要，相距太遠，致使求事者無事，求才者無才，坐視國家之危急而不能挽救。最近吾國教育界人士，惕於已往教育之失敗，羣起作測底改造之圖，於是提倡勞作教育，呼聲日高。勞作教育之主旨，蓋欲養成勞動習慣與生產技能，一洗以前不動雙手之積習，以期與社會需要相適應。

本校於去年秋季，特舉行小學勞作教育講習會，延聘專家，從各方面討論此重要之題目，演講十餘次，歷時四閱月，而杭市小學教師之始終參與此會聽講者，亦達六十餘人。是斯會之舉辦，對於小學教育，或亦不無貢獻也。

各講師之講稿，既已整理就緒，爰彙印成册，名曰小學勞作教育，公之於世，即作爲本校師範教育學術講座講演集之第二輯。雖然，勞作教育，重在實行，本校刊行此小册子之本意，非敢紙上談兵，實欲引起社會人士對此問題之注意而已。

章頤年 二十二年七月一日

小學勞作教育之哲學的基礎

黃敬思

一、釋題

大概是因爲德國教育家克欣斯泰那（G.kers chensteiner1845—）提倡工作教育，俄國政府實行勞動教育，小學就叫統一勞動學校。小學時期，兒童身心變動最大，能勞作始能身心充分發展；所以我國小學裏就有了勞作科。茲先就小學，勞作，教育，哲學的基礎四個名詞，分別詮釋。

小學——按小學組織法第一條『小學應根據三民主義，遵照中華民國教育宗旨及其實施方針，發展兒童身心，培養國民道德基礎及生活所必需的基本知識和技能。』按教育部頒行小學教育總目標，除上列第一條文外，又加上『以養成知禮知義愛國愛羣的國民』一句。幷分述如左：

1.培養兒童健康的體格　2.陶冶兒童良好的品性　3.發展兒童審美的興趣

4.增進兒童生活的知能　5.訓練兒童勞動的習慣　6.啓發兒童科學的思想

7.培養兒童互助團體的精神　8.養成兒童愛羣愛國的觀念

就一般教育原理言，小學教育之目的有共同性，同化性。無論男女貧富均須受此基本訓練，俾能相處于同一社會，同一國家。至小學學生年齡按規定應爲六歲至十二歲。實際上各級學生之超過規定歲數者當不少。

勞作——十八年教育部訂工作作業範圍爲校事，家事，農事，工藝，商情等五項；本年十月改工作爲勞作科，作業事項除删去商情外，餘與工作相同。其目標爲：

1.養成兒童勞動的身手和平等，互助，合作等的精神。

2.發展兒童計劃，創造的能力。

3.增進兒童的生產興趣和能力，并啓發其改良農或工的志願和知識。

教學要點頗有足述者：『本科應充分和社會自然聯合教學，并應充分應用大單元的設計』。『調查本地特產，選擇利用，以爲教學資料』。『實在的環境，如家庭，工場，商店，田園，村莊，運輸機關等是勞作法的參攷和勞作材料的大來源，應充分利用』。『充分利用成績比賽等的方法鼓勵兒童努力』。『實地操作時，隨時矯正他的謬誤，但不可侵奪了兒童的自由發展』。『令兒童知道自己的進步』。『注重共同的操作，以養成合作的精神』。『討論研究須和操作調查打成一片』。『提供欣賞材料，講演事物發明的故事』。『在第一，二學年不要苛求優良成績』。『在第三，四學年應充分使兒童用自己的力量以滿足自己的需要』。『在第五，六學年工作的經濟的過程仍比優良的成績爲尤要』。

就以上作業事項言，似未嘗以兒童爲本位，略含成人對兒童『勤有功』之意。但在作業要點中看，似已顧兒童身心發展。是望教育能寓遊戲於工作，寓工作於遊戲，俾勞作能合於兒童身心之發展，興趣及能力。

教育——我說教育乃是多方面的改造個人和增進社會效率的方法。人爲『四度』空間的有機體，所以教育就個人說是延長人的生命(時間)加寬生活，提高人格，培厚加深生活(空間)的方法。亦卽杜威所謂『教育是繼續不斷的重新組織經驗，要使經驗的意義格外增加，要使個人指揮後來經驗的能力格外增加』。不過經驗，能力幷不限於思想；行動當亦在內。教育就社會說，增加社會效率。就是使各份子或機關合作互助，相生相養，增加社會幸福。現在的教育是由生長活動，經驗改造實現生產的個人，平等的社會。

哲學的基礎——卽根本的，綜合的，整個的。不是枝節的，分析的，部分，或心理的，生物的，抑其他觀點的基礎。不僅解答『什麼』，『如何』，而且要解答『爲什麼』的問題。

二、知識哲學上之根據

(一)行知合一之整個性

勞作本行知一元之意使教材思想合一。不致使教材與日常生活中的問題不發生關係。古代求知無所謂方法，亦無所謂書本，教師，學校。只是以兒童參與工作，由工作中得經驗。做工作即係求知識，即係學習。從生活中受教育。『教育的結果，不過是游戲與工作的副產物』。

眞知每能行，勞作 提倡行動之意。陶知行云『行是知之始，知是行之成』；亦即此意。勞作，能將『知』措諸實用，幷測驗他的價值顯出他的效用。故不行亦可謂不知。

（二）附帶學習及同時學習之實在性

學習非單純的，空幻的，克伯屈（W.H. kilpatrick）在教育方法原論中言之甚詳。除學習之主體外有附帶之學習及同時之學習。凡非屬直接工作但由直接工作所引起者：例如習字而思及筆之製造。再由筆之製造而及於筆筒，筆架等方面，此為附帶之學習（Associate Suggestions）。凡由直接工作所引起而較附帶學習為普遍者：例如由習字行為養成清潔之習慣等類，皆為同時學習（Cdn Cdmitanka）。此種附帶之學習及同時之學習在勞作之運動形式中，聯繫中有其實在性。

（三）兒童由行見知再由知見行之矛盾個性

年長者每覺年幼者由行見知，而自覺由知而行，故從前王陽明說『知是行之始，行是知之成』。影響所及，年齡愈長者，其行為每愈多顧慮，兒童天性活潑，有繼續不斷之活動。行動為敏捷。中山先生舉人類進化之歷史由草昧而文明，即由行而後知之例。『一兩的經驗，勝如一噸的理論，一兩之所以勝過一嘸的理論，不過因爲在經驗裏面理論才有親切與可證實的意義』。按照兒童身心發展，愈勞作鍛鍊，身識愈強健，思想能力當亦因之而能深入。養成一種態度，慣于尋出學校教材和日常生活的眞實的接觸點與其相互的關係。或如克欣斯泰那云『如果要將一種文化價值變爲教育價值，應使一種文化價值之個別的精神構造完全地或一部分的符合兒童之個別的行爲構造』。勞作教育就是將文化精神和兒童個性聯貫起來。

三、生命哲學之根據

(四)心身一體論

宇宙爲動定的。「有」必能動，「無」則不能動。絕對不動等於無。吾人必須在運動中考察對象。『思想的材料并不是思想，乃是動作，事實，與事物間之關係』。無動作與事實則無思想，則無從思想。思想的進行就是所做的事的進行裏面一部分，是要用來影響結果的。通常所謂勞心勞力或先知先覺，後知後覺，不知不覺等亦不過將勞心勞力按智力體力遺傳環境之不同而各異其程度。學校設備宜更多合於實際的材料，更多作業的工具，俾能發生與日常生活相類似的情況，而喚起眞切問題，使學生有更多作業機會。如果能令學生實際工作，并讓他們在自己進行的時候討論所發生的問題，就是教學法比較平庸，兒童自然發生無數疑問，自然想出種種巧妙的方法。『強健之精神必寓於強健之身體』。吾人教育之對象爲有機體之實質，而非抽象空泛無所附麗之心。

心身并用，手腦并教，均可於勞作中得之。

(五)生命之本質論

生命之本質爲動作之聯續。(A series of activities)此亦可謂廣義的勞作。且生命之維持，連續亦有賴於勞作。實未有不勞作而能生存者。勞作有其本身價值。克欣斯泰那所謂『現實的原則』是：『你的教育工作應使兒童每個發育階段之價值與目標得相當之滿足，同時又不漠視將來的可能價值與目標』。我國的『天行健，君子以自強不息』。以及『流水不腐』，等語亦有此意。

四、價值哲學上之根據

(六)養成積極的，有權威的，肯創造的人生態度

人生之目的在求幸福，然幸福必由個人或社會創造之。欲個人或社會創造幸福又必須先有能生產之個人，達平等之社會。然此等個人社會又必須於勞作中求之。故克欣斯泰那定工作——勞作——教育目標之一爲『威權的原則』。克氏說『威權代表一種價值，是建築於團體命令，習慣，與秩序之上的價值，是個人心願或被強迫而服從的價值』。『應注意外力的服從，如果你不能使教育歷程建築於自主的服從之上。』亦卽是使一切外在的(Zxtrinsic)與趣因勞作鍛鍊漸漸變爲內在的(Intrinsic)價值。

勞作能改進生命，實現創造。享樂必由於勞作之結果，與趣爲勞作適宜所產生。所謂創造，

不在材料，而在方法，也就是能應用從前別人未曾用過的方法，未曾想到的方法於日常習見的事物。

勞作能促進思想寓進化之機緣。德美等國以勞作為神聖。人之大小在乎勞作之程度。我國一般人則富有養尊處優之思想，腐化之機緣或即寓於此。景幼南云『世多衣食豐足，不待工作之人，而從事於冒險事業或學藝之競爭者，足為人類需要工作之徵。游戲而富於有益的興奮，可謂寓工作於游戲。以游戲之主目的，本為暫時享受故。工作而富於直接的趣味，可謂之寓游戲於工作，以工作云主目的本為將來或社會的福利故』。克欣斯泰那說『在兒童生活中，凡當時滿足而不計及將來的活動便是廣義的游戲。凡有關於將來的活動便叫做工作。教育應遵守道德的規律（不要犧牲一段生命為「另」一段生命），所以應遵循一個原則？在最初的時候，工作應帶游戲的色彩，後來二者應逐漸分離（即使兒童為工作而工作，在工作本身上求快樂）。

勞作能增加人類勞作能力。『事非經過不知難』。勞作能認識自己之渺小，即對客觀事物有『望塵莫及』或『望洋興嘆』的感想。『一個人能力有限制也是一件要學的事情』。

勞作能陶冶生產興趣及改良生活之願望。通常所謂勞其筋骨，餓其體膚，隨做一事，心動身應，恰如其量。亦即裴斯太洛齊所謂「兒童學習應該腦到，心到，手到。生產即是學問。生活改良即是人生目的，社會理想。

（七）養成平等自由思想

勞心勞力之工作機會如得均等，則身心合作可以達到健康之境。勞心者亦須有時勞力，勞力者亦須有時勞心。實際上無絕對勞心或勞力而能生存者。要在勞力上，勞力上，勞力中勞心；勞心上，勞力外，勞心中勞力。思想亦可認爲一種勞作，大致爲勞作之前段或後段。就成人言，人生一切，大致先有計劃然後動作，再有反省。就兒童言，則先有動作，嘗試，而后有思維。

勞作能由一活動引伸而至另一活動以至於無窮。Kilpatrick: activitiy leading to further activity。亦卽此意。行爲之善惡亦可以其是否能繼續不斷的引起他種活動爲斷。

『依克氏的說法，自由和威權是『雙生姊妹』，旣有威權便不能不有自由。因爲在正當權威之內的自由才是精神的自由，在自由條件之下的威權才是內心的威權。內心威權和精神自由是不相衝突』。克氏『自由原則』是：『早早地讓兒童在經過的選擇的，多方的生活關係中，充分享受行爲的自由權』。據克氏自稱，工作學校的教學法和杜威的『由行而學』是不謀而合的。他所主張的『實驗的學習』和美國設計教學完全一致。使生逐漸明白作業中的效用乃是使學生聚精會神的唯一條件。

五、結論

以上所論小學勞作教育之哲學的基礎，多根據德國教育家克欣斯泰郁之教育主張，及杜威民本主義教育之理想。克氏原訂教育原則七個：1.整個的原則2.現實的原則3.威權的原則4.自由的原則5.自動的原則6.社會的原則7.個性的原則等。

本文搜集哲學上之根據亦爲七個。一、行知合一之整個性。二、附帶學習及同時學習之現實性。三、兒童由行見知再由知見行之矛盾個性。四、心身一元論。五、生命之本質論。六、養成積極的，有威權的，肯創造的人生態度。七、養成平等自由思想。

杜威說：『凡直接關於閒暇生活的教育，應該間接增加工作的效率與愉快；直接以訓練工作爲目的的教育，也應該養成情緒的與智力的習慣，使知善用閒暇以得愉快的生活』。『民本主義社會的教育問題，就是要排除勞作與閒暇的二元論。要編成一種課程，在這種課程裏面，能使思想做人人自由實踐業務的引導，同時又以閒暇的享受報答肯負服務責任的人，不像從前所謂閒暇的享用乃指不必負責參與做事的人』。試看現代偏重勞心的結果須有強健身體運動，甚至需人郭沫若說『勞心者是坐食階級統治階級一種欺人自欺的說法，也是一條死路』。敲捶按摩以活動筋骨血脈。在從前周代先王季文王都是下田的(周書裏說)。日出而作，日入而息。生活頗爲自由，健全。勞作爲生產力之表現，勞作在人生有必然性。教育應『用』勞作，『爲』勞作，『以』勞作完成之。尤其是在小學階段裏，尤其是担任小學教師的人應了解此意。不問收獲，只問耕耘。就是不問貢獻，只問勞作。若有勞作，必有貢獻。學生上學目的是勞作，不是聽講。勞作是合於兒童社會本能，創造衝動，發表本能，和求知衝動的。

兒童勞作的技術難免幼稚，勞作的知識或有不足，尚有待於科學教育；生理的不足尚有待於健康教育。小學勞作中事項均爲有目的之活動，深合設計教學之原意。設計教學的歷程分爲四大步驟：1.決定目標，2.確訂計劃，3.執行計劃，4.批評結果。克氏的教學步驟亦大致相同。工藝在各項勞作中範圍最廣，地位亦極爲重要，農事亦可視爲工藝之一種。在小學裏應以勞作爲中心，爲手段，學生最好學一種可以謀生的手藝，同時對一般工業，當有相當了解。對勞工神聖，勞工快樂，勞工價值亦須有切實體驗之認識。勞作教育也可以說是『以各種生產勞動實習，培養實行民生之基礎』。

勞作教育注重生產能力之陶冶及民本主義的社會之實現。取意至善。惟應不忘兒童本位教育之意，寓工作於游戲，寓游戲於工作。引起兒童興趣，按其身心發展順序使其充分自動，庶幾不致減殺兒童生機，或生活力（Vitality）勞作多而成功少。茲列表於后以作本文之圖解。

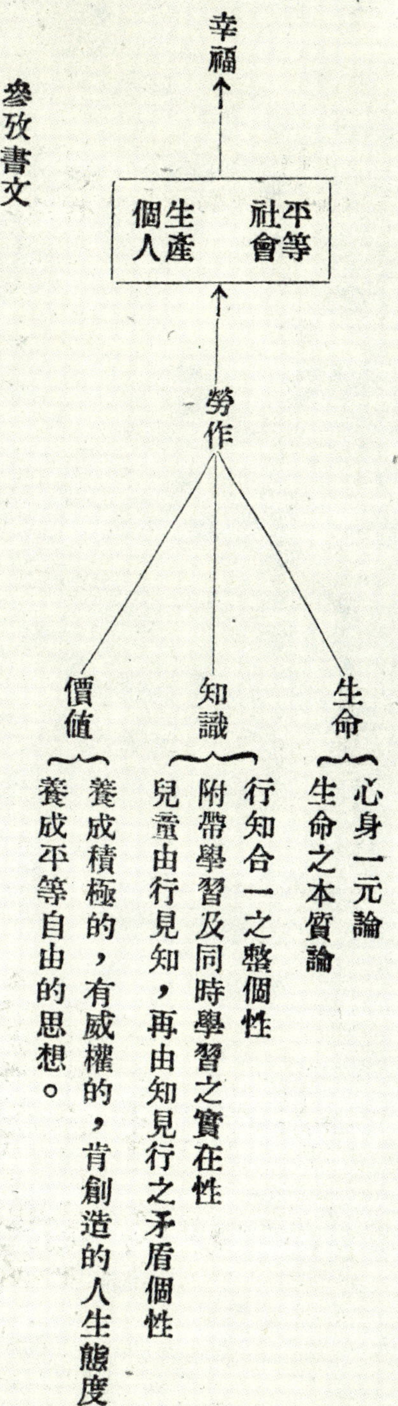

參攷書文

杜威著，鄒恩潤譯：民本主義與教育

邱大年：工作學校之七大原則——師大教育叢刊一卷三期

小學勞作教育之心理的基礎

陳選善

諸位先生：勞作教育在中國教育界似乎是一個很新的名詞。兄弟對於勞作教育素無研究，對於勞作科的教學又毫無經驗，承章頤年先生的雅意約兄弟來此担任一次講演，實在萬分慚愧。兄弟是杭州人，因服務外省好久沒有回鄉，這次可以說是假公濟私地來探望親友並鑒賞西湖的美景。兄弟又常聽說杭州師範學校辦得甚好，這次又可以說是假公濟私地來瞻仰杭州師範的規模。至於講演實不敢當，不過隨便同諸君談談，謬誤之處希諸君指正。

一、何謂勞作教育

今天討論的題目是小學勞作教育之心理的基礎。我想分兩部分來討論。第一部分說明什麼叫勞作教育。前面說過，勞作教育尚是一個很新的名詞，恐怕許多人還未能了解其意義，而且各人的解釋也許不同，似乎有說明的必要。第二部分討論本題，即勞作教育在心理學上的基礎。請先討論第一部分。

我想小學勞作教育至少可有兩種解說，一種是狹義的，一種是廣義的。在課程內添設一科目，曰勞作科，注重兒童實際的操勞，以養成勞動的身手，培養勞動的習慣，使不致再有輕視勞動的心理並以爲生產教育的基礎。這種設施我們稱之爲狹義的勞作教育。教育部頒布之小學課程標準內有勞作科一科，其目標爲：(一)實地操作：養成勞動的身手，平等互助的精神；(二)計劃創造：發展建造的思想和能力；(三)調查研究：增進評價能力，生產與趣，幷啓發改良生活，改良農工業等的志願和智識。這亦是勞作教育的狹義的看法。

照廣義的看法，勞作教育可以代表現今教育上一種新思潮。簡言之，這種教育思潮所代表的主旨爲直接經驗的着重與積極的反應的注意，不注重空洞的智識而注重實際的能力。如杜威氏主張教育與生活打成一片，陶知行先生提倡手腦並用，教學做合一，都可以代表這一種教育思潮。

這種思潮可以說是對於現在的教育的一種反感。原來所謂教育乃獲得經驗，改造經驗的過程。如何獲得經驗？最基本的方法就是從實地操作中，行動的過程中獲得之。考教育的原始就是如此。兒童從觀察成人的工作，參加成人的工作中，獲得爲應付環境所必需的種種行爲。後來因文明日益進步，社會日益複雜，知識日益高深，人事日益忙繁，原始的學習方法太不經濟不足以應時代的需求了，於是有學校，教師，書籍種種特殊的組織，人員和工具的產生。這當然是一個絕大的進步，但是流弊亦因之而生，就是側重書本，專尚空譚，教師只教書而不教人，學生只讀書而不知用書，學問與生活分離，「知」而不能行，結果造成現在的虛僞的，空洞的，因襲的，不能創造的教育。廣義的勞作教育就是對於上文所說的教育的一種反動，牠注重實地的操作，積極的行動，使兒童從操作行動中獲得豐富而眞實的經驗，知而且能行，用腦並能用手：這是勞作教育的廣義的解說。

這種廣義的勞作教育，當然不是在課程內設立一勞作科所能做到。要實施廣義的勞作教育則對於學習的意義，對於教師在教學上的地位，對於課程，對於教法都須有澈底的改造才行。

在這裏我們切不可誤會書本或間接的經驗在教育上是完全沒有地位的。前面我們說，教育乃獲得經驗的過程。獲得經驗可有直接的和間接的方法兩種。從行動中獲得經驗謂之直接的方法；從書本中或他人的講授中獲得經驗謂之間接的方法。間接的方法當然不如直接的方法來得眞切可靠，但是亦是不可少的。第一，這種方法可不受時間與空間的限制；第二這種方法又較爲經濟，所以書本仍不失爲教育上重要的工具，祇要善於運用就好了。

此外還有兩點我們亦可在此處提出。第一點就是我們要充分運用別人所發明的智識，要使別人的智識成我們自己的智識的一個有機體部分，必須先要有自己的實地經驗做基礎。第二點就是我們上文注重行動，但思想未嘗忽略。從前的教育偏重腦的訓練而忽略了手，祇重思想而忘記了行動，這是極大的謬誤。勞作教育是手腦並用，行動與思想並重的。有思想而不能實現不能運用，謂之幻想或妄想；行動而不受思想的指揮，謂之盲動。

二、勞作教育在心理學上的基礎

現在我們根據勞作教育廣義的解說，進而究探其在心理學上的基礎。我們分三點來說：

(一)好動是兒童的天賦傾向，是一切創造的基礎。關於創造的行爲的性質及其培養的方法，心理學還未能予吾人以美滿的解答。但是有一點我們可以肯定地說，就是能任兒童好動的傾向有自然的發展，則創造的行爲至少是不會被阻礙的。過去教育單重空洞的智識，學生的一舉一動都受校規的限制，「不許動」爲學校設施訓育的唯一方法，這種教育不曉得摧殘了多少賦有創造力的兒童。勞作教育注重行動，動作，對於創造的行爲至少是不會摧殘的。

(二)勞作教育與學習過程相符合　什麼是學習？學習乃獲得行爲的方法的過程。在學校裏面教室裏面的學習常常是不自然的，虛僞的；我們要了解學習的眞義最好到學校以外日常生活中去找例子。Kilpataick 曾用小孩學繫鞋帶一例以說明學習的過程：

1.小孩開始去做一件事—去繫鞋帶。他從來沒有獨自繫過鞋帶，向來都有人幫忙的。

2.他遇見了困難。繫鞋帶的動作不能繼續進行。這困難是因爲他缺乏一種行爲的方法而發生的。

3.他試了又試；同時他的母親幫助他。他注意於繫鞋帶的手續，步驟等。由此看來「學習」乃是一種努力以獲得所必需的行爲的方法。

4.最後他學會了，他能夠繫鞋帶了。困難旣解決，動作乃能繼續進行。

這個例子很可以表明學習的性質。學習起於困難，而所謂困難乃一種行爲的方法的缺乏。學習的結果就是一種行爲的方法的獲得。譬如我們要考查前例中小孩有否學會繫鞋帶，祇要看他能否繫，能否做；我們決不從他言語中或文字上能否把繫鞋帶的方法說出或寫出以斷定他有否學會。但是現在學校中的學習，偏重文字偏重言語，把文字與言語所代表的實質—行爲—反忘記了，結果在學校所「學習」的對於實際生活不發生絲毫的影響，「知」而不能行，造成了能說能寫不能做的虛僞人才！從前王陽明先生說「知是行之始，行是知之成」，指示我們應着重行爲，這固然是很好的；但是這種說法似乎與學習過程不很符合。陶知行先生把王陽明先生的話翻了過來，說「行是知之始，知是行之成」，指示眞正的智識必須以行動爲出發點，必須建築在行動的基礎上面，唯有從行動中獲得的知識才是眞實的知識，與學習的過程就十分符合了。勞作教育注重行動，主張從直接經驗中，行動中去求智識，是與學習的性質，學習的過程十分切合的。

(三)勞作教育與學習原則相符合。學習心理中有一個重要的原則，就是「我們所學會的就是我們所練習的反應」。換言之，我們希望兒童獲得某種行爲，在學習時就應該使兒童練習該種行爲。譬如學打網球的人，一定要天天去實地練習打球，然後才會有進步。拿一本「網球術」來讀，讀一輩子，不能學會打球的。學游泳的人，一定要下水去實地練習游泳，才能把游泳學會。摔着一本「游泳術」天天去讀，讀一輩子，仍不能學會游泳。又如要養成兒童衛生的習慣，最有效的方法是使兒童在學校裏家庭裏，一年三百六十多天，一天二十四小時中時時刻刻練習衛生的行爲，過衛生的生活；僅僅看看關於衛生的書籍，聽聽關於衛生的講演，是無效的。這些例子舉不勝舉。簡言之，有效的學習，必需從做上學，從實際活動中去學。勞作教育注重行動，注重實地去做，與學習原則是十分切合的。

以上就三點來說明勞作教育在心理學上的根據。我們要革除現在的虛僞的教育，提倡廣義的勞作教育似乎是一個對診的藥方。我們不以在課程中設一勞作科爲滿意，我們主張將全部課程勞作化，從做上去學，能做能行，才是眞知。

兄弟對於勞作教育一向沒有研究，以上所講十分膚淺，尙希諸位先生有以指正！（完）

小學勞作教育與社會問題

江問漁

（一）

在討論本題之前，可提出幾點來說一說，作爲一個引言。

第一，教育本是一種方法，他的惟一功用，是解決人類問題。我國目前所最感覺恐慌的，不是生產減少，大家鬧窮麼？那末，如何增加生產？便是目前亟待解決的問題。固然增加生產的方法，不止教育一樣，而教育總算是各種方法中最重要的一種。可是，現在我國教育，雖然日漸發達，而能生產的人反日見減少，那末教育豈不是不能解決問題，倒來加重問題麼？這明明是教育本身，發生毛病了，而且把他的功用完全失掉。這一點，吾們應該認明的。

第二，教育的目的，本在造成多數有益於社會之人，現在教育單是少數人的專利品，多數人已難享受此種利益，而且此少數已受教育之人，亦未必眞能有益於人羣啊。這樣看來，教育如何能顯著他的眞正效用呢？如何能達到改造社會的目的？所以我們應下最大決心，認定目標，將目前與社會背道而馳的傳統教育澈底改革一下，另造出一種活的新的教育。

第三，傳統教育當然不是新的，更不是活的。論到牠的特點：1.爲少數人而設施，2.專注重文化教育而輕視職業教育。文化原爲推進社會的動力，負有促進各種事業的使命，文化教育與生產教育其間雖有界限，也未嘗無相互的關係，因爲文化教育，並非絕無生產的意義；同時生產教育，也不是不能促進社會的文化的進展。至於傳統的教育思想，則是認定教育是少數治人階級所應攫取的工具，多數被治者，沒有受教育的權利，因此成立「勞力」「勞心」「治人」「治於人」的對立階級，那更是教育上亟須改革的。

我想打破這種傳統教育的方法不外下列的三點：(一)使教育社會化；(二)使教育能達增加生產的目的，(三)使「不勞不食」一語，成爲天經地義，使人人皆明白不工作卽不應吃飯竟成了一種極鞏固的信念，凡是教師訓練學生也就以此爲標準。

這幾點明白了，所謂勞作教育的重要和牠的意義，也就可以慢慢的推想而知，繼此便講到本題了。

（二）

現在我要把這個題目內所有名詞內容和意義，分別提出來說明一下。

(一)小學教育的範圍　你要問小學教育是什麼？在普通習慣上都是答復一句說是爲六年繼續授予的兒童教育，但我以爲那是太狹一些了，今如有十六歲的青年，從來未受過小學教育，現在他初入民衆夜校讀書，也可以說他所受的是小學教育，可是便不能說是兒童教育了。所以小學教育不妨分作兒童時期的小學教育和青年時期的小學補習教育兩種。

勞作教育的意義　勞作教育就是重視行動的教育。譬如打水，拭桌，耕田，栽樹，這都是勞作。幼年的小孩雖不能耕田，但總有他可做的活動，活動就是勞作，不過單是坐着聽，站着講，這不能稱爲活動。我們爲推廣小學範圍，對于現在小學教育的宗旨起見，應該在普及義務教育，養成身體健全常識豐富有公民資格明瞭世界大勢外，還要注意以下一的點：就是實施行動教育，養成兒童創造力。創造的能力實由行動發生。兒童幼時的行動，關係于將來社會種種的創造很大；所以小學不重視行動，無異摧殘兒童天性。又人的能力應分成『應變』及「制御自然」等各項。這種能力，不能從言語學識中得來，乃由行動中學來。必手腦並用，而後能力才能增加。因爲有行動，才發生困難，有了困難經過思考，才得擬定解决方法，用過方法，才能得着經驗。我們專聽書專講書專讀書。無異在陸地上學游泳，將來一朝下水，恐怕難免不溺斃罷！現今學校教育，都是書本上的教育，絕少注意行動的教育，其實兒童的行動，是教育的基本。爲養成將來創造的能力，實在是不可忽視的。

小學和社會的關係怎樣呢？　有房子一所，內中有教師，有學生，在那裏教讀，運動，常人稱這個所在是學校。學校以外的農工商集合的場所稱爲社會。兒童在學校是學生，回至家中，又是社會之一分子。從前人說：社會多是不好的，而學校倒是一個好地方。但是如果承認社會是不好，那麽學生既從家庭社會中來，又怎麽能好呢？況且學生畢業後，還得向社會去，即目前在學校讀書，也是不能離開社會，學校與社會隨時隨地有密切的關係，社會不好，學校應受影響，學校好，也要望他能影響及於社會。假使關起學校的門來，不願與社會交通，事實固不可能，而且也有背學校設立的意義和價值。所以現在有人提倡學校教育社會化，學校中學生的組織，與社會上組織一樣，有法院，有市政府，藉以訓練學生社會的活動。但是社會上種種事物，如何能一一仿效呢。況且徒有組織的形式，也無濟於事，譬如兒童已學會自治會的行動，一到社會，反增加其作惡的手段；在校很能服務，很能守秩序的學生，一到社會，見社會一般人的作惡，他也就同化起來，這種事多得很。這豈是學校社會化的本旨呢？所以我想學校就是社會，學校所在之處，可作社會改進的策源地。社會上的民衆行動，學校師生應去酌量參加，社會上的一切事物，學校師生應去酌量擔任，學校在都市，要使這市內的一巷一里都受牠的指導；在鄉村要使這村每家每人，皆受他的改進；否則對於學校使命即有所未盡。從前的人以爲學校是讀書的地方，社會是做事的地方。現在不然了，學校教育，不僅是讀書，還要做事，所以學校是社會的縮影，決不能和社會分離。

社會是什麽？ 我們不必用社會學上所揭的定義來解釋，現只從通俗一般的來說，據從前人說文化相同，生活相同的集團是社會，我也說文化相同內心相通語言風俗相同，組織的形式相同的集團是社會。中華民國是一個集團也是一個社會，一家一學校，也是一個社會。若就小學教育的立場來說，凡在學校以外有同文化的集團，卽可稱着社會。

社會何以發生問題呢？我們所談的社會問題，也不是同於社會學上所謂社會問題，（如人口問題，經濟問題等）。却是廣義的通俗的一般問題。如一切社會制度和社會的道德標準，因生活上發生變動後，舊的旣然厭其不好，新的又未能一時成立，新舊交替之時，呈現出許多怪現象，於是社會問題便不斷的發生，而這時的社會，也就成爲病態，不是常態了。

小學教育能醫治社會病嗎？我不是說過麽？教育是一種方法，換言之，也就是改變生活的工具。人類社會的病態，教育者多能發見，多能了解，那麽醫治的方案，當然也能知道，可以對症下藥。社會的病態，雖是錯綜複雜，關係於多方面，但教育是人們整個生活的指導，醫治起來，亦較易着手。何况小學教育是訓練兒童行動的基本，也就是改善社會生活的權輿，如何不能醫治社會病呢？

（三）

在題目中應說明的話，已經說過了，現在再來說一說我們的理想社會怎樣。又中國現在社會怎樣罷！我以爲理想的社會，應該如下文所列：

(1)健康快樂　中國人的身體實在太差，和日本人比較已相形見絀了，比之歐美人，那就更差。都市中人因爲空氣的不好，自已的斵喪，身體因之不健全，而鄉村中人飲料不潔，衛生不講，疾疫流行，加之以濫用童工，未經發育的身體，遽施以過量的勞作，所以面黃肌瘦。而社會人士又多以連年戰爭，生活流離，終日愁衣慮食，心境上發生悲苦。於是身體愈加孱弱，在歐美人每日六小時的工作，絕未感覺疲倦，在中國人則已汗流浹背，精疲力竭。足徵我國人身心的不健康的極度了。人們的悲悶，消極，和妒忌猜疑等，據心理學者說是生理上的病態，所以健康快樂，實是社會上的基本條件。

(2)富裕安適　大家有飯吃，有衣穿，有屋住，那就不發生問題，倘使有少數的人吃的是魚翅，穿的是狐裘，住的是高樓大厦，而多數是饑不得食，寒不得衣，雨露風雪無歸宿。那就發生問題了。所以我們所希望的社會，是一般人都有飯吃，有衣穿，各安其居，各樂其業，大家普遍的得着富裕安適。

(3)勤勉邁進　社會是進化的，人類是活動的。而社會的推動。有藉於人類活動不斷的精進。否則哩，頹唐浪漫，怠惰不前，那末社會是不會能進化的了。

(4)融和銜接　年老的人雖然經驗豐富，然而瞻前顧後，遇事退縮，少進取的心思。青年人血氣方剛，有時意氣用事，不審慎考慮，於是青年恨老年的保守，老年笑青年的躁切，相互批許，其實二者各有所長，各有所短，我們希望能互助合作，長短相濟。老年負指導之責，青年有邁進之行，那末承上啓下，融和銜接。那才是社會上一種極好氣象。

(5)團結互助　各種事業的進行，端賴從事者的同心協力，一致推進，人類的所以能生存於社會，也就是有這種互助的精神。但是現在我國社會上排擠，猜疑的風氣盛極了。這豈是一種好現象呢？我們所希望的社會，是無論什麽人，都要能團結互助。

(6)急公好義　我國人往往利己心重，利羣的觀念淺薄。只爲有利不知有義。所以關於羣衆福利的事業，無人過問。甚至損羣以利己。理想的社會，是多數人，急公好義，忘却一己一家的利害，純以虛公恥，與公利爲最大標的。

(7)革新進步　萬物都是新陳代謝，社會當然要隨時代而改進的。理想的社會，是時時革新，時時進步，以期社會文化逐漸提高。

倘若社會現象，與此相反，便成問題了，中國目前的社會是怎樣呢？我試列舉如下：

(1)孱弱愁苦　愁苦是吾國士人最普遍的生活，一般人都愁眉蹙額，愁衣愁食，苦得不成樣子。因而也就貧弱得不成樣子。

(2)窮困顛連　連年天災人禍，流離失所的人們其數實不在少，他們的困苦顛連，那更可不言而喻了。

（3）游惰消極　我國失業的人數，逐年激增，因游惰而不務正業的，也大有人在。至於意志的頹唐，精神的萎靡，苟安消極，更是一般人們的現象。

（4）排斥猜忌　凡是二人以上的集團，就有排斥猜忌的事情發見，這種沒有互助精神的情形，可算中國人特有的現象。

（5）散漫無序　有系統有秩序的事物在我國社會中很少見到，中山先生說：「中國人像一盤散沙」眞眞「慨乎言之」了。

（6）自私自利　『各人自掃門前雪，不管他家瓦上霜。』是中國人心理的寫照。凡事都祇知有我不知有人。這眞是最不好一種現象。

（7）頑固保守　『墨守成法，故步自封。』這種保守而不知革新的態度，也就是中國社會顯著的狀態。

以上種種雖是我主觀的解剖，但多半是現社會的寫實。社會如此，是病的現象，那末，病的原因，又何在呢？我想不外乎下列幾點：

（1）衛生不講，健身乏術，優生失道。這三點理由亦極淺易無待贅述，即就優生一端而言，急公好義的人，應該獎勵的；自私自利的應該排斥的；但現在不如此。好的未必選擇，壞的未必淘汰，這純粹是反優生的辦法。

(2)生產力薄，消費失當，分配不勻。中國人生產力的薄弱，盡人皆知，而且消費失當，不應消費者，浪費無度。更加以分配不勻，那更呈現出社會不安的現象了。

(3)惰無懲，勤無勸。怠惰的游民，是人們的敗類，社會應有法律的制裁。精勤者是促進文化社會之中堅，應有輿論的獎勸，以資鼓勵。現在社會則反是。

(4)物質慾盛，同情心減。現代人只知有物質的享樂，不復知有精神的節制，因此同情心減少。爭權奪利，甚至不爲利己，也去損人與從前人所謂『憂樂相共』一語，相去奚啻霄壤？

(5)不重科學，不知進化。中國人用電燈而不知究其內容；吸鴉片而不知其毒害。做事，不根據科學的方法；造物，不推求其改進的原理；墨守成法，祇有坐以待斃。

(6)轉移風俗的勢力無由構成。有權位的人，不能以身作則，改良社會的風習，反而竭力摧殘，良風美俗，使社會惡化腐化。這是更可痛心的！

上述數點爲致病之原因，歸納起來，又可成爲下列三點：

(1)手腦兩分——就一人言，讀書的只能用腦，不能用手；做工的只能用手，不能用腦。手腦的分離，是使社會不進步，科學不發達的主要原因。

(2)士工兩分——就一羣言，人與人分離，做工的專做工，不知求知；讀書的專求知而不做工；經驗學識不能打成一片，學非眞學，知非眞知。實有背於『做上學，學上做』的原則。

（3）人物兩分——就自然界言：我們中國人大都不能支配物而爲物所支配，於是只知順天應命，一味迷信。可是人與人之間，倒能鈎心鬥角，極盡互相傾軋的能事，因此更把物的創造和制御，忽略不注意了。

以上種種問題的產生，教育者應負相當的責任。醫療這種病態也就要着眼於此。所以教育的功能，即在能對症下藥。

（四）

那末，認明病源，便要立方服藥了。我以爲今日社會所以致病的總原因，則由於『教育不知注重行動。』不注重行動，於是工作者不能用腦，用腦者不能作工，所以要改進社會，則必須改變此種根本觀念。使大家認定行動即教育，勞作即行動。

小學教育的對象，包括兒童青年在內，既如上述。那末小學校內應否或能否施行勞作教育呢？這問題的答語是「當然應當」「當然可能」。至於在一般學校已經施行勞作教育的，我現在也可舉出幾個實例來。供一供參考。

天津南開大學附中張校長去年考察歐洲教育回來，認定教育與生產機關應結合，今年暑假後，即在該校設立試驗學級，添辦了印刷，鐵工等工場。將全級學生六十人分爲二組：第一組作工則第二組讀書；第二組作工則第一組讀書；每週輪流。每日讀書六小時，作工六小時。（1）打破鐘點制，各課時間不是平均分配。（2）打破分散教程，務求各科互相連絡，科目有（一）國文（二）英文（三）算學（四）自然科學（五）社會科學。各科不用機械式的普通課本，教法是採取自學輔導制。對於社會科學教材，是編成一部的大教本，名曰『中國與世界』；從中國出發，推及世界，由現今推及古代。譬如討論中國『紙』之發明及其對於社會之貢獻，與目前衰落情形，先就本國。由古說到今，其次又從外國紙的發明與銷到中國情形，說到中國紙業應如何設法改良。其他教材教法亦多類此。意在使中國文化與外國史文化，相互參證，可以教學生了解各事物之演進歷史。並使此種教材與工場所習的相聯絡。教的什麼，做的也就是什麼。這種教育目的在養成學生（一）得有相當知能，畢業後到社會有適當的事業可做。不必去仰面求人。（二）不但能爲已謀生而且能改良社會，指導社會，（三）也可作升學的預備，如國文，英文，算學等學科，其程度，並能和普通中學學生一樣。假如這個試驗能成功，中國教育一定受到極大的影響。

又前在廣東看到省立第一中學也是帶有職業勞作的精神，校內有農場，有工場，學生親自耕種。收穫的米菜，既自可自給自養，且能出售資助學費。所有教室內桌椅等用具，多由學生自製。材料由學校供給，另付工資與學生，牠的優點是（一）學生在校不但養成健全的腦，能看書寫字；且能養成健全的手足，成爲有用的人。（二）不論貧富，都有入學的機會，不多要父兄化錢，而能自讀自作，眞是普及中等教育的不二法門。（三）不背生活卽教育的本義。是以『勞動卽生活』。

爲教育主旨，免得養成吃飯不做事的少爺，或讀書不做事的獃子。

以上雖是中學實施勞作教育的實例，但也可供小學的參考。我們相信小學實施勞作教育不惟可能。且是必要。現在試先說一說勞作教育的意義及效用罷：小學生在生理上講，當然不能勝任繁重，長時間的勞作。但是勞作旣稱教育，必不如工場的作工，有強制性，便可靈活應用，所以下列四點，我們先要明白。

(1)勞作教育卽生活教育：人類生活方面，有經濟生活，有政治生活，有休閒生活，這三種生活，無不須要活動。卽就日常的吃飯穿衣生活，也必有活動才能完成。所以只有聽講背誦的空洞機械的教育，沒有實際生活的教育，是死的，不是活的。小學教育是教育的基本，小學生本有他活潑的生活本能，今舍去他的本能而不去利用，還能夠稱做教育麽？

(2)勞作教育是科學的：科學方法的應用，科學態度的培養，爲現代人重要的事。但是講科學時也同時要實行勞作，例如教師講植物學，可使小孩子種植花卉園蔬。教師講動物學，可令小孩捉蛙捉蝶。種花捉蟲，加以研究，是小孩子的科學。也就是小學的勞作。

(3)勞作教育卽興趣教育：兒童天眞爛漫，活潑潑地，假如從他的興趣出發，使他勞作，再在勞動之中，施以教育。結果呢，在兒童樂於操勞，而興趣濃厚。在教師呢，已不費氣力，收着勞作教育的効果。

（4）勞作教育就是職業教育：職業的知能陶冶，職業興趣的培養，在兒童時候極為重要。如何培養，如何陶冶，皆要假手於勞作，借經於勞作，我們絕不能以兒童年小便忽略過去。須知一生職業之基，即植之於此。

勞作教育之意義効用略如上述。茲再總括地說一說：勞作基于活動，活動在於興趣；人為行動的動物，不能不重行動。否則，即非人化的教育。也就滅絕教育的意義與効用了。

繼此再把兒童教育應該注重勞作的理由，補充的說一下：初等教育的重要，人所共知。勞作教育既然是行動的活教育，那末基本的小學教育，就應實施行動的訓練。(1)因為幼時學習的習慣，可為以後的基礎。何況兒童天性好動，教育者正可利用其好動的本能，養成勤勞的手腦。(2)兒童有好奇心，對於各種事物，都喜歡去嘗試。(3)兒童富於羣性，喜歡一羣一羣的共處着。其團體觀念較成人為深刻。(4)兒童好模倣，對成人的一切動作，願意去學，正是施教育的好機會。

如以上所說，兒童既有好動，好奇，富於羣性和模倣性等，這都是勞作教育的基礎。所以小學施行勞作教育，可以說毫無一點疑義。

（五）

我們討論至此，便要說一說：

小學實施勞作教育的具體方法了。在未講實施辦法以前，有幾點關係承上接下，不能不一加申述：勞作卽爲做事，做事有四點須注意：(1)認識。(2)看。『認識』與『看』同時進行，有同樣的重要。(3)聽。不能看的要聽，因爲看聽能使觀念明瞭。然後才可認識，或經分析講演以後，才易於認識。譬如教學電燈，必先示之以形，並使其分析清楚，而後才能明瞭。(4)做。分析明白以後，便須動手去做。如電燈的結構如何，如何修理，如何運用，則必須做。所以勞作者有四種步驟，卽看，聽，認，做。常人每多誤解以爲勞作完全是做。所以我特別提出這項勞動程序來。

一般小學的課程大概可分爲三類：

(I)言語科　如言語文字及記載發表。記載所以保存經驗，發表可以應用經驗。(二)自然科及工藝製造　此與勞作關係甚深，整個的勞作教育，卽以此爲關鍵。(三)社會科　地理歷史及公民等　凡人事經營管理組織支配等事項的研究皆屬於此。要依照勞作教育的法則，對於上述三大類。應如何實施呢？我現在舉我的設計例子如下：假定有一鄉村單級小學，學生五十人，教師一人，月薪二十元，須兼校長及校工。這位教師要實行勞作教育，他可召集學生問他們說：校中無多長物，祇有空地一方，我們在此地闢一小公園好麼？學生同意了，那末，便可共同商量一個進行辦法。可由會議中和學生議決先把公園築一圍籬，學生各自回家攜帶竹柴一束，編造起來。園籬有了，教師更引起種植花木的動機，學生也就同樣向家中或朋友處索得些花種及器具種起來。花有了，於是各人分配一方地，自行灌溉，培植，再用比賽的方法，來獎勉鼓勵。過若干時教師又說：「園中植物有了，還缺少活的動物。」於是大家來養小鳥蜂兎或家禽；至於鳥籠，蜂巢，兎窟，又是工作的好材料，各人認定一個，其他相當材料，都可叫兒童做。最後教師說：「單有動物不行，逛公園的人要休憇，那就要有櫈子。」於是集議製造小櫈，請他校的手工教師來設計幫忙。各種齊備後，先生又說：「我們公園的各種東西，自小至大，都可研究，我們來作一個詳細的記載好嗎？」於是各人都有記載。教師除修改文字外，再加指導。不久，教師又說：「公園已落成了，我們舉行落成典禮，邀請來賓賞玩好麽？」於是開會籌備。某某擔任主席，某某擔任招待，其餘的來佈置會場，邀約家屬父兄姊妹。所有會務組織會場管理以及會罷作報告等事，均由學生分別處理。此種設計，一方爲實施勞作之單元，而另一方面，且可訓練人事之組織和支配，即爲良好的社會教材。若種植植物，飼養動物，自然科又在其內。文字記載及會場報告，則言文科也在內，這豈不是各科都實行到，而各科又能聯絡了嗎？這種辦法我以爲是窮學校的實施勞教的最良方法。至於學生興趣，據我的推想，他們一定很高，既使他喜歡勞作。而且可以訓練各種能力。較之專讀死書的教育，相去何止天壤？

小學雖不可不讀書，然當廣其範圍，何况勞作教育之目的，在從生活上出發，譬如一年級的教材，便可在吃飯上教他，講米和菜在生理上的關係，使其認識。在穿衣上教他，如衣服材料從何而來，如何保藏，且可簡單教些製作方法。此外如造屋之木料是何處來，屋應如何高大，一方看，一方聽，且可做小模型。使他逐漸增加衣食住行上認識，進一步，可令兒童如何慎飲食，常洗澡，和住室內如何清潔等等。第二年級將言語文字教他，教他寫大楷和小楷字，寫兄弟親戚的姓名，寫親戚朋友來往信扎，做小小的傳記，也可定爲勞作之一，且每一兒童，必須認識菜蔬花木幾種，和植物的幾種效用。知道養兔子養雞，且使學着做衣服及編織物品。考試是不考書，而在查問大小字寫得如何！衣和兔子養得好否？年級高的，言文方面，使他言語說得正確，明瞭，記載的文字明白。進一步，便要研究動植物的形態，在城市參觀工廠，參觀後用文字記載；在鄉村考察五穀種類，種植時期，培養方法，考察後也須加以記載，加以研究。在校裏佈置教室，開會時輪作主席，報告演講，養成其發表能力。使兒童既用腦，又用手，手腦並用，百事可成，那末教育的效能自然大著了。

看，認，聽，做是整個的教育過程，不能偏重；但要有組織，有系統。因於教材上發生不能解決的困難，可和他校的教師共同商討研究和襄助。還有實施勞作教育時，教材的範圍，不必一定限於教室之內。教室外各種事物，都可用爲教材。牠的教師，亦不必限於學校之內，社會上各項職業熟練之人，也可請他做先生，所以教農藝的時候，可到田間去請老農做先生；教工藝的時候，可到工場去請工人做先生。教材取諸社會，教師也不妨求諸社會。不但學生所學得着許多便利，而且學到的技術，也格外眞確有用。

實施以上所說的具體辦法，我想還要注意下列幾點：

（一）以每一學期或一學年做單位，作一計劃。或初四高二全組施行或分組施行。計劃確定之後，然後尋找材料，切實組織，分配工作。

（二）要集合同志，組織一研究會。大家報告試驗心得及困難，以收合作互助的效益。

（三）要和社會溝通，社會上的各種機關，設法多方聯絡。

（四）教師要善爲教導。不呆板，不固執，因勢利導，靈活有趣。

（六）

最後，便要說到小學實施勞作教育的效果——並證明這種教育方法，確切可以醫治社會病原。解決社會問題，中國社會問題之解決，在於養成各人製造能力，如果仍如傳統的教育，劃分勞心勞力的鴻溝。耕田的只用手，讀書的只用腦，那末永遠不會創造。外國科學發明，重在於做，中國漢代學風敦厚，也因有勞作的精神。不意降及近日，勞作的精神，完全喪失，於是科學家稀少，國人生產能力薄弱，人民生計艱困，教育者那能不負相當責任呢？如果在小學時代便養成了許多小科學家，年長時各向社會上發展，這時社會當可蒸蒸日上。譬如說：假使因提倡勞作，提倡科學，於十人中或百人中養成一個科學家，如愛迪生其人。那時中國自然就有辦法了。至於一般身心培養得強健，生產能力增高，職業訓練純熟，那末中國人更何至於貧亂！目前社會不勞而食者太多，他們反自鳴得意，絕不知這是人生的羞恥！所以我們應當造成「勞而後食」的輿論，來轉移風氣，或者中國民族前途方有希望。

至於因勞動以養成互助的習慣，增加社會的同情，使社會生活的組織能力在兒童時代即已得到一種良好訓練，將來長大了做國民，不至再如散沙，自然是更不用說了。如此，社會還不能改良麼？

或者有人說：小學六年之內這樣做了，固然很好。但是中學不這樣去做，社會上又不這樣做，那末雖有良好的小學生畢業離校以後仍難免於社會上的同化。這又如何是好呢？這種說法，固然也有牠的理由。但是教育家應先具有「盡其在我」之心。且須先以身作則，倘經過長久時間的倡導，成爲一種風氣，那時中學的教育也當然要大大改變，以適應這種趨勢了。就是社會上的觀念，也不難漸漸改變起來。我們只要有恆心有毅力，天下事不怕不能成功！

諸位，社會的改善，民族的復興，都擔在我們的肩上了，大家要努力，速速造成勞作教育的新局面，以救中國啊！

勞作教育與社會問題

孫曉村

近年來中國有兩大思潮，在教育方面是勞作教育，在經濟方面是統制經濟。這樣兩個不同的問題竟會同時被人們熱烈地注意起來，這實在是椿有充分的歷史意義的事。因爲在中國目前的情況下，若說到禦侮救亡，統制經濟是治標的對策，勞作教育是治本的方案；統制經濟的實行，便是全國人民的勞動化，與全國勞動的生產化，這正是勞作教育的最高目的，也惟有在這樣的社會條件下，勞作教育方能發揚它的作用和光大它的前途。所以兄弟劈頭就貢獻給大家這樣兩個問題的關聯性，使我們教育的設計不致遠離社會的條件。

現在，我們先研究勞作教育。所謂小學勞作教育者，就是在小學時代，給兒童訓練成對勞動有經常的興趣，對作業有相當的能力，使他們不但有勞動的觀念，而且有勞動的習慣。中國目前各種病症中最深的痼疾，便是幾千年來士大夫教育所造成的那種結果，五四運動時代大家雖然努力提倡勞動的神聖，但僅僅做到觀念的轉變，在行動上還依然充分表現着士大夫教育的遺毒。所以小學勞作教育是打算從觀念與行動上，興趣與習慣上，根本推翻以前所種下的結果，造成兒童對勞動對作業的一種新風尚。

但是，這種教育究竟在理論上在實際上有多少基礎呢？對於這問題，我們可以分兩方面來答覆：

1.從一般的社會觀點上來看；

2.從中國的現實環境上來看。

從一般的社會觀點上來看，勞作教育有它不可動搖的基礎。我們知道，人類歷史有兩大終極的因子，一是生產，一是生殖；生產是維持現在的生存，生殖是繼續將來的種族，但沒有現在的生存，那能有將來的種族，所以生產還是生殖的前提。不過生產自身也有它的前提，這前提一是自然的環境，一是人類的勞動。人類用勞動從自然界裏採取生活資料，這便是生產。所以從哲學上看來，人類與自然原是對立的，蘋菓不會自己跑到我們口裏來，只有生產才打破這個對立，換言之，只有當人類用他的勞動從自然界採得生活資料時，人類才算征服了自然。在這中間，人類的唯一武器便是勞動。所以自然的賦予雖優，若未經人類的勞動，這優惠的賦予還是與我們無關。國人每喜誇耀自己的『地大物博，礦產豐富』，其實天賦雖然這樣厚，假若我們老是這樣一部分人勞動，其餘的人都拱手坐食，那末這天賦的是否屬我們，正未可逆料。我們嚷了那麼些年的長白山森林豐富，但結果是現在日本人享有了這些富源，我們何嘗有甚麼份來！這個例子足夠證明，所謂人類的『所有』，其基礎便在勞動。社會發展歷史上有三種光景：一是生產少而消費多，這種社會是後退的；一是生產與消費相抵，這種社會是停滯的；一是生產多而消費少，這種社會是前進的。如何能使一個社會生產多而消費少呢？那末自然條件還屬次等，最重要的便是社會中各個份子努力勞動，努力生產，沒有不勞而食的人。

以上是就一般的社會觀點上立論，若就中國目前現實的環境來看時，那末勞作教育的社會必要性，擴大到了最大限度。中國過去是無所謂教育，即使有，亦無非是教人如何在『社會裏』搶飯吃的教育，斷不是教人如何大家一致去向『自然界裏』搶飯吃的教育，這種用自己的勞動去征服自然求得自己的生存的教育，在中國從未存在過。民國初年時代，大家以爲中國社會的不向前進展，以致受外人的侵略，都是沒有軍國民教育之故，於是軍國民教育成爲一時的風尙，好像立刻可以富國强兵似的。不知『强』的基礎在『富』，『富』的基礎在生產，生產的基礎在勞動，單是軍國民教育何能濟事。五四運動之後，大家知道此路不通，於是改唱工業救國教育，結果也無成効，因爲在這樣薰染過數千年士大夫教育氣息的環境裏，一個靑年如其在小學時代不對於勞動作業養成堅定的觀念，濃厚的興趣，經常的習慣等，斷難堅决地走上理化工程農林園藝的道路，所以結果是不但文法的學生數量估最高的百分比，甚至原來學工農者都改絃易道，教育氣力又是一番歪洩。在這樣一再碰壁之後，到如今來從小學努力勞作教育起，在兄弟認爲，實在是個根本的辦法。

目前提倡勞作教育，如從現實環境中去找意義時，我們認爲當能起兩個極重大的作用：

一、生產教育的準備；

二、組織能力的訓練。

爲什麼說目前小學勞作教育是生產教育的準備呢？解釋是這樣的：大家知道，勞動與運動不同，勞動是有目的，勞動的目的便是生產。所以勞作教育與生產教育在實質上是一回事，不過從過程看時則爲勞作教育，從結果看時則爲生產教育而已。中國目前第一個現象便是『窮』，這『窮』的來源有人說是外人侵略的結果，這自然是對的，但我們退一步來想時，那末這『窮』也未始不是自己這種十八世紀式的生產而有二十世紀式的消費的結果。試就入超來看，自經同治三年有海關貿易冊以來，六十幾年中，只有五六年是出超，其餘盡是入超，而且入超的數量一年大一年，從一二千萬兩增長到四五萬萬兩，六十多年來的總計竟達六七十萬萬兩，而鴉片與軍火還不在內。這樣浩大的入超下，中國的經濟命脈怎麼能不落在外人的手裏；要知道中國對這樣的入超是既無現金更無事業收入來作抵償的，唯一的結果，便是中國對外國負債，與外國在中國投資。於是一切的不平等與不自由都從這上面形成。而且中國近年來生產的減退確是衆人皆知的事，素來自命以農立國的國家現在連粮食都要依靠他人了。所以，正當方法，只有努力生產。教育而以生產爲中心的骨幹原是對症發藥的事。不過生產教育不僅要有技能和知識的基礎，而且要有觀念習慣與趣等基礎，方能不再走以前的死胡同，而活潑潑地全國上下形成一種努力勞動生產的風尙。這一步準備的也可以說是基礎的工作，小學勞作教育可以負起責任來完成的。

爲什麼說目前小學勞作教育有訓練組織能力的意義呢？這個，先應當解釋什麼是組織。組織的意義，在近代經濟學中已將它認作生產上四大要素之一，與資本努力土地有同樣重要的性質。大小學勞作教育應當把生產技能放後，第一先培養兒童對勞動的興趣習慣等，第二當使他們從勞動中完成組織的能力，完成一種不是書本上的而是現實中的組織能力。因爲這種意義的重大，在中國是非常顯著。例如有人說中國工業的不發展是由於沒有資本，不知從國家眼光看來，事實絕非如此。所謂資本，除機器原料外，最大的是工資，而工人取得工資後無非去滿足衣食住的需要；中國現在，全社會中流蕩終日的無業遊民不知多少，在國家的總工資中。他們還是支取的，因爲雖然沒有職業，但這些遊民依然在吃着喝穿着住着；不過做工人時是以工資來買得的，現在則以不正當的手段來取得罷了。所以如果將這些人組織起來使之勞動，則他們之向全社會中領取生活資料一樣，而勞動的結果却產生了。就這一點，可見組織的重要。又如中國勞動與土地的分配極不均勻，西北土地廣大而人口少，東南則反是，民國十年後山東大舉移民東三省，結果是東三省大豆的產額大增，這樣有利益的事情不能在西北方面照辦，而定要在日人經營下才有功效，這眞是羞人又氣人的事。推而廣之，理論經濟學一經應用到社會上而成爲經營經濟學時，全部的骨子只是一個組織問題。所以小學勞作教育能不從書本上，而從活潑潑的勞動與作業中訓練成兒童一種組織的能力，那這種成就也就不小了。

上面，我們雖然從一般社會的觀點，及中國現況的觀點上說明了小學勞作教育的意義和功效；但是我們還需要問一句：

『勞作教育能否解决中國目前的社會問題呢？』

對於這問題，我們的答覆是否定的，勞作教育雖然是人類社會的根本教育，雖然是中國目前光大民族的根本方案，但對于目前中國諸般社會問題的解決，還另外有個前提，這個前提便是統制經濟。

中國目前雖然要用全民族的勞動來提高生產的記錄，中國目前雖然適當地運用組織後便能使土地勞力資本得到妥善的配合，但是我們不能昧視其他的一切社會條件，因爲使中國生產落後，工農業完全慘落的。另外有一種原因。我們不應當昧視，更不應當諱言，我們的設計中若忽略了這類社會條件，我們將走着和以前一樣的失敗的路。

中國農業工業的不發展，有其根本的特徵；不然，若言沒有技術，則何以二十年來工業學校農業學校教育的結果，不見工農業因技術的改進而生產發展？若言生產重要，則何以去年的江浙農民會因豐收而成災，而同時全國其他各地正因糧食不夠，而努力輸入外米外麥，致造空前的農業恐慌的新型態？可見這中間還有根本的病症存在，這是我們必須注意到的。

農業的病症在那裏呢？農業的病症在農村中的資本不斷地輸出，同時不斷地遭受破壞。第一是外國商品的輸入，破壞了農民副業的手工業；第二是商品經濟發展下，都市對農村施行大量的吸收，不但資金而且壯丁；第三是一切賦稅和地租都從農村中絕對地流出；第四是由戰的破壞，因此，農民不但無資金改良生產，連維持現狀，施行灌溉，採用肥料都成問題了，在這樣情形下，農業怎樣能夠上進！

工業的病症在那裏呢？工業的病症，第一是國內自身的民族資本大都進入投機事業買辦事業中，正式停留在工業中的眞是微乎其微，因此中國的民族工業萬不能和人家以集中的資本的力量來經營的大工業相競爭；第二是中國工業的發展也和其他國家的工業的發展一樣需要廣大的市場，尤其是國內市場，而中國自身的國內市場；一縮小於列強在華的競爭，甚至來傾銷，再縮小於農民購買力的衰落，於是市場的要素全部喪失。單就這資本和市場兩點來論，中國工業的病症已十分嚴重；更何況一方面既少政治勢力的掩護，一方面還受內戰及官僚制度的摧殘，再加以金融勢力完全被列強所控制，中國工業那得不日落西山呢？

所以，要掃除這些障礙，要使農村資本停止輸出，或輸出後仍能回入農村，要使民族資本全部進入工業，要使中國國內市場全部獻給民族工業發展之用，則唯一的方法便是先實行關大門主義，以政治的力量來統率經濟，像美國門羅主義這樣完成美國的繁榮基礎，像德國俾斯麥的社會政策這樣造出德國霸業。這一種以政治的力量來管理，來統率，來指揮全國的經濟活動，便是統制經濟。

自然，實行統制經濟也有許多前提，而且統制經濟向那一方向去實行，也是一個重要的問題；但是，我們如果單純地從統制經濟的作用來看，那末實在可說是中國目前唯一的出路。所謂實行統制經濟者，便是國營對外貿易，國家管理糧食燃料，國家以財改政策集中金融，國營基本工業，國營集體農場來實行大農經營等，這樣便保護了國內市場，集中了資本，均衡了出口入口，實施全國勞動化來努力生產，所謂經濟上的出路似乎在此。而勞作教育的能起作用，能有前途，也是在此。

所以小學勞作教育，不僅當從技術上能力上觀念上習慣上興趣上去訓練兒童對勞作的努力，同時還應當使他們明白勞作教育對社會問題的解決，還須和其他的前提同時進行；使他們懂得中國生產的不發達，除社會中許多人來努力勞動及勞動的未生產化外，還有其他的許多障礙，這些障礙不掃除，社會問題仍不能解決，勞作教育不將陷於無出路。因此，勞作教育所造就的人才，一方面當有勞作的生活習慣，勞作的興趣，以及此類技能的養成，此類觀念的接受，同時，另一方面，還要能了解中國目前生產落後的主因何在，并知所以解決之道。這樣的人才的造就，纔是小學勞作教育的最高理想！

勞作教育之人化的基礎

董任堅

諸位先生：十多年前，我是大方伯中學的學生；今天有機會回故鄉，和諸位談談教育問題，至爲欣幸。

討論的問題爲勞作教育之人化的基礎。

勞作與人化的教育名詞，似都新穎，尤其是人化教育。現在我先談人化，再談勞作。教育是爲什麼？根本說來，無非爲人，在使人做好人，人做好了，由人所組織的家庭，國家，世界也就好了。但事實告訴我們，自有教育以來，所教育的，大都是反乎人道。所以古代的教育，是要人變爲部落的分子，是要團體的發展，而不顧到個人的，個人雖有天才，亦不見重於社會，反要受社會的壓迫欺淩，很少有發展的餘地。此種教育，吾無以名之，名之曰變化教育。西洋中古時期的教育，完全是「神化」了。到了近世，在帝國主義之下，產生出「國化」教育，在黨治之下產生了「黨化」教育，在資本主義之下，產生了「物化」或「工具化」教育——教育的中心，都是在個人之外。至於中國的教育，素重人化。我們最早敬敷五教，教的是父義，母慈，兄友，弟恭，子孝；周以鄉三教萬民，教的也是六德六行六藝。這都是，如孟憲承先生說，不是文字和書本而是道德和技能。春秋以後，諸家並起，儒墨道，對於教育均有貢獻：儒家言教育，目的在明德親民，墨家主兼愛，都是人化；就是道家的反璞歸眞，也彷彿和盧梭一樣，不過感到社會的壓迫，對于反人化教育起了一種反動。其中儒家的勢力最大最久而主張教育的人化也比較的最爲澈底。孔子以爲「自天子以至於庶人，壹是皆以修身爲本。」人是中心，人是本位；所以一方面格物致知，無非爲了誠意正心，一方面身修了而後，治家齊國平天下，便由己「推」到人，由人「推」到己，這是社會化的過程，也便是「人化」的過程。自漢武罷黜百家，表章孔子，儒家的學說，成了兩漢的中心思想，所以這時期可說是中國舊人化全盛時期。不過在兩漢黃老的勢力已經潛在，以後更由黃老一變而爲「淸談」「玄學」。再參合佛教出世的觀念，教育便大反人化了。隋唐而後，選舉只在考試，而考試特重文藝。這種文字教育，延長到千有餘年，使士子的精力，盡消磨於佔嗶學唔，不教實行，於是人化教育，更一變而爲化石，到今還埋沒在地質層裏。所以我說，自有教育以來，教育未有人化也。教育既未人化，我們要希望有好人，好社會，好國家，當然是不很容易能。

因爲教育而非人化，牠的目的，便不在人，便不在改變人的行爲，而在求知，在訓練，在宣傳。他們從未教做人，他們亦從未學做人。個人既未教好學好，由個人組成的社會，當然不好；

反人化教育所產的是非人的社會：非人的社會便是那種充滿了戰爭，災難，貧窮，愚魯的社會！

此地我們不能將各種反人化的教育目的，和人化的教育目的，對比一下；祇得結束了說，現代教育的趨勢，特別是歐戰以後，都向人化方面進展。要設施人化教育，至少有三個條件：(一)教育應該着重人本，便是教育應該以人爲本；(二)教育應該着重「人倫」。(此地倫是指「類」，「比」，「等」或「人必於其倫」的「倫」字的意思)；便是教育應該注意個性差別。(三)教育應該着重「人和」；便是人化或社會化的意思。

從人化教育的觀點看來，勞作教育不是手工科的教育，必對於整個的教育發生意義；尤不是生產或職業的勞動教育。她應該是一種自由的活動；牠應該是一種回想的經驗；牠應該有人們的價值。如美國。杜威，比利時德克樂利德國雷氏，荷蘭立達，法國弗雷耳 (Dewey Decrol,) Ligthart Loz, Ferriere) 的學說和實施，都可以看出這三個要素。

而這三個要素亦便是人化的要素，這些都根本和舊教育的「求知」，「訓練」，「宣傳」，是完全衝突的！

末了，本講因時間匆促，對於「人化勞作」一點，亦未能充分申述，殊爲抱歉，容再寫文以就正於諸位。

勞作主義教育的縱的考察

金嶸軒

今天對各位講勞作主義教育，原題爲「各國小學勞作教育的比較」，從原題看來，本是對於現代世界各國所施行的勞作教育，作一個「橫的考察」，而這裏我要講的却從勞作主義教育思潮上，先作一個歷史的考察，亦卽「縱的考察」，打算要看時間怎樣，望後或可帶便就我個人所曉得的，再講些現在各國施行勞作教育的實際情形；但爲明白今天所講的內容起見，所以把標題改過，這是要先向各位聲明的。

其次各位通是小學教育界的現任人員，在小學教育實際上做事，經驗一定很富，兄弟雖然學教育，也任教育上的職務，但是對於小學教育的直接經驗，實很欠缺，今天偏要來講很實際很切實的小學勞作教育，當然是配不上，不過因爲「勞作主義」，是兄弟平時所歡喜提倡，這一次承本校章校長以及本校推廣教育部主任張先生懇切的來約，而本人的意思，亦欲借此機會，加入本講習會的討論會，便得增益自己對於教育實際上的知識起見，只好擔任一種講演，對於各位不能有所貢獻，還希望原諒！

一、勞作和教育的關係

在未講本題以前，對於勞作本身與教育的關係，要稍稍加以說明。勞作意義的過細研究，用不着兄弟在這裏講究討論，現在用常識來解釋，勞作是一種積極的，有目的的活動，也可說是積極的生活活動。就這一點說，勞作在教育上，是應該佔有重要的地位，可以說勞作是教育活動的中心，因爲有了教育，就不得不在勞作上做功夫；也可說人們有勞作會勞作，所以要講教育，離開勞作，也就無教育可言了，照此看來，勞作和教育，彼此關聯，本不能分開，要使教育和勞作一致，則勞作才會澈底，教育亦會因此發生意義，那麼凡言教育，應該就有勞作的意義存在，何必另立勞作教育的名義？現代教育界對於勞作教育或稱勤勞教育或稱勞動教育，其稱謂雖略有不同，要皆在教育上提倡活動，而且要提倡以積極的勞動爲目標的活動，這當然有特別的緣故。現在讓我略舉這個來歷，就教育的事實說：在未有教育學說及「教育」這個名詞以前，是早有教育的作用，發生於人類的社會當中，這是學過教育學的人們，都很明白。在那個時候的所謂教育，很同勞作一致，可說是就「勞作」爲「勞作」而施行「教育」，因爲原始時代的生活，是很簡單，兒童略會活動，就可以直接參加一切生活的活動，成人對於兒童，亦只須略略加以指導或予以無意的影響，就可成爲教育事實，不過這是很普泛的教育意義，也是無系統的教育作用，到了社會逐漸複雜及人和人的關係愈形密切而廣闊的時候，於是教育成爲專有的名詞，學校成爲施行教育特定的機關，使應受教育的人們，因機會的不同，就不一定通享有教育的權利，因此教育和勞作，也就逐漸分離，各趨一端，甚至互相背馳，認教育爲非勞作的，不勞作的，爲養成安閑階級的，連勞作的本身，也就因爲有精神的勞作和身體的勞作的分別，特定出勞心者和勞力者的不同，於是勞心者可以受教育，勞力者就不能受教育。像中國古時的士大夫階級的教育，惟士大夫階級，才可享受教育；教育就成爲士大夫階級所特有，教育也就成爲養成士大夫階級的專業，這樣由教育與勞作分家爲起點，就是使教育和生活成爲互相疏遠的一個原因，逐漸地也就造成學校和社會不能合作，不生關係的畸形現象。即就歐洲的教育而論，在十六七世紀以前，他們的教育，是領受基督教的精神來推行，雖也有帶些古代羅馬和希臘的着重，實用和發揚人生效用的教育意味，總不免偏視教育爲精神修養的一方面事情，甚至因輕視肉體，而連帶的鄙薄身體的勤勞。直至中世紀的末了，受了十字軍的影響，都市社會漸見發達，工商業因之而興，社會實際上有需要於勞作，而勤勞作業的思想，才在教育上重發萌芽，也就漸漸地感覺着從前的教育，有偏重的弊病，有不適於時代的需要，於是因必要而提倡，因提倡而講究，就使勤勞教育或勞作教育或勞動教育，成爲教育上一名稱，亦即爲教育上一主義。不過這勤勞教育，勞作教育，勞動教育等名稱，在形式上原可視爲同一種類的教育趨向，而其實質內容，可謂每因時代，地域及所主張的人的理想的不同，各有各的特色和差別，現在把牠歸結在勞作教育名稱之下，專就歐美各國，比較有教育系統可找的勞作教育思想，講個大略於下。

二、近代各派的勞作教育思想

剛才說近代勞作教育思想的發端，在於中世紀末，即十六世紀以後。從這個時期至於十八世紀的中間，在教育上可謂有兩大思潮的流行，就是十六七世紀的實科主義和十七八世紀的自然主義，通是在教育思想上占了很大的地位，其影響於教育實際上也很深刻而普遍；而這兩種教育思想，莫不以活動爲着眼點，所以這兩派的教育主張，對於教育實際的施行，通有提倡活動方面的訓練，故這兩派的教育思想，均可視爲與勞作教育有密切的關係，現在分別舉說其代表者，關於勞作教育的主張。

1.培根 Bacon(1561—1626)

培根是屬於實科主義的一派，是提倡科學研究的必要，排斥從前陷於抽象的空疎的學問，要從歸納的經驗的研究自然爲着眼。他雖不是教育的專家，但是本着這種主旨，對於教育亦有主張，他的教育主張，是着重實驗，着重感覺的訓練，所以有稱爲感覺的實科主義。

2.夸美紐司 Comenius(1592—1670)

夸氏爲屬於客觀自然主義的一派，對於教育，注重手的訓練，認手的訓練爲對於人類本質上的陶冶的一部分事業，是造就一個人的必要條件，所以於教科上提倡手的工作及園藝的活動，對於音樂，書法，圖畫等，亦特別着重。

3.洛克 Loche(1631—1704)

洛氏原爲屬於自由主義者，照自由主義的主旨，本不着重於身體的勞動，而洛氏却跟着時代的傾向，亦主張勞動的教育，尤注意身體的訓練，其論教育的目的，在於培養善良習慣，高尚情操，於社會爲有用的實行人物。故其於教科上亦認手的習練和園藝的活動爲不可缺。

4.盧梭 Rouseau(1712—1778)

盧梭是主觀自然主義的唱道者，他的思想，於勞作主義教育，更有明顯的關係了，他的對於教育，注重自然天性的開發，看他所著理想教育的愛彌兒 Emile：劃分教育的進行步驟，爲五個時期，即第一期注重感覺的教育；第二期注重知覺的教育；第三期注重判斷力的教育；第四期注重抽象的概念的知識的教育；而第五期則着重社會團體生活的訓練。由此可知氏所主張，教育的第一步，是要從感覺上訓練其基礎，感覺的訓練，要從活動中得來，所以有提倡農耕，兼習手指工藝等的說話，這就是要從勞作教育着手的意思。

5.汎愛派 Philanthropen 的教育主張

汎愛派是要把盧梭的教育思想，推行於實際教育上的一班人，像巴塞寶 Basedow (1723-1790)等，在其所創設的「汎愛學院」裏，實施關於轆轤細工，削法，指物細工等課程，提倡「直觀教育」

和「實物教授」，認手工圖畫於教育事實上，有重大的價值，這是最顯明的勞作教育主張，亦是更見具體的勞作教育復施。且這一派以勞作教育爲能動化，平民化的教育，要使社會達到平等化，民主化，自非在教育上提倡「勞作主義」或「自動主義」不可，就這一點觀察，更足見其所見的遠到了。

6. 裴司泰洛基 Pestalozzi(1746—1827)(瑞士人)

裴氏爲對於客觀的自然主義和主觀的自然主義兩派，作綜合的自然主義派，其關於勞作教育的思想，亦因此益見有整然的系統。氏的直觀教育原理，就是在教育上提倡自發的活動，諸能力的訓練以及於實際的生活中講究陶冶等理論，爲其最重要的根據。氏又根據上述理由，於西紀一七六八年在他自己所創立的新莊 Neuhof 一孤兒院裏，施行他對貧兒的教育。爲着要發展被教育者五官的知覺力起見，特列於課程中，添設裁縫，編布，園藝，耕作及紡織等科目，這是和當時普通的小學校不同之點。據氏的意思，以爲學校內的學習，應與勞作連成一起；而學校本身，更當和工場相結合，那麼教育的效果，一定更要增大。照氏的推測，倘能實施學校和工場相結合的教育法，將來的學科學習，其所需要的時間和氣力，必比現在可減省至十分之八九，這雖還是一種想像的話，但是在那時候，就有這樣的主張，也可說是具有獨到的眼光了。

7. 德國的斐希杼 Fichte(1762—1814)

希斐杼是有名的「國家教育」提倡者，彼當西紀一八〇六年，國軍爲法國拿坡崙所敗，國勢日促，因在這個危急的時候，立志改革教育，提醒國民，在一八〇七年至一八〇八年之間，彼有名的「告德意志國民書」：即以爲國家的危殆時，要借他力來救助，這是一種妄想；而自救的方法中，可認爲唯一的希望者，就只有改革全國的教育制度，來刷新全國民的生活。他的教育主張，也多採用裴司泰洛基的思想，尤注重勤勞教育；以實踐活動爲根本的善，懶惰爲根本的惡，教育的目的，即在養成具有善良意志的人物。

從這裏看來，勞作教育的提倡，要有兩種反對的原因，特地於此帶便的解說一下，就是(一)上面所說的大體因爲科學進步，產業發達，社會亦因此發展，有需要於筋肉的勞動，技能的練達；此西洋各國所以自十六世紀以來，跟着社會文化的邁進，而勞作教育，也應必要而產生，而且隨時益見主張盡力，這是勞作教育，在發達社會中，有其需要的一原因。反之，(二)像這裏所說，德國當國力衰退，民氣不振的時候，有斐希杼出來，竭力提倡關於勞作的教育，且認提倡勞作爲救國的根本方策。又如最近我們中國，也因內憂外患的交迫，國力的日就凋敝，而教育界中也在提倡勞作教育，其意當以勞作教育爲培本的教育，民族自強的教育。由此可知，勞作教育是具有人生教育上普遍的需要性，所以今日世界各國，其國情無論或強或弱或貧或富，均莫不很熱烈地在着提倡勞作教育。資本主義的國家，像英、美、德、法、意、日各國，均在提倡勞作教育，而社會主義的國家，像俄羅斯，也在提倡勞作教育，以工業立國的國家，固有需要於勞作的教育；而以農業立國家，也莫不需要勞作的教育，這是有現前事實可以作證，用不着再來說明。只不過這裏斐氏所提倡的勞作教育，是有一個特徵，是我們最不可忽略過去的，就是因爲他是爲着振作民氣，培養國力來提倡勞作的關係，所以他提倡勞作，是着重於在勞作上訓練精神；以勞作來鍛鍊意志，故認勞作爲衆善的根基；怠惰爲萬惡的起源，這是他的哲學人生觀，也就是他的出發點，這一點在現在還很可以給我們中國做一個參考，這裏再把他的教育要旨，舉出幾點。就是

一、培養勞動的習慣。

二、鍛鍊耐苦的心身。

三、養成自立的精神。

四、培植愛國的情操。

按氏的意思，要在勞作上打定教育的基礎，免得再陷於從前機械的教育；歸結句話：要使身體的勞作和精神或腦筋的勞作，兩相並重，就是要實行手腦並用的教育，使教育成爲完滿而有機的活動，才會造成國家裏完全而有用的國民。這種教育主張，因爲最適於那時候德國的需要，所以能發生很大的影響，結果，竟會使德國轉危爲安，轉弱爲強；斐氏的功勞，固然不小，而教育的力量，也覺得有不可以輕視的了。

7. 福祿培 Frobel(1782—1852)

福氏為幼稚園教育的發明者，想各位都很曉得，他著有「人類的教育」"Die Menschenerjiehung"一書，闡發他的教育思想，他以為『從前的教育，是太機械的了，而不是合乎「人的教育」，我們應該提倡「人的教育」，即推行自動活動的教育，一切要由被教育者內部的發展。』他對於勞作教育，更有深切的主張，『兒童最初的發表，要靠力的作用，我們從作業或實地產業上的活動來考察，就可以明瞭這中間是具有天賦的靈明不斷的創造力和生產力。』再具體的舉說他對於勞作教育的有力主張：『(一)教育活動的所依據，要在兒童的本能的衝動的活動中求之，所以遊戲教育是最要注重的。(二)學校的職務，就在共同的互助的生活中施教育。(三)個人的傾向及活動力，要在共同的活動中求表現求伸展。』所以他又說：『一個人要使發展成為完滿的人格者，須使他的能力能夠向外發展，才可以成功，像學校裏的圖畫手工等科目，屬於構成的作業，使各人的能力，會因此有所表現，而且因有成果的關係，還會使作業者發生興趣，藉以發展其能力。』這就是他說明勞作教育上最具有意義的主要點。

三、現代各派的勞作教育思想及勞作教育設施

現代對於勞作教育，提倡最力而且被稱為勞作主義教育家的有名者，當推美之杜威和德之凱爾善斯泰納 Kerscheusteiuer 兩個人，這兩人的勞作教育思想，原有相互的關係，但其趨向却各有不同的地方。

1.杜威 Dewey(1859—)

杜威是實用主義 Pragmatism 的哲學派，在教育上可說是社會的教育學派，他對於勞作的教育主張，就以爲『教育不專靠學習(狹義的)，無論於遊戲，於使用什物，或對於建築物，或接近自然物，或有所發表乃至其他種種活動，其活動的形態，雖各有不同，而均含有教育的意義，或賦予以教育的作用。』又說：『學校非單使兒童止於耳聽目視，尤要使成爲兒童自己活動的場所。』又說：『學校是使兒童學習對於生活，成有意義的場所。』又說：『學校主要的任務，在協動，共動，互助的生活中，指導兒童。』因此，氏的教育主張，也採裴司泰洛基的意見，要學校和工場連合，使兒童學習生活時，對於社會制度，產業過程，均要得相當的經驗和了解；所以氏的意思：就認「作爲」卽是「學習」；「生活」卽是「教育」；「學校」卽是「社會」。於此可知氏所主張的實用，還以社會生活及社會的道德爲重，非像狹義的功利主義派，專着眼於個人的利害問題，這是要特別注意的。

2.葛雷式 Garysystem學校的勞作教育

杜威的門徒，有衛爾脫 (wirt) 者，要把杜威的實用主義澈底的推行，具體的實現，就於一九〇六年，在美之印迪阿納(Indiana)州的葛雷(Gary)市，創設一新理想的學校。這學校的特色，就是(一)學校教育，着重於社會的陶冶；(二)學校生活，務課與社會生活發生密切的關聯和接近。這個學校的設施，無非要達到眞的社會化(Socialnization)。彼指出兒童個別發展上所不可缺的三個要件，就是(一)勤勞作業，(二)學科學習，(三)運動遊戲；要使這三方面的活動，統合起來，有以發展兒童的身心，造成有機的有條理的社會環境，來改變機械的而且陷於孤立狀態的舊式學校生活，使兒童能於其間享受眞自由眞自治的共同社會生活。

歸結起來，這種學校的設施，有數個要點可舉：就是

(一)要使學校達到眞正的社會化——這社會不是即指現前的社會，乃是比現前爲進步的，爲具有理想的社會——務必延長兒童在校的時間，減少有妨礙這社會化的環境。

(二)社會有工場的設施，學校內亦應該具備有作業場，使兒童有充分練習現代職業的機會；要知學校非職業的預備所，而是理想生活，進步生活的實驗場。

(三)學校事務，務由兒童參加處理。

(四)注重精神的統一，爲達到社會化的主要目的，特設大禮堂，便作集合的訓練。

(五)對於學科的學習，亦應用社會化的方法，施行種種動的學習。

這是學校經營上最新式的而且最注重勞作的教育設施，由此產生美國最近所流行的「設計教學法」The Project Method of Teaching 。這設計教學法，也可說是對於動的教育亦即勞作教育，在方法上加求其完善所按出的一種教育考矣。

3. 凱爾欣斯泰奈 Kerschensteiver(1854—1932)

凱氏是個德國首倡勞作主義教育的名教育家，前面曾經提起過。氏的思想，有一部分是採取杜威的教育學說，這很可於他的立論上觀察得出來。凱氏本來是提倡公民教育的一個人，但是他的公民教育的立脚點，就在勞作教育上做功夫；這是什麼理由呢？因爲公民教育，是以普遍地培養現實社會上健全而有活動能力的國民爲目標，所以連帶地要提倡「補習教育」，即所謂公民補習教育。氏在補習教育上面，竭力提倡勞作教育，並且特設「勞作學校」，要對從前的專重學習的校校，表示出一個特色，結果，還要在勞作上發揮他的所謂「公民教育」的根本精神，他以爲公民教育的學校也就是勞作教育的學校，兩者並沒有什麼分別，直可說：離開「勞作教育」，不能言「公民教育」，更不能言「補習教育」這個連環的關係，好像上面所舉斐希梯的提倡「國民教育」，要同時提倡勞作的一樣情形；只是氏的勞作教育思想，當然有氏的特別見地，現在約略的把牠介紹一些。

凱氏認勤勞作業爲陶冶品性的要素，欲養成良好的公民，非在勞作中陶冶不爲功；勞作是根據自然的衝動性，由這裏訓練使令伸張開展，會發揮兒童自己的創作力，氏對於勞作教育的實施方針有三個步驟，可於他的所謂「公民教育的任務」裏面看出：(一)公民教育的第一任務，是啓發兒童的能力，使成爲勤勞化，同時加以職業的陶冶，以樹立其職業活動的根基，這里第一步的工作；(二)公民教育的第二任務：是要更進一步，養成兒童對於勤勞及職業，當做自己的一個最大職務，發爲義務觀念，有非從此盡力不可的一種習慣，這是第二個步驟：(三)公民教育的第三任務：這是公民教育的最高任務，就是要使兒童們，各自應其能力職分所能盡的地方，對於國家團體，自知互相結托，有以促進國家社會前途的發達，實現道德的公民團體，這是第三個步驟。固然公民教育的實施，並不是很呆板的分明這三個步驟，但是這三個所着重的方面，自有程度的不同，當然要有施行的秩序，而且這個訓練程序，和現在普通教育上所流行的先着重一般的陶冶（公民知識），後從事職業的陶冶，其順序竟互相倒置，這是很足叫我們注意的一件事。照這個見地看來，勞作的究竟目的在於品性的陶冶，故氏曾說『勞作不應視作僅限於手的業務，尤重在德性的訓練，進一步的就可說「勞作就是品性」，因爲一個人若不能發揮他對於產業上或經濟上的能力時，這就談不到道德的能力了』。氏的這種主張，因爲以職業陶冶爲着手，所以對於手的勞作，仍很看重，而且視爲基礎的訓練；他的勞作學校裏，特別注重手的活動的功課，也無非爲着這個原因：然因此關係，也往往使人誤會，德之人格教育學派林得 Linde ，曾經批評說：『以手業活動爲勞作教育的根據，使令人單從手的活動上着重，是不對的；人的活動應從全部着眼，要整個的發揮勞作精神，才可免了偏重的弊病。』

4. 賴依 Lay（1862— ）

賴氏是德之巴登(Baden)人，屬於實驗教育學或活動主義的教育學派，他雖主張在教育上要着重勞作，但他的着眼點，適和凱氏不同。他以為『一切筋肉感覺，於心意發達上有重大的關係，故對於學習一切的學科，通要訴之於直觀，實驗及發表等等的活動，方可使心意得完全的發達。』這是和上面林得氏所主張，有點相似，而和凱氏的着眼點却立相反的地位，就成為德國勞作教育上的兩大派別，可見同是一個國裏面，對於勞作教育的主張，各有不同的所在，也各有各的長處和短處，現在也來不住作過細的討論。

5.希普蘭額 Spanger(1882—)

希氏是德國現代的文化教育學派，他的近著「文化和教育」當中，有關於陶冶的新主張，他認職業陶冶，為一切陶冶的先導，這一點似有和凱爾欣司泰奈的所見相同的地方，但氏再把陶冶的體系另外改訂，他的陶冶體系：(一)基礎陶冶——就是關於鄉土(Heimat)的知識和經驗；(二)職業陶冶；(三)一般陶冶。他在文化教育的觀點上，提倡勞作為共同社會生存之必要條件；對於勤勞，主張要有組織的；對於職業，認定為是產生於有組織的社會，換句話說：無組織的勤勞，即不成其意義；無組織的社會，就不會有眞正的職業。就這兩點的意旨來看，最近德國新興的「共同社會學校」(Gemeinshaftsschule)，也可說是從這裏出發。希氏的勞作教育思想，主張多方面的活動—全部的活動，不拘束於一部分的科目，是和上面舉說過的林得氏和賴依氏的主見，也有相同之處，而其目標；在造成文化事業，創立文化價值的勞作，這是他的特點。

6. 共同社會學校（Gemeishaftsschule）

這是一九二一年德國柏林視學官柏爾然氏對漢堡市所計劃創立的一種新興學校，上面已經把這個校名提起過的。這種學校的主旨，是以共同的生活，培養共同組織的能力，共同勞作的習慣；各盡所能，各展所長，造成社會文化事業，消除階級觀念，打破共同難局，藉以建設社會人數的眞幸福，這種學校對於勞作教育的設施，注重綜合性質的作業，不僅以一學科的作業爲限；而且要兒童和兒童，教師和兒童，乃至兒童的兩親，均可加入，實施協動的勞作，使學校成爲作業的場所，也可說是作業的社會，兒童們可由這個作業，逐漸地理解鄉土及國家的經濟生產之過程，，並且因此可發見社會文化的精神，即欲兒童於實地體驗中了解社會的精神。和這個意義相近的，在歐洲最近有所謂「田園學塾」的提倡推行，就在農村設立一種着重家庭式的農業實習學校，牠的組織，雖然不盡和共同社會學校一致，而其精神却很有相通之處，足成爲歐洲兩種新興學校的對手，這裏因時間關係，不能分別的把牠舉說，作一個仔細的比較。日本近來也有所謂新學校的種種組織，考其內容，大體以施行種種勞作教育爲其目標，這當然是時勢的趨向使然，內中有名「田島體驗學校」是入澤宗壽氏所主倡試驗的一只學校，這校以體驗兩個字爲學校的標號（田島是地名），也就可以明白牠的着意所在了。據入澤氏的報告：這樣的教育方針，要在體驗上求培養思考，在體驗上求陶冶概念，以體驗爲知情意合一的全人活動，其教育活動即以體驗爲出發點，亦以體驗爲歸着點。體驗的先決條件，存於教學的活氣和學生自動活動，所以對於作業的方法和遊戲的方法，特別講究：同時於體驗中找出意義和價值，體驗當然爲有意義有目的的活動，而且要傾向於具有全體性的生活，有以創造社會的文化，成立全文化的教育，這是體驗學校的究竟目的。據氏著的『文化教育與體驗教育』照這樣看來，體驗教育的思想，也有一部分和希普蘭額氏及共同社會學校等的宗旨相合，所以帶便的於這裏提及。

7.格龍維 Grundtvig(1783—1872)

格氏是一個用教育倡丹麥國復興的先覺者；也是一個復興丹麥國的實行家。他的勞作教育主張的產生，正猶前述斐希杼之當德國瀕於危殆的時候，出來提倡國民教育，而以勞作訓練爲主眼的，成爲一樣的局面。他因爲眼見他的丹麥國家，當着一八〇七年的前後，被強隣英、德、法各國的播弄壓迫，民氣怎樣的衰頹，國勢怎樣的凌危，因此也要着眼於「教育的改革」，視當時的教育爲太空疏，太固板，太離開實際的生活，他要就其國情，鼓吹在農業勞動中，提高農村文化。據他的教育要旨：(一)培養勞作的信仰；(二)成就勞作的習慣；(三)訓練協同勞動的生活；(四)煥發民族的精神。所以他所考案的國民高等學校，是要本着這個主旨，來訓練農村的青年，培養國民的中堅分子，循此，小學的教育，當然也會受其不少的影響。氏的教育理想，雖未及身見其有很大的實現，而在現時，不僅丹麥全國已推行普及，並且見其救國的實效，即歐洲諸國乃至日本，也均要步其後塵，各就其國，提倡推行。像氏的不拘學校形式而着重於家庭式的共同生活活動的一種勞作教育主張，連上面提起過的歐戰後所產生的「田園教育塾」，也不能說沒有受他的影響。

8.新俄的勞働學校教育

新俄的教育，近年來國內介紹的很多，這裏也沒有時間，再來解說，現在姑且把他們所施行普通教育的機關——統一勞動學校的教育精神，約略地舉出幾點，也很可見得他們所提倡的勞作教育了。(一)兒童非家庭的所私有，應爲國家所公有，故教育兒童，要使在國家中，能經營其創造的活動；(二)活動的本質，要依照環境的內容而决定，(三)教育要和勞動相結合，使知識成爲活的知識，而勞動的效率也會因此提高，根據這個理由，他的教育設施：(一)學校內設實習工場或實驗室；(二)教員要具有會學兒童或和兒童共學的素養；(三)對於訓練兒童的勞動，要取能動的，活動的作業方法。這勞動學校的目的，並非專門造成其國民通做狹義的勞動者，尤在培養人人能從勞動中明白了解其義務所在的眞切觀念，故他們的憲法當中，『有不能勞動，即不能得食。』的句子，可知他們的教育，就是跟着這個主旨來的，像最近德國的憲法當中，也有勞作教育的明文規定，此固因爲教育成爲國家教育的關係，然亦不難從此看出勞作教育的新精神。

四、結論

上面所述，關於勞作教育的「縱的考察」，總算約略的敘說過一番而其中也夾雜有一點「橫的考察」在內，只是因時間關係，並未有充分的豫備，實在是拉雜粗淺得很，現在要把牠歸結起來，作個結論。

「勞作教育」或勞作學校（Arbeitschule）這個名詞，雖是經現代德國凱爾欣司泰奈氏的提倡後，才見出現，而其事實，早已流行於各時代的教育裏面，本不必當做教育上的新名詞看待；但是勞作教育的本身，是因時，因地以及因人的關係，有種種派別的不同，上面大略說起，卻沒時間再來分析，現在就歷來的各教育學派中，和勞作教育最有關係的隨便舉出數派於下，也可作個參考：

一、自然主義的教育學派——如盧梭，裴司泰洛基，福祿培等，無論其屬於主觀派或客觀派或綜合派，因為自然是生動的，所以要注重勞作，當然要和勞作教育密切關係。

二、開發心理主義的教育學派——如德國之提斯忒威等，是主自動的開發人的天性，所以和勞作教理，會發生關係。

三、實利或實用主義的教育學派——如培根及現代之杜威等，均重實驗教育，養成於社會有用之人，所以與勞作教育不能離開。

四、行爲主義或主情意主義的教育學派——這一派是反對主知主義的以抽象的傳授死知識爲目的者，當然要在勞作教育上做功夫。

五、生命活動主義的教育學派——因生命的本身是活動的，生命的伸展發達，更非靠活動不可，所以這一派是提倡勞作的。

六、人格主義或文化主義的教育學派——這兩派通要在建設人格或建設文化上做功夫，像德之林特，希普蘭額諸人，對於勞作教育，均甚提倡，已見於上。

七、社會主義教育學派——這是反對偏狹個人主義的學派，要培養爲公盡責的人，所以定要提倡勞作。

八、國家主義教育學派——這一派和文化主義，也很有關係，像斐希梯，格龍維的提倡着重國民或民族的教育，凱爾欣司泰納的提倡公民教育，幾莫不以勞作教育爲重。

勞作教育，雖和上舉的各派，均有相當的關係，而其實質，當然未能一一相同，然最近對於勞作教育的一般傾向，要亦有幾點可舉。

(一)施行勞作教育，是趨重多方面——即有全體性全生活的活動，不限於一二特設的學科。

(二)施行勞作教育，漸注重於統一活動的精神，要使成爲組織有連絡亦即有機的活動，非亂七八糟的機械式的活動。

(三)施行勞作教育，着重於內外一致的活動，要使成為知行合一，手腦並用，亦即心身關連而透徹的活動。

(四)施行勞作教育，傾向於共同社會的活動，亦即集團勞動的活動。

(五)施行勞作教育，益知以現在環境為基礎以兒童能力為準則，因地制宜，由近及遠，由簡單而複雜，切實進行，鄭重將事；所以近來拿新見地來提倡新鄉土主義的教育，一面對於兒童本身的研究以及身體的訓練，能率的促進，亦益加深切周密，無非為着這個原因。

民國二十一年十二月二十四日

小學勞作教育與職業教育問題

楊衞玉

勞作教育之討論，可說是中國教育界最新的一種運動。浙省杭州市各小學勞作教育之成績很有可觀。我記得今年五月間，曾經來到杭州高級中學參觀杭市小學勞作科展覽會，作品之多，琳瑯滿目，此足見杭市小學教育界同仁，對於勞作教育之研究有素，因此成績斐然。今天兄弟到此同諸位討論勞作教育，未免班門弄斧，因爲我向非研究勞作教育者，職業教育雖稍有經驗，亦很淺薄，勉應章校長之邀，祇得做些搭題文章，恐怕不易交卷吧？現在將個人所體會到的來和諸位商榷一下。

在未討論職業教育與勞作教育關係之前，須先述勞作教育之歷史和背境；方才張善伯先生說在德，俄，瑞士等國，已十分注意，但是勞作教育何時開始，何以如此重視，風靡各國呢？蓋自歐戰以後，德國受戰爭之創傷綦重，以致國內生產低落，經濟窘迫，不堪言狀。教育界及其他關心社會人物，深覺以前教育，不足以應付目前環境。將知識教育與專門勞心之教育，改爲運動筋肉之勞作教育。因此歐戰之後，德國所謂勤勞學校，如雨後春筍地勃起，此德國勞作教育之所由興也。俄自革命後，以「勞働神聖」標榜世界，欲普及其赤色帝國主義，故特注重生產。蓋使生產發達後，則國勢堅強，然後足以從事於主義之宣揚。俄既存此野心，而欲努力於生產事業，於是將以前教育，力謀改革，勞作教育，遂盛極一時。所謂勞働小學，亦逐漸充實，在校內並附設大工廠及大工場。俄國對於小學勞作教育之重視，得未曾有。由此觀之，小學勞作教育起於歐戰之後，德俄盛行於前，而他國仿効於後。蓋目今經濟恐慌，爲世界各國之普遍現象，如欲挽此厄運，非提倡勞作教育增加生產力不行。吾國連年天災人禍，窮迫尤甚，當然不能例外。而小學勞作教育之呼聲以起，且逐漸施諸實行，蓋時代使之然也。其次吾人再來尋討勞作教育之意義。

勞作教育有三種意義(1)將知識本位之教育改爲行爲本位之教育：吾人從前稱求學爲讀書，過於偏重記號，幾於除記憶符號外，無復有其他教育。近來雖有改變讀書方向，但是仍舊重視知識而不重行爲，雖然學校教育亦有涉及行爲之處，如品性之陶冶，技能之訓練，故課程內列有公民修身圖畫手工，及其他課外作業，表面上雖未嘗不可稱之爲行爲教育，但其出發點仍基於知識，即將知識做範圍用來講行爲，行爲始終跳不出知識的墻圍，勞作教育就是來打破此種書本教育而注重生產的行爲的教育。

(2)從前教育爲教材本位活動教育非兒童本位活動教育　我國小學教育近幾年來雖極努力，但是努力之對象，爲教材及教學方面，小學教育家多竭其精力於此則詳爲研究，然鮮有注意於兒童活動者。卽或少有研究，然遠不如研討教材教法之熱烈。勞作教育則注重兒童活動，將教材本位之教育，一改而爲兒童活動本位之教育。

(3)個人生活本位擴爲國家社會生活本位　從前教育着重個人生活，「教育卽生活」一語，一般教育界奉爲金科玉律，已習爲口頭禪矣。然所謂教育卽生活者，考其實際不過顧及個人之生活耳，吾人試一檢以前中華民國之教育宗旨在小學教育之細則中有稱「授兒童日常生活之需要知識與技能」此其重個人生活至爲明顯。無論知識之傳授，及技能之訓練，都以個人應付其環境爲本位，故可稱之謂個人生活本位之教育。勞作教育是從個人生活擴大起來而爲國家及社會生活本會之教育。勞作教育創始於德俄，其唯一之意義及價值無非幫助國家社會生產，應付經濟末落及恐慌之社會。從前小學中果然有關於勞作之功課如手工，圖畫，園藝，及女學校之家事等，然其意義偏狹，不過訓練個人生活，使有應付能力而已，不能說生產，生產之含義尙有供給他人生活與他人合作生活之含義在內，勞作教育着眼在生產，使勞動有結果，使勞動能裨益於國家社會，故以前之教育爲個人本位之教育，而勞作教育以國家社會爲本位之教育。

勞作教育之意義，兄弟旣略有申述。其次再討論職業教育之起源及意義。職業教育發軔於十七世紀及十八世紀之間。蓋自工業革命以後，人都鑒於手工業及家庭工業不能競爭於世，因手工業及家庭工業之失敗，而徒弟制度因此亦不能存在。手工業及家庭工業大都師徒授受其技藝與方法，此係一人傳一人者也。迨工業革命後，手工業已淘汰。工業上重機械之管理與運用，一個偌大之工廠管理機械者，固須有技能，而工作之小工人，則手藝甚簡單，無須師徒傳授，同時徒弟制，係個別之傳授，一人不能教授多人，於是職業教育代之而興。此職業教育之所由興起，跡其背景，恰與勞作教育相同，勞作教育爲經濟之恐慌而產生，而職業教育亦由于世界經濟狀況之改變而誕育。

職業教育之意義可分三點言之：

(一)使人依其個性獲得生活之供給和樂趣　職業教育之主旨，在使個人依其本人之個性，獲得謀生之職業，藉以維持個人之生活，且得着工作之樂趣。在未施行職業教育之時，各人所就之職業，多不合個性，有人個性宜農，而偏經商；有人個性宜工，而偏從事於農。所業既不切合個性，故鎮日工作其間，絲毫不覺其樂趣。諺云『吃一行怨一行』按諸社會實情確係如此。作教師者怨爲教師，而作商人者怨爲商人，以爲學校教師有暑假寒假及星期例假休閒之時頗多，吾儕商人則終歲不越闤闠一步，勞頓如此！此種『吃一行怨一行』之情形，實因對於職業之本身，不能感覺其樂趣所致。否則，既樂其業，卽無論如何勞瘁，不致怨尤。此於職業教育之未嘗施行，而就業時不合個性所致也。

(二)爲個人謀生又爲社會服務　此點當特別注意，職業教育初行時，人多懷疑。尤其是中國一般人多目職業教育爲功利主義，非文化教育，甚或稱之謂吃飯教育。非但中國若是，卽美德提倡職業教育之先進國家，教育界之一般議論，亦分爲文化與職業二種教育，壁壘森嚴。主職業教育者，以爲其他一般教育，不切實用，不足以救濟社會之貧乏。而主文化教育者，以爲職業教育，非文化教育，功利心太熱，然職業教育之眞義，並不是專在吃飯；吾人統觀歐美各教育名流，如羅素杜威孟祿桑戴克等，彼等對於職業教育之見地，都以爲職業教育有二個重要含義一是爲己謀生，一是爲羣服務。世人多以爲尋找職業，無非是爲己謀生，故目講求職教者，亦系造就爲己謀生之人也。其實此甚小覷職業教育，蓋職業教育不但在爲己謀生祇能爲己謀生，不能算做職業。譬如社會上達官顯宦之子孫，襲父祖之餘蔭，安處於廣厦之中，錦衣肉食，日無所事，只須少爲經紀家務，而生活固已解決，然吾人不能稱之謂有職業之人。由此可知所謂職業，不但爲己謀生，且能爲羣服務。所謂職業，均系平等，無階級之分，惟視其是否含有眞正職業之意味與否而已。如一黃包車夫，伊在職業上之地位，實與銀行經理平等，何則。蓋黃包車夫出其勞力，目的在爲己謀生，以維溫飽，然一方確能爲人服務。如杭州無公共汽車，若所謂黃包車夫齊約罷工，則行人徒覺不便，蓋黃包車夫之職業，亦有利於社會人士之交通者也。故黃包車夫合於職業上二個重要原則，確爲一正當職業，雖其報酬與銀行經理厚薄之不同，然此係於能力之高低業務上之重要與否在職業地位上言，則大家平等者也。

（二）增進社會國家生產力 以前之教育消費多而生產少，而且又是空泛不切實用。職業教育即生產教育在使人能依其個性選擇職業，期其終身樂業，爲社會生產之能力更強大。故職業教育，實含有增進國家生產力之意義，此吾人所當認識者也。

勞作及職業之二個意義，既已了然；然後知勞作教育與職業教育實一而二，二而一者也，不過勞作教育之範圍較小，而職業教育之範圍較大，職業教育除包括勞作而外，有其他豐富之國家社會意味存于其間也。

勞作教育與職業教育之含義，我已約略的申述過，有許多相同之點，可以找出幾個共同的目標！(1)智識的教育代以行爲的或兼有行爲的教育(2)靜的教育改爲動的教育(3)不生產的變爲生產的教育(4)從個人生活擴大到國家生產。這四項目標，可說是教育界一般的說法。不過第一項知識代行爲的「代」字，鄙意以爲不甚妥當；因爲勞作教育及職業教育，也是需要知識，不過牠的知識，是應用在行爲上的知識，於行爲方面稍有偏重而已。我想以「代」字改爲「注重」或「兼有」，似較妥當。但這是我個人的意思，還須就正於各位教育家的。

從前的教育，我們雖不能說牠完全是靜的，但是靜的總比動的方面來得多，「寒窗十年」就能博得人家的稱美，不管他「閉戶造車」不適於用。勞作教育就是想把這種不活動或活動不多的教育，改進到多方活動的教育。

自有教育以來，就是以個人的生活為本位，而且偏於勞心—知識的教育—勞作教育是將個人生活擴大為社會國家的生產。所以牠要使勞心勞力的教育，打成一片。換句話說，就是把知識的活動與筋肉的活動連結起來，在使勞心上勞力，勞力上勞心。此種教育主張，我國的孟子上早也說着：『天將降大任於是人也，必先勞其筋骨，餓其體膚，困乏其身』細味其言，似於勞心勞力應該混合可是後來的統治階級，牽強附會，說勞心者治人，勞力者治於人，遂有今日不勞而獲之不良心理，此與本題無關，可不深究；總之勞心與勞力，在教育上應該打成一片，這也是勞教與職教共同目標。

以上是勞教與職教普通的意義和關係。

其次我要申述小學施行勞教與職教的問題　從前一般人對於小學施行勞教或職教都極懷疑，他們以為：

1.小學教育意義很廣，同時我們對于兒童將來的希望很大，所以牠負的責任也比較重。換句話說，牠是國民一般的教育，不應以偏狹的勞教或職教來替代多方面的基本的教育。

2.兒童體力不應當有過分的勞動　他們以為勞教職教的施行，總要使人們費多量的體力；兒童年少力薄，在生理上言不應有過分勞作。

3.兒童不感覺有職業興趣與需要　以為兒童時期的生活，一切日常問題，都有父兄替他解決，饑則得食，寒則得衣，不必自己來謀畫打算，根本他們不知道所謂職業。因爲沒有需要，當然不感覺與趣。所以兒童不是社會直接生產者，要強施勞教與職教，是違反兒童心理。

上述三種意見，是反對小學實施勞作教育或職業教育的理由：現在我要分別加以解釋。

第一，小學施行勞教或職教，不是替代整個的小學教育，乃是培養兒童有勞動的興趣和習慣，而且對於職業有尊重的態度，不是授以直接的生產技能。在使不知不覺之中，養成他有勞動的習慣，使「勞動神聖」的概念，先貫注於他們的腦海中，職業教育中所謂「職業陶冶」就是這個意思。

上次我講俄德的小學裏，都有職業的性質，同時施以生產的技能，吾國是產業落後的國家，爲什麼反不主張直接生產呢？這是因爲俄德的小學教育，有八九年之長，同時設備完善，環境優良，當非吾國的義務教育所能相提並論。否則，就要以多量的代價，換得少量的生產，得不足以償失。那末，與職教勞教的意義，適相剌謬。所以我主張校具教具不必自己製造，只要在損壞的時候，能夠加以修理，減少消費，就是增加生產。餘如抹桌，掃地，揩玻璃等，也有同樣的意義，儘可施行。總括的說，小學施行勞作教育的目的，在求(一)陶冶勞動興趣(二)養成尊重職業的態度(三)減少消費。

第二，兒童的心理，雖沒有感覺職業的需要，但是他有天賦的好動本能。這種本能，教育者當因勢利導，使傾向於職業的陶冶，譬如我家裏的五六歲的小孩，男的喜玩弄小斧或槌子，東敲西釘。女的常在自來水龍頭上，信手洗滌，或編結衣物，此種自然好動的趨向，都含有職業的意味，足徵職業陶冶，決非違背兒童心理。

第三，兒童不應有過分勞動，我也這樣主張，事屬當然。但勞作教育的施行，斷非如工場商店的學徒，強迫勞作。原來各國都有職業年齡的規定，美國為十三歲，限制在十三歲以後，才可有職業的訓練。所以小學裏，不是授以生產的技術，直接使其生產，是一種「職業陶冶」培養其職業興趣而已。其與教育原理並無抵觸。

勞教與職教在實施上，學校應有何種設施，也須研究的問題。實施的方法，應注意下列幾點。

(一)教育生活化　(1)養成兒童有勞動和服務的習慣——兒童是將來的青年，服務習慣之養成，極為重要，如掃地，洒水，抹桌，揩黑板，倒痰盂，等工作，都是學校的日常生活，可命兒童輪流擔任，先期養成。(2)授以生活技能的概念——生活技能的授受，固然不能實施於我國的小學教育，但是生活技能概念之獲得，既是必要而且是可能的。(3)指導擇業就業的途徑及畢業後服務社會的準備，這種專門的職業指導，小學教育似乎可不必有，但日本一般小學，都很注重此點。吾國是生產落後的國家，當然同時有注意及此的必要。而且調查我國小學畢業生，升學者少，就業者多。在事實上已有此需要。所以在小學高年級裏，指導其就業的途徑，以爲其服務社會的準備，豈能忽視？(4)從事勞動的鍛鍊以造成健康的體格 勞作教育可以鍛練兒童的體格，臻於健康的境地。這種可能性之強大，是無庸申述。吾國是「東亞病夫」國家，在此國難當頭，注意兒童體格，提倡健康教育，尤不能漠視。據最近上海醫師對於上海青年男女學生疾病種類的調查，最多犯的病症是(一)性神經衰弱（二）痧眼(三)神經病影響到肺痨的初期。上海如此，附近的杭市，想來也不很差異。所以中小學校，應提倡各個的標準運動，使每個學生都有齊一的鍛練體格的機會。頹廢的文學，浪漫的小說，足以麻醉青年的心靈，斲喪體魄，我們要絕對的屏除。我們看鄉村中人是多麼的健康，就是因爲有天然的修養，無有意之斲喪，在座的青年男女，也請注意及此。(5)認定正確的人生觀「勞工神聖」 使他們認識勞動是神聖的；對於操勞的苦工，不至加以鄙視，而且有相當尊重。胼手抵足，是可敬佩的工作，安富尊榮者未必是對社會有利的。使有此種正確人生觀之樹立與認定。

(十二)學校社會化 (1)使兒童認識社會的職業 從前的教育，多是不切實際，所謂惝恍迷離，學非所用，用非所學，專科的畢業生不能從事實際工作的比比皆是。現在社會文明，日新月異；職業種類，多至六百有奇，學校社會尤其不能不打成一片——學校社會化，使兒童瞭解社會一般的狀況。⑵培養服務社會的興趣和努力　現在的社會服務者，對於所事，多半不發生什麽興趣，因此努力于職務者，寥若晨星。服務效率從此減低，這果然由於職業不合個性所致，但沒有服務的興趣，也是主要原因之一。假使你認定服務是有興味的事，那末只有失業是痛苦了。所以培養職業興趣的重要，是毋庸諱說，而最好的培養期，當然是兒童時代。一經養成，終身不易變節的。⑶養成互助合作精神　從前人做工，多是各管各的，現在機器發達，有許多事物，非共同合作不可。爲適合經濟合理化的原則，尤須分工合作。從前小學裏的圖畫，手工，也是各不相謀，不能養成互助合作的精神。勞作科一面是陶冶兒童的興趣，一面也是要使他在共同工作時養成合作的精神。

小學施行勞作教育，務須依照學校的環境，加以相當設備。如農村社會之環境，就重農事勞作；工商業發達之都市，就用工商的勞作，這不是主張偏頗的教育，乃是因地制宜，適應環境，而求實際的需要。主客之分，權宜之變，言教育者，自亦不能忽略。

末了，我想談談今後施行勞教應注意的兩點：

第一，我們不一定要有豐富的設備，也可注重勞作教育之施行，要在可能範圍內，求努力的相當成效，使他的有勞作精神交不必要有商品化的產物，第二，我們要認清勞教之目標在養成對於勞作或職業有興趣有習慣的人，而不是授以直接的生產教育。

我的淺薄見解大概如此，希望在座諸君有忠實的批判，社會人士也有相當的指正。這是兄弟所深盼的。

小學勞作教育與教育行政

熊翥高

兄弟到此地來，得有機會同諸位討論小學勞作教育，在我個人可以算是一件榮幸的事情。方才主席張先生的介紹，實在名過其實，愧不敢當。

我記得杭市各小學，在今年四月間曾經舉行一次工作科成績展覽會，作品很多，成績很好。這可見小學教育界的同人，對於勞作教育已有深切的研究。現在我想把勞作教育與教育行政的關係，約略地談談。在未講正題以前，先來談些拉雜的話。

現在中國政治的不上軌道，社會的不景氣，可說是已達極度！內患外侮，交迫而來。於是有一般民衆，批評政府的施政失當，政府也深怪民衆不能協助政府，交相責難。同時，就牽連地怪到過去教育的失敗，以爲教育不能生產，造就的人才多是消費，於國家社會無所補益而不安定。於是想極力提倡職業教育，生產教育，以謀改革。一般教育家，研究討論，也是不遺餘力。可是社會問題，是涉及於多方面的，決不是一個單純的問題。況且教育須依附國家的各種行政。在一個陳腐的社會狀況，貧亂的政治設施之下，要想產生一種勇往邁進，勤奮有爲的教育；效果好像

「緣木求魚，」終是不可得的。現在中國的中小學畢業生，固然多消費者，不能做農工的事業；就是工商學校出身者，也多不能用其所學，常有來到教育界混飯的，社會上隨有人批評整個教育以爲學校，辦理不善的緣故，所以學生不能以學爲用。但是再把歐美遊學歸來的專門大才看看，就其所學的範圍，在社會上發展其所學的有多少？就可知道這種批評的不是或不盡是。因爲實業的衰落，社會的混亂，在在足以影響教育的效果。教育效果的實現，當然不是牠本身單純的問題。在這種錯綜複雜的情況之下，我們要改進教育，應認清目標，不可隨聲附和才是。改進勞作教育，不過教育上一個改進問題，並不是一般希望的醫教育無效果病的整個藥方。勞作教育確是教育上最近的一種革新設施；從前的教育以爲用腦的，可以不用手；用手的可以不用腦，養成一種偏頗不健全的人。勞作教育，一反斯義，主張手腦並用，以顯著教育的功能。另一方面，又可以附帶解決一部分生產問題。可是一般人對於該科的設施，有一個常要犯的大缺點：只知注意於作品的成功，而不知注意於工作的過程，一件出品，工作時間是否經濟？應用技能是否合生產原則？取用材料，使用工具，是否有工藝意味？都可不顧；只要製品優良，受人讚許。這種態度完全忘却生產的意義。這種錯誤觀念，實有糾正的必要。因爲勞作要生產化，須合生產的經濟原則。那末作品只求好，同時並未顧到成本時間等問題，即背生產意義。譬如做一張桌，要比人加多一二倍普通工作時間，或許多手續，製品雖好，仍是技能低落的表示，不經濟的。所以習勞作，不應單求作品的成功，同時應注意牠工作的過程如何。譬如現在做茶杯，要比從前人進步得多，有的用轆轤工作，有的用模型製造，牠的出品，比較手工揑成的杯子，當然要快得多好得多呢！即使手工製造的出品，要加倍的好於轆轤製品或模型製品，也遠不能抵償十倍百倍應用機械助力的損失？所以我們只求成功，而不考察其過程，這是很大的錯誤。

還有一點意思，我要附帶的說明；

小學教育是基本教育，是一般的國民教育，這是誰也不能否認的。他的教育目的，當然不止一方面—生產，而勞作教育職業教育在小學中不過佔了一部分的地位，不能強而爲牠的整個目標。因爲我們知道，良好的國民能在社會生存，須具備下列的三個要素。(一)人格(二)才能(三)技術　在小學教育中，此三項要素，應該不偏不倚，面面俱到。如果只注意生產，而忽略其他各方面，則有背小學教育之本旨。同時謀生的技術，也是難得健全的。幷且我國實業落伍，並不是工人沒有，技術缺乏，是社會混亂，經濟不足，實在只怕沒有工廠，不愁沒有技術人才和工匠。只怕有力氣有技術沒工作可找，不愁有了工作請不到人擔任。社會上所最缺少而比較重要的還是有人格有才能，能安定社會，能創造實業的人。在研究勞作教育的時候，我們應該注意到認清楚！

勞作教育要注意上列各點後去設施，便覺有許多解決不了的困難，第一點教師要感受自己缺乏農工生產技能。其他科目，卽使教師能力差些，有志者還可以在學校中臨時事前準備，或努力修養；但是勞作教育，眞要用工藝過程去教學兒童，教師自身的技術，在學校中不能在書本上參考，又無法去自習，等到教學時，處處發生困難。同時因爲教師無生產技能，而生產教材，尤覺不易尋找。第二點，要以生產過程去設施勞作教育，材料不是幾張紙，幾塊竹爿所敷應用，那末材料費着落何處？要以生產過程去設施勞作科，工具決不是一把手工刀一支竹尺所夠應用，那末設備費何來？要解决這幾種困難，那末，就要請各方面的幫助，而教育行政者，尤應該負相當的責任。至於如何的負責，如何的解决，玆有幾個實例，可作參考！

一、川沙縣生產教育初步設施辦法

緣起

充實民生，是我國教育宗旨之一；教育應注意於生產，爲改進今後教育的舉國希望，惟教育怎樣充實民生？教育怎樣注意於生產？有效的具體辦法，尙未多見，要實施，無從覓成法以作則。查川沙主要的生產是農業；最急切需要充實的是農村社會。但是農業的生產事業，種類很多；充實農村社會的問題，頭緒也紛繁，不是短促的時間，有限的經驗，粗淺的常識，陳舊的技術，簡單的計劃，理想的辦法，所得全部解决。所以川沙充實民生的生產教育，只宜小試，量力而行，按步漸進。初步辦法，擬擇較普通的問題，較易着手的事業，作一初步試驗。待事業稍有把握，經驗稍有獲得，再事擴充。

棉作在川沙，是主要農產之一，佔有七成生產額的農作物，如果能應科學方法，增加生產，大有裨益於民生的工作。所以本辦法卽以植棉入手。養雞是川沙農家普遍的副產物，且雞身的肥大，爲各地所不常見，有這種特殊發育的原因，細察下來，地物相宜的關係甚大；如能再用科學方法養畜提倡，或者也可求得意外的利源。所以養雞，也選入爲本辦法試驗事業之一。

辦法

甲、工作

一、植棉。

二、養雞。

乙、目的

一、使全縣學校及教育機關，都有農作與畜養的設施，鼓勵農事興趣。

二、使全縣小學生及教職員，都具有全縣主要農作物；主要畜養的常識和技術。感化農民增進全縣主要農作物的植棉及主要副產業的養雞以裕民生。

三、試驗科學植棉及養雞方法的成效。

四、介紹科學植棉及養雞方法於社會。

丙、進行方法

一、強制全縣各教育機關至少承種棉花六十平方公尺，（約計一分）養雞十隻；各學校自三年級起，每一學級，至少各種棉花三十平方公尺，（約計半分）養雞四隻。

二、植棉及養雞方法，應充分試驗科學方法。這種科學方法，當接洽試驗植棉養雞有經驗有成績的機關，聘請他們的技師，前來切實指導。

三、前項指導方法，在開始前將教職員集中一地，由指導者公開演講兩三天，並介紹相當書籍，以資研究參考。到實施中途時，再請指導者作短期的實地指導。

四、指導植棉工作，約分四個時期：1.播種時期；2.中耕間苗時期；3.選種時期；4.收穫時期。在上面四個時期指導時，指導者應備具表格必詳載其經過情形。

五、各校各教育機關設施這二種工作時，應絕對遵守指導的科學方法從事，如遇事實上困難時，應共同研究後方得變更。

六、各校各機關設施上項辦法時應用的土地，用左列方法徵求之：

1.就學校機關所有基地上開闢。

2.會同區長鄉鎮長及當地熱心教育人士，向左近較富裕的地主，或農民或學生家長，商量不給租費暫借應用。

3. 用上項方法，給租暫借應用。
4. 前三項方法辦不通時用行政手續，另行設法。

七、設施工作時需要的設備經費應由各校各機關即日起注意，陸續撙節常費應用，如屆時實難完全辦到，像農具之類，用暫向民間設法借用的方法補救之。

八、設施設備，像雞欄等類，能應用廢物及學生教職員校工的力量者，應充分應用。

九、應用棉種，由教育局向試驗有效機關，採辦適於當地風土的品種，供給試驗；或暫賺用農家自選普通本地棉種，以後再自行留選種子。種植方法，由指導者編述簡易說明，再加口頭講解，實地指導。雞種則以採辦當地著名雞種爲主。

十、這種設施的操作，學校方面，由學校教職員領導學生從事，機關方面，應由職員自己從事不得借助於工役，工人或農民的力量。

十一、凡應需種子，幼雛等，以及其他一切用費，均由其生產品及養成的雞隻內開支；如有盈餘，指充購置農事設備。

十二、這種設施的經過，應有極詳細的記載，以便研究其豐歉優劣的原因，播種遲早，土質異同，人工勤惰，飼育妥愼等等。記載方法，待指導者前來規定。

十三、這種設施的成績，用比賽獎勵方法，鼓勵興趣，比賽獎勵方法，另訂於後。

十四、這種設施，為二十二年中教育上的中心事業，如有不遵守進行，或進行不力者，當受教育行政之嚴厲處分。

十五、棉作在設施時，為保存優良種子，得以純潔表顯成績起見，最好勸導接連學校試驗地四周的植棉田畝，作同樣的試驗；他的面積越廣越佳。

十六、前項同時試驗農地的農家，如為僅恃此為生活的小農，而又為誠實勤儉極肯接受指導的人，為擔保他生活的危險起見，如果試驗成績的收穫反不及平常方法的產量時的得由公家貼補他的損失，惟事前須經教育局核許的為限。

十七、學校收穫的棉花，及前項農家用試驗方法，種植而收穫的棉花，當由教育局，請與廠家有關係的地方人士出與廠家接洽請廠家用較高子市價（大概可以比市價每擔花衣增價一元）的價值，蒐批收買，鼓勵試驗精神。

丁、比賽方法及成績考查方法

一、植棉的比賽，共分左列五項：

1.產量比賽—這項比賽，即以同一面積比較他產量的多少，這項成績，面積由教委督學視察時調查證明；出產成績，由教育局指定的監視收穫的人，監視收穫，裝袋封存，所有封口，均須請監收人封固，並簽名蓋章證明。

2. 棉株比賽——這項比賽，即以植科高矮，分枝形態，結鈴多少，以及大小尖鈍，室數多少，製成標本，藉資比較。這項成績，由種植者在結實時自行選定，惟選出後應請督學，或教委，或監視收穫人隨時查驗證明。

3. 品質比賽——這項成績，由種植者依指導的方法製作出品；惟在收穫時，應由監視收穫人，在收穫棉實中，擇尤封包數朵，在封口簽字蓋章，送局保存，以充將來證明出品虛實試驗之用。

4. 記載比賽——這項比賽，比賽他所記種植時期施肥中耕間苗等重要工作，以及棉的發育狀況是否詳盡，有無心得。這項成績在過程中途，須由督學教委陸續證明。

5. 特殊比賽——這項成績，如驅除蟲害，保護作物等偶發事實，由種植者隨時留意，製爲成績與賽，惟在過程中最好也經人證明。

二、養鷄的比賽，共分左列五種：

1. 畜養比賽——這項比賽，比賽養畜數目的多少。這項成績在過程中，須經督學教委監視收穫人陸續證明。

2. 體重比賽——這項成績分公母比賽體重。這項成績的證明仝右。

3. 產卵比賽——這項成績比賽產卵期的早晚多少及卵的重量。這項成績，應由養畜者報告監視收穫人查驗證明。

4. 記載比賽—這項成績的比賽法與考查法同植棉。

5. 特殊比賽—比賽法和考查法同植棉。

戊、獎懲方法

一、植棉獎勵方法：

比賽項目	獎勵名次	獎勵方法	
		臨時徵求	教育方面預定的獎金
第1項	第一二三名	以徵求得者支配	壹百元
第2項	第一名	仝右	叁拾元
第3項	仝右	仝右	仝右
第4項	第一二三名	仝右	七拾元
第5項	臨時酌定	仝右	臨時配定

二、養鷄獎勵方法：

比賽項目	獎勵名次	獎勵方法	
		臨時徵求	教育方面預定的獎金
第1項	第一二三名	以徵求得者支配	壹百元
第2項	仝右	仝右	仝右
第3項	仝右	仝右	仝右
第4項	仝右	仝右	七拾元
第5項	臨時酌定	仝右	臨時配定

三、虛僞是設施教育的矛盾行爲，應宜力戒。本辦法在設施時，如有假借方法，僞造成績等虛僞行爲發現時，一經查實有據，定以最嚴厲的方法處分。

二、福建南安縣蓮塘小學生產教育實施辦法在福建南安縣有個蓮塘小學，學生約有五六百人，附近是個農村的社會。因爲學校經費的拮据，校董陳佩玉氏是當地駐軍的團長，又爲該校的前校長，就想施行生產來補救。在三年前，他大着胆量，抱着決心，收用了幾處荒山荒地，買了許多果樹苗，挨戶分發；強迫全鄉居民，有一人負責種二株果樹，地點隨便。自己有地種植的，就種在自己地上，沒有的種在收用的荒地上，逐年的種植，逐年的加多，到現在已種植三萬多株。種的果樹，是龍眼（即桂圓）桃，楊梅，香蕉之類；香蕉生產最速，今年種，明年就有收穫，龍眼生長結果最遲，但是最值錢。最大最好的年分，一株有三四十元出產。聽說這三萬枝果樹中，已有一萬多枝成長了；現在的收入，已大有可觀。他們還有公共的茶園，有養魚的蓮池，有灌溉的水溝，都是小學校做中心建設的。現在不單是學校的經濟從此解決，就是那個鄉村的經濟，也增加了不少。他們勞作自然二科的課程，完全以這個運動做中心教材。勞作科教師，請了一位集美學校農科畢業生來担任。種植操作，是學校師生的整個常務；這種辦法今年已經推廣到附近的六個學校了。當地的民衆，對於這樣的學校，已經很有好感，發生了密切的關係。都認做牠是改造鄉村的中心機關。

此外我還有一個計劃要想試驗：

現在各縣的教育經費，都在鬧窮，所以鬧窮的原因，因爲生活在一天一天提高，而教育經費向以固定的金錢單位爲收入，今年一百元經費足敷開支，明年同樣的一百元，因物價的高漲，就不敷支配，關起窮來。要救濟這個恐慌，除非以生產額為教育經費的收入。譬如某校的經費，向來規定現銀三百元的，最好改為現在每年有生產三百元的土地或工場，為經費來源。那末，物價在高下，他的出產也可隨之高下而維持收入的均衡。所以我想農村小學的經費應撥土地，不應撥現金。撥了土地在解決永久的經費問題外，同時還可以解決學費問題及課程問題。各地鄉村小學的學費和雜貨，往往延欠，不能繳納，學校方面既然不便嚴詞催繳，而學生家屬也確有不能出錢的苦況，但你如果叫他用人工或物品來代替，比較願意而容易繳納，我常見鄉村學校裏的先生們是自己燒飯的，囑學生家長用柴或菜來繳學費，還有叫他們，為學校裏做幾工人工代替學費，比較直接要他們錢的樂意接受。如果全部學校經費，要土地上去出產，這種辦法還可以充分應用。至於課程問題，土地的種植生產是學校的命脈所在，當在切實注意之中，那末，有了這種生產環境以後，如何應用於課程，如何設施勞作教育，都有切實的辦法可解決了。

以上所講的實例，在杭州的學校或別地的小學，未必都可仿行，不過給諸位一種設計可行辦法的參考。不過這三種辦法，都須借助教育行政的力量來推進實施。川沙縣和蓮塘校現在雖然略有成績，略有辦法，但在施行的初期，曾經發生不少的困難。如果沒有教育行政的力量，單獨一個學校進行，實在不容易試驗。

現在總括的說：勞作教育非單是勞作科一科設施的教育，須有整個學校的行動，全校的教師們一致動員。教育行政者，要多多的幫助推動，方才有切實的辦法產生，切實的效力可收。

杭州的社會情形，我不甚明瞭，川沙縣及蓮塘校的辦法，決不能施行於杭市，可以斷言。因爲杭州是都市社會，都市社會是消費社會，不是生產社會。許多人在別地生產的錢到杭州來逛西湖用。當地有許多的旅館遊船人力車……供給他們的消耗。在這種消費社會中生活的人，多數是暫居的，是寄跡的，最需要的訓練是如何節約生活費用，及失業的自善其後辦法。如何耕種，如何做工，並不是一般人要講求的問題。在杭州市可以過一百元的生活，也可以過二三十元的生活，所以有每月收入幾百元的還是鬧窮，收入幾十元的反有儲蓄，這種事實的原因所在，是都市生活中最急需的問題，如何賺幾角錢一天的工價，如何使一畝地每年增幾塊錢的生產，前面的問題解決了，後面的問題不需要提的。這樣環境中施勞作科，家事操作，園藝經營等教材，比較其他教材更重要。

至於貴省一般小學而論，浙江大宗的出產是絲茶，農村社會中，家家戶戶都是養蠶製茶。有許多人的生活經濟是靠牠的。近幾年來因爲人造絲的充斥市場，同時一般老農老婦，只知墨守成法，不求改進，質量上都沒有進步，價值低落，有很大的危機潛伏着。政府和關心社會人士，都在那裏設法改良；而各地小學教師也有以養蠶的試驗爲教材的，但是從其事者，心存兒戲，不加重視，鮮有生產意味。我很希望各位，對於此種試驗，能夠努力做去，求一個切實有效的辦法，以爲各地小學的倡導。待到將來成功，極有貢獻於社會的。其餘像竹器的改良，籐器的編造，也可作有計劃的試驗。各種試驗的態度，又都要很嚴正，很有毅力。那末教育行政者，看見諸位的熱心從事，一定也樂於贊助的。

精心從事，一定也要有幫助的。

[illegible]

[illegible]

小學勞作教育與小學教育

施仁夫

作教育與小學教育之關係約略言之。有下列幾點：

一、現代小學教育的缺點：

在未講本文以前，先將過去小學教育之缺點，說明一下，吾們大家都是從事小學教育的人，不妨提出來開誠公佈討論，以資自省一番，小學教育雖各有不同的辦法，而其缺點概括言之約有四：

(一)主知的教育專重記憶——忽略了身手的活動，單注重腦的活動，如最近教部所頒課程標準，腦的活動佔三分之二以上而手身的活動不足三分之一單以讀書爲功課的重心專重記憶，非常偏狹，——今年教部舉行中小學畢業會考只考記號科與常識科，將來必定弊多利少。使吾們的小學生出偏重記誦，是很危險的，因爲會考的科目不能普徧，容易使人忽視兒童實際生活的重要

(二)埋沒個性，專重劃一——從前小學裏教學和訓導，都是注重整齊劃一埋沒了個性的發展，因此兒童的天才，無發展的機會而教師亦無發現兒童天才的機會。

(三)教育與生活隔陔——究竟兒童受了教育有什麼好處，課程與社會實際生活無關，學習以後，不過僅多識幾個文字，雖然教育理論上很明白說：『教育應與生活打成一片』而實行上却仍模不相關。

(四)畸形的發展——主知的教育是不健康的教育，發展限於一方面，身手的能力沒有用到。

這是過去及現今小學的普通現象，不論如何困難，都有改革的必要，而補救此缺點的方法應自學校組織方面，課程方面，教學方法方面，澈底改進，最簡單的說，補救方法應注意下列各項：(一)教育設施應以兒童爲中心

(二)要使兒童自由想自由做，自由創作，用自己的力量去做(三)所有功課要生活化，社會化，充分地利用生活材料爲教材使教育與生活打成一片(四)顧到兒童身心的健康，以上各項：我想惟有勞作教育，可以完成其功用，勞作教育是具體的方法，能夠補救現代小學教育的缺點。

二、勞作教育的性質

現代一般人不甚注重勞作教育的並且還有幾點錯誤的觀念，吾們應當把他的性質加以說明：

(一)勞作教育不是專習勤勞養成勞工的——勞作教育重視勤勞，是當然的事，但單以勤勞爲目的，則未免過於狹義的看法勞作教育應當手腦兼用身心一致的。

(二)勞作教育不是消極的作用——一般人以爲小孩子是好動的，有一部分剩餘力要發洩到勞

作方面去，才不致有不規則之行動，於訓育上大有補助，這是勞作消極的作用，但是勞作本身上有積極的興趣，社會的意味。

(三)勞作教育不重在功利的價值——以功利的價值來觀點勞作的意義，亦甚偏狹，因為勞作不僅有生利之意，而實包有文化的價值，使人生意識格外明白，興趣可以加多，有最好的各方的普遍之活動。

(四)勞作究竟是什麼？

勞作教育是身心雙方調和發展的活動，亦即是美滿人格的教育，德人徹依德爾說：正真的勞作是社會的道德，由此可知其意義之重大，這是勞作教育的性質。實施勞作教育以後的好處，(一)能使兒童明瞭個人與社會發生密切的關係——凡事經過親身試驗，實際參與後格外了解，格外認識社會與個人之關係，(二)能使兒童了解生產的意義與生產的價值，——凡做一件事經親身嘗試，方有愛護事物的觀念，例如羅騷愛彌兒一書內寫愛彌兒嘗去損害人家的荳田，於是他設法提起愛彌兒有種豆的興趣而去實行，但到豆將成熟時，乘夜將豆割去，愛彌兒感受不愉快，由是他得到教訓，明瞭愛護事物之必要，損壞他人的東西，要將他人損壞我的東西時的心理，反省一下，這是由實際活動中得到很好的教訓，「誰知盤中餐，粒粒皆辛苦」即是此意，(三)動作的本身能發生興趣——小孩子是好活動的，有充分的機會，使他發展創造的能力，並能藉以了解社會的責任與制裁這幾點雖是理論的說法，但補救從前的缺點，最有效用，教部對於勞作規定爲一科，我們應當以整個的小學教育都要勞作化，全部教師亦都勞作化，並非單是擔任工作的教師負責而已，換言之，小學教育卽勞作教育，今後小學的組織方面應注意由知的教育變成做的教育，靜坐聽講式的方法，改爲活動的求知，這是最近小學教育的趨勢。

從前的教育是裝飾品，有產階級所需要的，一向來的文人學士都是看輕勞動，然而今日的社會組織變遷，家庭的情形不復如前，社會上分工愈細而合作的教養，愈迫切需要，普及教育固然是吾們所希望的，若單是注重讀書，不能用手，一切都成爲文人化，這樣的普及教育，對於社會有什麼利益，對於個人有什麼價值？關於勞作教育的歷史背景現在大略的說一說：小學校的手工是小範圍的勞作，在十六世紀與國人廓美紐姆斯曾提及而英國洛克亦提倡手工，法國羅梭在愛彌兒一書上很着重實際的工作，這都是理論的提倡而已，直至瑞士的裴斯泰洛齊，始創手腦調互工作，於是手工一科始被社會所注意，在十八世紀德國有幾個人創辦汎愛學校，巴斯多的校裏每天六小時工作，二小時讀書，後來撒爾士曼亦辦一個平民學校在山谷之內，天天使小孩學種田飼養動物，這就是課程在當時很注重工作的學校，於是德國小學裏，手工科佔了一個位置，福祿培爾始創幼稚園，認手工是很有價值的課程：在以前兩人還以爲手工是職業的預備，而在福氏看來，以爲手乃是自發的表現，在手工科的創造活動中所得到身心的發展，比從文字上得來的更爲豐富如此一來，其價值更被人重視，由是手工一科在小學內才有確定的位置，不過其所包括的範圍太少，所以最近又有幾個先生發揮勞作教育新理論。

(一)杜威——他有一部分關於勞作的理論，他主張平民主義教育，學校卽社會，教育卽生活，他看重勞作可以代表社會生活，一個學校要社會化，先要有社會的代表作業，選擇適合兒童的活動作爲學校重要的教材，據他的見解最好的社會代表作業，有下列幾種：

(一)紡織　(二)裁縫　(三)烹飪　(四)木工，代他認爲這四點都可以搬到學校內的正當作業，可以代表社會生活的條件，使兒童參與實際的社會活動，而且這四種是人類衣食住的基本生活技能是學生出校適應社會，控制自然必要的工具，他在未到哥倫比亞大學做教授以前，曾與其夫人辦一實驗小學，工作科佔三分之一，他這種理論視工作範圍很廣，不是狹義勞作科。

(二)邱乃爾——德人，德國在大戰後教育大起變化，最近的小學教育，卽提倡勞作教育，且有相當的實施成績，邱氏在德國開教育會議時曾提出一議案，且已通過：他以爲人類的教育向來分爲知德體三育，獨立施行是不澈底的，應當以勞作教育爲整個的知德體教育，才有確切的心得，以爲學問知識習慣經過一番勞作，親身體驗後才有內在發展與有意義的獲得，再從體育的本質看來，勞作卽爲體育，勞作教育應成教育的中心。

(三)撒依德爾——他提倡的範圍較大，他從兩方面來說，第一從社會方面看他以爲現代的生活原動力，卽是勞作，不提倡勞作，社會那能進化，從前的祖宗肯勞動，才有今日的社會，而從前的教育卽是勞動，並不分工的，但到後來教育與勞動脫離關係，有勞心者治人勞力者治於人，才有今日不平等的社會現象，一個人有勞作才能生勞動的興趣，能了解勞動，同情於勞動，對於文化方面確有密切關係的，第二從教育方面看，勞作是身心必要的活動，並且勞作是美滿發育的唯一條件，尊崇勞作是社會的道德，應該由學校內養成，從兒童時期培養成功。

（四）納時爾樸——他主張現代社會的狀況，各方面都表示分裂衝突的現象，要求統一的方法，應施行勞作，卽筋肉與精神兼顧的教育，例如夫婦之愛，以精神與肉體雙方之結合爲當然條件，決不可有所偏頗，據他的辦法，應當每一個國民都同情勞作，無論何人，都喜做勞作爲德國民族統一上必不可缺的根本條件，這種活動，學校有負培養之責。至於勞作的範圍，有（一）園藝（二）飼養動物（三）裁縫（四）烹飪（五）家政（六）種田（七）木工工藝：這幾種是最近德國勞作教育之範圍。以上這三個提案，都是在德國全國教育會議中所通過的，近來德國有許多勞作學校產生，全國的教育，重在做——實行化，其最重要的意思就是以自己的力做自己的事，造成一個生產的國民，這種實例雖然不是中國所有，但藉此可以明瞭世界教育的趨勢，都是看重勞作，趨向於社會化與生活化的教育了。

再來看中國的勞作教育的情形是怎樣的，中國向來沒有勞作施行過。只知用腦而不知用手之教育直到現今，在光緒廿八年第一次頒布課程時，手工一門是隨意科，到民國初年才改爲必修科，每週時間僅一小時至二小時，總算較前爲進步，民國十一年頒布新學制課程，改爲工用藝術科，佔總時間7%，而最近改爲勞作科範圍較以前爲廣而時間亦較多，今將勞作科之大綱提綱挈領地約略述之。

(一)校事(二)家事(三)農事(四)工藝　農事、工藝可隨學校環境之不同而酌量設置，關於校事家事不規定時間在課外施行。

(一)校事——依年級之高低分工作之難易

甲、做的方面——1.清潔：如清潔教室場地等，2.佈置：如布置教室及各種娛樂會。3.管理：如運動器械教具等之管理。4.裝飾：如各種場所之裝置合乎美化的條件。5.修理：如在能力所及的範國內修葺一切物品。

乙、研究的方面——怎樣做才算經濟，卽是做的方法次序，行分工合作的科學化之辦法，如管理方面師生合作，研究應如何去管理，其方法如何，這都是校事方面所應注意到的，而且決非僅工藝教員所能獨負得了，最好在自治作業中，整個的學校通盤進行才有效。

(二)家事——包括衣食住三方面，而各項都有做與研竟的兩部分。

甲、關於衣的勞作——

ㄅ、做的方面——先由洗滌入手，低年級如洋娃娃衣服之洗滌，次則摺疊方面，最後而至補綴及刺繡等。

ㄆ、研究的方面——關於新製衣服的方法，及縫工生活狀況，衣料之品質及價格產地之研究等。

乙、關於食的勞作——

ㄅ、做的方面——烹飪食用的東西，從事實際的生活設計。

ㄆ、研究的方面——如食物的種類，價值，以及關於現成食物的研究並主要食用工業的調查——製造罐頭公司等——和比較研究。

丙、關於住的勞作——

ㄅ、做的方面——設計住宅如洋娃娃的房屋，及動植物的箱籠等。

ㄆ、研究的方面——家具的調查，價格的估計，木匠生活狀況等。

以上兩種，有機會最好在學校內教，不得巳時只好指定工作與家庭合作，但最低限度之設備宜有而不可省，這種勞作，不限定時間，而校內與校外都可隨機舉行。勞作科中要特定時間的，如下列各項。

(三)農事　分園藝，農作，畜養三部。

甲、園藝

ㄅ、做的方面——蔬菜及普通花卉的種植。

ㄆ、研究的方面——怎樣灌溉，怎樣施肥，怎樣犂土，以及除蟲，留種，植物生活狀態的研究，同時還有園藝之改良研究與庭園的設計布置等。

乙、農作

ㄅ、做的方面——普通易栽培的農作物——如鄉村內之種植稻、麥、棉等——視學校環境而定。

ㄆ、研究的方面——農具的研究認識，功用，如何修葺，以及農民生活狀況如何改良，世界農業狀況及農業與民生之關係（說到這裏可知勞作不一定是勤勞實包括各方面研究的價值）

丙、畜養

ㄅ、做的方面——家禽家畜——牛羊雞兎等——之畜養以及蟲類之培養，如蠶蜂等。（如蘇錫一帶的有人合組養蜂每箱可得銀二三十元）。

ㄆ、研究的方面——如何飼養，食料怎樣調和等。

（四）工藝——分特種工藝、紙工、土工、木工、金工等項。

甲、特種工藝——不一定劃一的，各地有不同的產物而學校隨地實施，這完全是因地制宜的一種辦法，如宜興出產陶瓷，該地學校可實習陶瓷工藝，如果無特殊產物，亦不必強要施行。

乙、紙工——兒童應用玩具的製造，同時研究紙的製造法西洋紙與中國紙的比較以及紙業的狀況等。

丙、土工——黏土細土的做法，燒的方法和釉的方法陶瓷器的製造，與塑造模製彫刻等技術的訓練，以及陶瓷業的概況與產地等的研究。

丁、木工——鉋法，工具的製造，木料的研究，木材價值的調查，西洋木材的研究，還包含油漆的工作與油漆業的概況，木業木行的調查，木工業（木匠等）狀況的研究等。

戊、金工——鉛絲，鉛皮，鐵皮等製作物如鐵絲籠，蒼蠅拍等，通常容易做的金工都可施行，研究方面如五金的認識，價格的調查，現成金屬器具的研究，以及五金業狀況的調查等。

這是勞作課程的綱要，城市小學注重工藝，鄉村小學注重農事，而園藝一項，雖城市小學亦必不可缺。

實施時應如何最好各科聯絡進行，倘不同其他各科合作，範圍亦不免太狹。應當利用整個的設計，去做活動的中心，全盤計劃而後進行，同時亦須顧到兒童的能力，最好由兒童去自定計劃，然後工作，教師隨時舉行個別指導，結果產生以後。則共同訂正批評，這是實施勞作教育最要緊的方法。

最後將日本的小學實施勞作的情形大路介紹如下：

去年四月至六月間我在日本看過二十餘個中小學，而其中有幾個學校施行勞作之情形，可以報告。

1.自由學院——在東京市外，全校校工只有一老頭子看守校門，其餘工作都是師生合作，學生每天到校先做清潔的事情——掃地抹桌椅開窗等工作——而後上課，關於膳食一項全由學生負担輪流值日，其開始工作時只停課一小時就能周全齊備，買菜記帳等都是學生擔任的，學費亦是由學生自己收管的，只有校長一個人知道經濟狀況，而其餘教員大都不曉得的，還有消費合作社之組織，除校內交易外，且兼及校外近鄰之買賣，由此可知從小學到中學未始不可練習勞作的。

2.有許多小學對於工作方面很注意，上午讀書，下午工作却很忙，而中學更甚，與職業界中人無異，如小孩子開汽車送報等工作，所以小學下午一時以後沒有功課，其勞作的効果很大，而教室內天天大掃除，一到課畢時，卽赤手裸足，從事拖地板揩墻壁抹桌椅擦黑板等工作。

3.無論那個學校都有一裁縫教室，而每校平均有裁縫機十隻左右，由先生指導做法，學生所穿的衣服都是自己做的，的確可與生活發生密切關係。

4.木工製造用機器，雖製造大量的東西，亦能以最經濟的時間而成功，我曾參觀小學學生能費二十分鐘功夫做成一個很好的木盤。

5. 設施勞作問題，日本極力提倡做，程度雖不甚高而其施行之努力與收効大有可觀，日本人以爲工作流汗是神聖高貴的現象，故其教育實施，(指一部分比較新進的學校)早晨重道德教育以爲此時最清醒易領悟，上午八時至十二時重科學教育，下午重勞作教育，然中學且注重軍訓。

這是日本小學施行勞作的實際狀況，其設備的完善，當非中國現今所能及，尤其在重生產教育，大可供經濟貧乏人民困苦的中國所採取。現在中國還在提倡時代，設備不完全，雖有萬能教師，亦無用力之地，希望學校對於勞作有相當的設備，而將整個的小學成爲勞作化。此事關係甚大，願大家極力提倡而鼓勵施行，達到教育卽生活之境地，庶幾可挽救生產落後經濟枯窘的社會而人人有安定的生活。

小學勞作教育的實際（保留版權請勿轉載）

姜丹書

「生活教育」，不可不倡導了！

「生產教育」，不可不注重了！

將「生活教育」與「生產發育」聯鎖起來施行，便是「勞作教育」的實際。

何謂「生活教育」？——

教人，育人，使兒童們從小，從根本上，養成，練成「自尋生活」「自奉生活」的能力和習慣。

何謂「生產教育」？——

教人，育人，使兒童們從小，從根本上，養成，練成能夠製作「可換錢物」或「可省錢物」的本領。——可換錢，就是可賣，可省錢，就是可以不買而能改用。

生活生活，第一要「吃飯」；生產生產，也就是爲了「吃飯」；一天不吃飯，肚皮就要…，三天不吃飯，永久無須吃！然而「飯」，應該從何而來呢？——

最普遍的，最重要的，應該從「手」裏來，——從手裏「做」出來！

在現代做人，尤其在將來做人，斷斷乎非能「做飯吃」不可，倘不能做飯吃，便不免要「討飯吃」或「騙飯吃」，或甚而至于「搶飯吃」，更或甚而至于「搶不到飯吃」！何以呢？香噴噴的飯，大家要吃的，假使你不做，我不做，他也不做，你們我們他們都不做，試問從那裏去搶，那裏去騙，那裏去討？難道眞個有『天雨粟』的事情麼？所以歸根結底，還是想個好方法，使大家做做，大家吃吃，才能大家開開心心，吃得太太平平！

那末，有何好方法呢？有——

「勞作教育」，——特別注重在「手的訓練」。

手，是人類獨有的天生的萬能的工具，然而手，須要受了訓練，方能「創造世界」；不受訓練，不過「脚的哥哥」罷了！考查小學課程中，用意着重在這個問題的，只有新規定的——

勞作科教學。

這科教學的涵義，包括甚廣，籠統的說來，凡「生活教育」和「生產教育」的基本意義，都在其中。因爲勞作科的作業，沒有一樣不是「動手做」：——煮飯，洗衣裳，拖地板，倒糞桶，……都是生活教育中日常的工作。木工，金工，養蠶，種菜，……都是生產教育中初步的練習。如果能夠切實施行，得到圓滿結果時，的確可以練成小小地「好身手」，大大地的「好德性」。現在，我對於實施方面，有一些具體的貢獻。（唯我自愧，僅僅乎對於勞作科一部份的工藝教學，有二十餘年經歷，故後面所舉的教材例子，都是偏於這部份的。）

一、教材方面

勞作科的課程標準，既包括了農業，工藝及家事，校務，可謂於日常生活的活動，無所不包。那末，種種作業，當然俯拾卽是，新奇的固好，平常的亦好，只求有效，無分新舊。試分別舉例如次：

(1)啓發智力的有效教材：例如——

飛機雛型，齒輪雛型，各種活動玩具，各種小形的物理器械。萬花筒，彎眼千里鏡，七巧板，拼地圖，水箭筒，晴雨花，竹蜻蜓，三變花樣匾，祕密儲蓄庫。……等等。

(2)引起創造心的有效教材：例如——

給與幾個火柴盒，而誘導他們做抽屜桌或櫥。給與香烟罐，厚紙盒，洋綫轉軸等，而誘導他們做火車龍頭或汽車，給與蛋殼，而誘導他們做不倒翁或提燈。給與苧蔴，而誘導他們從搓繩做到結網，——魚網，球網，果子絡，捕虫兜等。……等等。

(3)發揚勇氣和激練膽魄的有效教材：例如——

各式大砲雛型，坦克車雛型，戰飛機雛型，兵艦雛型，擬戰場，兵馬隊，各種軍事訓課應用模型，凱旋紀念建築物雛型，火牛陣設計，（戰國時齊將田單故事）背水陣設計。（楚漢相爭時漢將韓信故事）塑造「馬革裹尸」故事，（漢將馬援名言）塑造「后羿射日」故事，）「堯時神話）塑造「臥薪嘗胆」故事，（越王勾踐史跡）塑造古忠勇禦侮將士如岳武穆等故事或遺像，塑造「滬淞禦侮」戰蹟和戰場慘狀，竹弓矢和韌木弓矢，（練習射靶，幷可應用諸葛亮借箭故事，爲游戲設計行之，）（又可當作火箭，飛箭，高射炸彈箭行之），欣賞或摹造戲劇上勇將的花臉譜，（幷可乘機爲擬戰遊戲），長搶大刀及其他國術上種種武藝雛型。……

……等等。

(4)培養美感的有效教材：例如——

剪貼各種模樣，塑造各種像生物形，簡易造花，簡易製果，栽灌花木，裝飾教室，……

……等等。

(5)可充日常生活上需要的，或應付偶發事件上需要的適當教材：例如——

揩布骨，紮拖帚，紮鷄毛帚，紮苕帚，搪風爐，剪生籬，編籬笆，搭花架，糊窗紙，糊板壁，刷墻壁，削草，鋪路或補路，修洋燈，修雨傘，裝凳脚，油漆小招牌，買菜蔬，劈柴，磨刀，煮飯，燒菜，縫衣，補衣，……等等。（關於電汽的工作，只好對於如用乾電的電鈴，遇着機會，試習修裝，至如修理電燈等，雖可叮嚀注意，然於小學教學上，究以避免危險爲是。）

(6)可為課外作業，試驗生產，或為職業陶冶的適當教材：例如——

做粉筆，做蠟筆，做石筆，做不碎石板，編麥稈辮，搓草繩，園藝作物，如種菜種豆等，飼養生利動物，如養雞，養蜂，養魚，養羊等，簡易印刷品，如信紙，信封，文格紙等。做洋漿糊，裱褙舊報紙當厚紙的代用品。…………等等。（做化粧品之近於奢侈品者，我不主張。）

以上種種，不過略舉數例，仔細尋求，好教材正多，古語說：『運用之妙，在乎一心』；我說：『死教材活人用』；可見同一教材，甲用得好，可以有效，乙用得不好，還是無聊，深望同志同道的教師們，善於運用吧！

二、教法方面

以上各種教材，在教法上分析起來，不同之點很多：(1)或適用於都市小學，或適用於農村小學，(2)或適用於課內作業，或適用於課外作業(3)或適用於個人工作，或適用於分組工作，或適用於全體共用工作，(4)或適用於一手製作，或適用於分工合作，(5)或適用於普遍練習，或適用於指定和認定練習，(6)或適用於在校內做，或適用於在家內做，(7)或適用於一次習作，或適用於反覆熟練，(8)或需經費，或不需經費，(9)或可預為設計，或須利用偶發機會，…………等等不一，總之不可拘泥，須要因利乘便，隨機應變。

三、訓練方面和輔導方面

(1)教師自身，須能勤勞操作，表示「以身作則」的精神，方可收「教訓合一」的效果。

(2)對兒童，宜特別注意秩序的動作，強固的意志。

(3)「精神陶冶」和「實用主義」宜並重。

(4)腦、眼、手、宜為一貫的鍛鍊。

(5)鄉村兒童有赤脚習慣者，宜保存之。

(6)於農事上，宜令服膺「大糞主義」。

(7)於工藝上，宜打成「靠手吃飯」的基礎。

(8)於家事及校務上，宜養成「能做便做」的習慣。

(9)學校和家庭，須十分聯絡。

10宜多多參觀工場與農場

四、最良的效果

能使一般被教育者，都歸於「平民化」，適於為「現代人」。

廿三年春敬廬寫於杭州鳳起別墅

從手工科說到勞作科

盛朗西

本文對於中國教育上由手工科演進到勞作科的過程，敍述得詳盡無遺，條理分明。作者這一番的檢討，可以省得研究勞教人們的搜集之勞了。原文載江蘇教育一卷九期，現已商得作者的同意，轉載本刊，謹此誌感！　編者附識

引　言

〔手工教育之起源〕

十七世紀之教育家夸美紐斯（Comenues1592—1670）等，嘗謂吾人教育兒童，除授以事物知識外，應熟練手指之使用。故當時已有教育上應注意手工教學之議論，惟見諸實施者甚少。在一千七百十三年間，德之瓦爾納孤兒院中，曾實施手工教學，無論男女生徒，均課以一種之手工業。至十八世紀末，德意志瑞典芬蘭等，即先後實施手工教育于普通學校，今將各國實施手工教授之時期，列表于左：

國名	時期
德	一七一三年
俄	一八二四年
芬蘭	一八六六年
瑞典	一八七〇年
挪威	一八七〇年
法	一八七三年
日本	一八七六年
美	一八七六年
奧	一八七九年
英	一八九〇年
中國	一九〇三年

吾國人素守玩物喪志之古訓，故讀書時，常以玩物爲戒，所謂手工教學者，在戊戌政變以前，竟未之聞。自政變後，廢科舉，興學校，乃仿照東西洋成例，學科中加入手工一科。但科目雖具，而學子學習與否，均可隨便，故學校中實施者甚少。其後研究教育者，知手工等技能科之價

値，乃稍稍注意。至淸光緒末年，江蘇兩江師範及浙江兩級師範，均設有手工圖畫專修科，以養成中小學校手工圖畫教師。自此以後，手工圖畫等科，爲之一振。惟教學目的，以一般的陶冶爲主，故所製均不切實用。光復以後，研究教育者日衆，而各種教育主義，遂相繼而起。主張實用主義職業主義之教育家，尤有以手工科爲教育中心之說。其教育主旨，一以實用爲歸；因此國內學者，對于手工教學之主旨，遂分成二大派：卽教育主義與職業主義是也。至民國十一年，改訂新學制，對于手工教學之主旨及定名，二派頗有爭論。在主張教育主義者，以手工科當以一般的陶冶爲主，定名一仍其舊。而主張職業主義之教育者，則以手工科中之偏于教育的及藝術的方面：如粘土、剪貼、等工作，歸入圖畫科教授，原有圖畫科，改稱美術科。以手工科專重職業陶冶方面，改稱工藝科。彷彿是職業科之縮影。結果乃由委員會折衷二說，改名爲工用藝術科，中學校仍用手工科，致中小學校之手工科名目，不能統一。

編者按至民國十八年八月教育部頒行小學課程暫行標準，將舊有工用藝術科，擴大內容範圍，包括校事、家事、農商等項，改名爲工作科。

民國二十年六月教育部開中小學課程及設備標準編訂委員會，議修訂中小學課程暫行標準，小學工作科名稱改爲勞作科，將商情及研究部分，納入其他科目。

吾國學校設手工科，纔二十餘年。但名稱巳一變再變，教學之目的時間材料方法等，亦隨名稱而變更。玆分別論之，以明其變遷之實際也。

本論

一、科目名稱之變更

前清光緒二十八年七月，張百熙奏定學堂章程（按是項章程未實行），將初等教育分為蒙學，尋常小學、高等小學三段，所設課程，均無手工一門，蓋尚未為國人所注意焉。

光緒二十九年十一月公布奏定初等小學堂章程中，規定初等小學之教授科目凡八：一修身；二讀經；三中國文學；四算術；五歷史；六地理；七格致；八體操。此為完全學科。視地方之情形，尚可加圖畫手工之一科目、或二科目。凡加授之科目，均作為隨意科目。同時公布奏定高等小學堂章程中，規定高等小學堂之教授科目凡九：一、修身；二讀經；三中國文學；四算術；五中國歷史；六地理；七格致；八圖畫；九體操。視地方之情形，尚可加授手工農業商業等科目。但於預備入中學堂之學生，可無庸加授。凡加授之科目，均作為隨意科目。中國學校之有手工一科，蓋自此始。但無論初小高小均視為隨意科目，可有可無，尚未為國人所重視焉。

民國元年一月十九日公布普通教育暫行辦法通令中，雖有「小學手工科應加注重」之語。但同日公布之普通教育暫行課程標準中，初等小學校之學科目，為修身、國文、算術、遊戲、體操。視地方情形，得加設圖畫、手工、唱歌之一科目或數科目。女子加課裁縫。高等小學校之學科目爲修身、國文、算術、中華歷史、地理、博物、理化、圖畫、手工、體操（兼游戲）。女子加課裁縫，視地方情形，得加設唱歌、外國語、農工商業之一科目或數科目。手工科列入高等小學必修科目，蓋自此始。然初等小學，猶視爲隨意科目也。

民國元年九月二十八日公布之小學校令中，初等小學之教科目爲修身、國文、算術、手工、圖畫、唱歌、體操、女子加課縫紉。遇不得已時，可暫缺手工、圖畫、唱歌之一科目，或數科目。高等小學之教科目爲修身、國文、算術、本國歷史、地理、理科、手工、圖畫、唱歌、體操。男子加課農業，女子加課縫紉。視地方之情形，農業可以從闕，或改爲商業，並可加授英語，遇不得已時，手工、唱歌，亦得暫闕。視地方之情形，可改英語爲別種外國語。至是手工一科漸爲國人所重視，已正式列入初等小學及高等小學之課程，但遇不得已時，仍可從闕。

民國四年七月三十一日公布之國民學校令中，規定國民學校之教科目爲修身、國文、算術、手工、圖畫、唱歌、體操、女子加課縫紉。遇不得已時，可暫闕手工、圖畫、唱歌之一科目或數科目。同時公布之高等小學校令中，規定高等小學校之教科目爲修身、讀經、國文、算術、本國歷史、地理、理科、手工、圖畫、唱歌、體操、男子加課農業，女子加課家事。視地方情形，農業可以從闕，或改爲商業，並可加設外國語，遇不得已時，手工、唱歌，亦得暫闕。觀此，手工科在小學課程中之地位猶如是也。

民國十二年六月全國教育聯合會新學制課程標準起草委員會覆訂刊布之新學制課程綱要總說明中，規定小學校課程分爲國語、算術、衛生、公民、歷史、地理（前四年衛生公民歷史地理合併爲社會）、自然、園藝、工用藝術、形象藝術、音樂體育等十一目，又云：「工用藝術舊稱手工，形象藝術舊稱圖畫。」。但實際作業不單是手工圖畫。各專家又擬名爲工藝美術，似與內容亦未盡合。工用藝術不過以衣食住爲體，以工爲用。非正式工藝，亦非完全藝術。形象藝術於舊稱圖畫之外，又有剪貼塑造，僅以形象爲教學目的。非是藝術全部，故改今名，至是手工一科在小學課程上已佔一固定位置。且因作業內容不限於手工，又非正式藝術，故更名爲工用藝術。惟民國十七年二月十八日大學院公布小學暫行條例中，則仍稱手工。

晚近國內教育家，鑒於過去教育之失敗，盛唱實用主義，勞動主義，生產主義……，而手工科之地位，益形重要。民國十八年八月教育部公布小學課程暫行標準，其中所列科目：有國語、社會、自然、算術、工作、美術、體育、音樂、凡八目。手工更名工作，因爲內容範圍擴大包括校事、家事、農、商等項，而無適當的名稱，所以假定今名（見小學課程暫行標準總說明）。二十年六月教育部召集中小學課程及設備標準編訂委員會議決，工作名稱改爲「勞作」，其內容亦加以改組矣。

二、教學目的之變更

前述手工教學之起源，嘗謂國內學者，對於手工教學之主張分兩大派，即教育主義與職業主義是也。約言之，手工教學之主旨，從前偏於教育主義，今則漸趨於職業主義矣。玆更詳述手工教學目的之變更如左：

光緒二十九年十一月公布之奏定初等小學堂章程第二章有云：「手工其要義在使練習手眼，使能製作簡易之物品，以養成好勤耐勞之習慣，而在初等小學，則但教以紙製、絲製、泥土製之手工，以能成器物爲主，不可涉於繁費。」

同時公布之奏定高等小學堂章程第二章有云：「手工其要義在使能製作簡易之物品，養成其用心思耐勞煩之習慣。」

民國元年十一月公布之小學校教則及課程表中小學校教則第八條云：「手工要旨在使兒童製作簡易物品，養成勤勞之習慣」。

民國五年公布之國民學校令，其施行細則第一章有云：「手工要旨在使兒童製作簡易物品，養成勤勞之習慣，審美之趣味」。

自光緒二十九年十一月，至民國十二年六月，二十年間手工教育之要旨，可謂一成不變。

1.技能方面——製作簡易物品；

2.陶冶方面——用心思勤勞審美等。

民國十二年六月刊布之小學新學制課程標準綱要中有云：「工用藝術目的在研究並實習衣食住行所需最普通的原料用途和製法，工具的構造和使用，並引起尊重工作的觀念，欣賞工業品的興味，和涵養敏確整潔耐勞等德性。」

民國十八年八月教育部頒行之小學課程暫行標準中規定工作科目標為：

㈠實地操作：養成勞動的身手，平等互助的精神；

㈡計劃創造：發展創造的思想和能力；

㈢調查研究：增進評價能力生產興趣，並啓發改良生活，改良農工業等的志願和知識。

至是，手工科之名稱已變，其教學目標亦較前詳備，在知的方面，注重研究計劃；在行的方面，注重操作創造，而要以實際生產為歸。

三、教學時間之變更

手工列為小學必修科，始於民國元年。故手工教學時間之規定見於法令者，亦自民元始。茲表列自民元迄今之手工科教學時間如左：

1. 民國元年十一月公布之小學校教則及課程表中規定者。

第一表　初等小學校

學年 科目	第一學年	每週教授時數	第二學年	每週教授時數	第三學年	每週教授時數	第四學年	每週教授時數
手工	簡易細工	一	簡易細工	一	簡易細工	一	簡易細工	一

第二表　高等小學校

學年 科目	第一學年	每週教授時數	第二學年	每週教授時數	第三學年	每週教授時數
手工	簡易手工	男二 女一	簡易手工	男二 女一	簡易手工	男二 女一

2. 民國五年一月公布之國民學校令施行細則中規定者：

學年 科目	第一學年	每週教授時數	第二學年	每週教授時數	第三學年	每週教授時數	第四學年	每週教授時數
手工	簡易製作	一	簡易製作	一	簡易製作	一	簡易製作	一

附。註。

1. 缺手工圖畫唱歌縫紉之一科目或數科目者，其每週教授時數，可分加於他科目，並可減少總計時數一小時或二小時。
2. 視地方情形得酌加手工時間。

3. 民國五年一月公布之高等小學校令施行細則中規定者：

學年／科目／教學	第一學年	每週教授時數	第二學年	每週教授時數	第三學年	每週教授時數
手工	簡易手工	男二 女一	簡易手工	男二 女一	簡易手工	男二 女一

附。註。

1. 手工農業得視特別情形酌加時間。
2. 缺手工唱歌農業之一科目或數科目者，每週教授時數，可分加於他門科目，並可減少總計時數一小時或二小時。

4. 民國十二年六月公布之小學新學制課程標準綱要中規定者：

小學校授課以分數計，初級前二年每週至少一〇八〇分鐘，後二年至少一二六〇分鐘，高級每週至少一四四〇分鐘。各科約定百分比。實際計算如有除不盡者，應加整數，以符至少之意。

體育	音樂	形象藝術	工用藝術	園藝	自然	地理	歷史	公民	衛生	算術	國寫字	作文
				12		社會 20					0	
10	6	5	7	4	8	6	6	4	4	10	4	8

編者根據上列小學授課分數及各科約定百分比，計算小學工用藝術每週至少教學分數如左：

第一二學年——七六分鐘；

第三四學年——八九分鐘；

第五六學年——一〇一分鐘。

初級小學教學時間，較從前稍增；高級小學教學時間，

學科目		百分比 初級小學	百分比 高級小學
語文	讀文	3	12
	語言		6

女生增加，男生略減。

5.民國十八年八月頒行之小學暫行課程標準中規定者：

年級	低年級	中年級	高年級
分數	一五〇	一八〇	二一〇

低中高各級教學時間，均較前大增，可見重視手工教學之一斑。

四、教學材料之變更

清季小學手工一科，未為國人所重視，故手工科教材，亦極簡單，如光緒二十九年十一月奏定初等小學堂章程中規定：「在初等小學，但當教以紙製絲製泥土製之手工，以能成器物為主，不可涉於繁費。」同時奏定高等小學堂章程中規定：「手工授簡易細工。」

民國初年，小學手工教材，較清季略有變更，如：民國元年十一月公布之小學校教則及課程表中規定：「初等小學校宜授紙豆、紐結、黏土、麥桿等簡易細工，高等小學校首宜依前項教授漸進授以竹木金屬等細工。」

民國五年一月公布之國民學校令施行細則中規定：「宜授紙、絲、黏土、麥桿、竹、木等，及本地原有工藝品之簡易製作。」同時公布之小學校令施行細則中規定：「手工宜依國民學校令施行細則之規定漸進授以竹木金屬等，及本地原有工藝品之製作及簡易之製圖。」

民國十二年六月公布之新學制課程標準綱要中所規定之工用藝術教學材料，較前大備。茲錄其程序如左：

第一學年——

1. 知識方面：研究環境內衣食住粗淺的問題。
2. 技能方面：實習研究問題的發表製作。
3. 陶冶方面：引起工作的興味。

第二學年——

1. 知識方面：同第一學年。
2. 技能方面：同第一學年，加切身需要極簡易的工藝品的製作。
3. 陶冶方面：同第一學年。

第三學年——

1.知識方面：研究衣食和住中間土木金三主要工藝的普通問題。

2.技能方面：同第二學年。

3.陶冶方面：引起對於普通工藝有興味的情感。

第四學年——

1.知識方面：研究衣食和住中間土木金三主要工藝的普通問題。

2.技能方面：實習衣食和住中間土木金三主要工藝正式的初步製作。

3.陶冶方面：同第三學年。

第五學年——

1.知識方面：研究衣食和住中間土木金三主要工藝問題，和地方上特產或需要工藝的普通問題。

2.技能方面：實習衣食和住中間土木金三主要工藝的手工製作，和地方上特產或需要工藝的普通製作。

3.陶冶方面：引起對於世界上一切工藝事業的同情，使發生深切興趣。

第六學年——

1.知識方面：同第五學年。

2.技能方面：同第五學年。

3.陶冶方面：同第五學年。

民國十八年八月教育部頒行小學暫行課程標準中，工藝更名工作，教材範圍，視前更廣，包括校事、家事、農事、工藝、商情等五項，玆錄作業類別如左：

1.校事　校中以少用校工爲原則，一切粗細校務，由兒童和教師分担，每日早晨集會支配工作，討論工作方法。

2.家事　校內以有便於家事教學設備爲原則。家事的教學，可在校內支配工作，討論工作方法，限令在家庭間操作。由教員設法考查成績，但遇必要時，也可在校內工作。工作範圍以食衣住爲主。

3.農事　除園藝須在校操作。且無論鄉村城市都須有這一類工作外，農作畜養，由鄉村小學設置，并可在校指定工作範圍，研究工作方法，限令在家庭爲父兄助手，由教員設法考查成績。工作範圍爲：

1.園藝　研究種植本地主要蔬菜和普通花卉果樹，須和自然合一了做，萬不得已，可酌減課程內容而改爲「盆栽」。

2. 農作　本地主要農作物的栽培，和農具改良，栽培新法等的研究，並農人生活的認識。

3. 畜養　本地普通家禽家畜和蜂魚等的畜養，並畜養新法的研究。——城市小學也可酌量畜養力能畜養的動物。

4. 工藝　以製作並研究本地特產工藝爲原則。注重農事的學校，如不能兼備，可以省略此項作業。又各校可視環境需要，能力所及，在左列工作範圍內選擇一兩種實施。——但應研究認識的各事項，仍可兼備。

1. 特產工藝　如山東的製草帽，浙江甯波的織蓆。……凡兒童能力所及的，都可由校中設置，或限令兒童在家幫助父兄操作，由教員考查成績。

2. 紙工　紙花，紙本，紙製玩具，模型，文具，家具等的製作，和紙的製造法等的研究，並此類工人生活的認識。

3. 竹工　竹製玩具，模型，文具，家具等的製作，和竹器藤器的製造法等的研究，並此類工人生活的認識。

4. 木工　木製玩具，模型，文具，家具等的製作，和木器的製造法等的研究，幷此類工人生活的認識。

5. 金工　金屬玩具用具等的製造，和金屬器具製造法的研究，幷此類工人生活的認識。

5.商情　除估價一端，各校以設置爲原則外，餘可視環境需要能力所及而定。

1.估價　各種日用工商物品原料成本工價時值等的估計和調查。

2.銷售　本地各種買賣的調查統計，和小販，店夥，店東等商人智識道德的啓發。必要時得令兒童在校設商店，學習販買；或在校外練習販賣；或指導兒童組織消費合作社，幷令兒童研究消費合作和社會經濟的關係。

民國二十年六月教育部召集之中小學課程及設備標準編訂委員會第二次大會決議，有關於勞作科教學材料者，分錄於左：

1.工作名稱改爲勞作，將商情及研究部份納入其他科目。

2.作業類別之商情並較原標準說明瞭些，如「高級專習一二種」等。

3.作業類別加藤工，將蠟工石膏納入美術。

4.作業類別下加附註，說明學校設置勞作科的活動辦法。

觀此，可見工作科內容繁複，不易實施。從工作改爲勞作，內容改組，昔之手腦並用者，今側重於手的工作矣。

五、教學方法之變更

清季小學手工一科，徒具名稱，無所謂教學方法也。

民國初年，小學手工科教法之見於教育法令者，亦至簡單，如民國元年十一月公布之小學校教則及課程表中規定：「教授手工宜說明材料之品類性質，及工具之用法。其材料取適用於本地者。」民國五年一月公布之國民學校令施行細則中所規定者亦然。

民國十二年六月公布之新學制課程標準綱要中所定工用藝術之教學方法，較爲詳盡，茲照錄如左：

1. 初級時期的研究：純用設計法；或聯絡別科的設計共同進行，或拿本科的目的作設計中心，聯絡別科的協助進行。實習：把研究的結果任兒童的想像來發表製作。
2. 高級時期的研究：須偏重於簡單的工藝問題。有機會時可和自然科協同進行。實習須在正式的工藝製作方面進行。

民國十八年八月教育部頒行之小學暫行課程標準中所定工作科教學方法要點，視前更詳，茲分錄如左：

1. 本科主要的作業是實地操作和實地調查。各種作業，須和社會自然等科，打成一片教學。商情類的估價一項，尤應和算術聯絡教學。
2. 取材以適合兒童需要爲主，藉以習勞的爲輔。

3.調查本地特產，選擇利用，以爲教學資料。這是工作教學的一大任務。

4.實在的環境：如家庭，工場，商店，田園，村莊，運輸機關等，是工作法的參考所和工作材料的大來源，應充分利用；廉價的或不費錢買的實物，畫片，如廣告品，廣告畫，樣本，布片，家具，工廠無用的器具，農場可索取的作物，……亦應充分搜集，以備應用。尤應鼓勵兒童自去參考，自行搜羅。

5.應充分和社會自然聯合教學，並應充分應用大單元的設計。如一二年的「玩偶生活」，三四年的「原人生活」或「異方人生活」等，以爲教學的方法。

6.實地操作和調查，最易因勞苦而厭倦。須充分利用成績比賽等的方法，鼓勵兒童努力。

7.實地操作和調查前，須充分和兒童計畫，令兒童預算；務使方法時間和所用材料等，都經濟而有效。

8.實地操作時，須注意兒童能否按照事前的計畫而操作，隨時矯正他的謬誤，輔助他的力所不及，並以經濟而巧妙的方法，指導他們。但不可侵奪了兒童的自由發表。

9.實地操作和調查完畢後，須批評缺點，比較成績優劣，並令兒童知道自己的進步度。

10注意共同的操作，以養成分工和互助的精神。

11討論研究，須知操作和調查打成一片，不要獨立爲一種作業而流於空談。

12 適當時，可提供欣賞的材料，增進兒童藝術的興味。關於事物發明的故事，也不妨在適當的時機講演，或紹介圖書給兒童閱讀。

13 第一、二學年，兒童的力量有限，應注意工作的過程，不要苛求優良的成績。

14 第三、四學年，應充分使兒童用自己的力量，以滿足自己的需要。工作法，工具使用法的指導，是必須注重的。

15 第五、六學年，固然應促兒童嚴密應用工作法，以求成績優良；但工作的經濟的過程，機巧的創造力，仍比優良的成績爲尤要。

民國二十年六月教育部召集之中小學課程及設備標準編訂委員會第二次大會決議。工作改爲勞作，教學方法要點去(一)(二)兩項，餘略有更動。

餘論

由手工科改爲工用藝術科，由工用藝術科改爲工作科，由工作科改爲勞作科，科目名稱凡三變，教學目的，教學時間，教學材料，教學方法，亦隨之而有變更。顧內地小學設備簡單，教師技術不足，雖教學日課表，已更換新名，而實際所教，仍限于摺紙貼紙……等數種而已，將如何減少實際困難，以謀勞作課程之推行，實爲目前要圖！姑擬初步辦法數條，尙祈共同討論：

一、建設方面：獨用器具，歸學生分期置備；公用器具，歸學校分期置備，妥爲保管。

（應請教育行政當局撥發勞作設備費列入正式預算）。

二、教師技術方面：師範學校，增加「小學勞作」課程；暑期講演會，酌設「小學勞作」課程；暑期講演會，酌設「小學勞作」課程；向百工隨時請教學習。

三、材料方面：應用本地特產的製造；利用廢物的製造；實用品物的製造。

小學勞作教育實際問題的討論

本校小學勞作教育講習會各講完畢後，本有邀請全體講師和學員舉行一次總討論的規定。原意是擬在每講講師講完以後，把講稿，先行交換研閱，學員聽畢理論，再從實際上試驗和印證。然後再把這些要商量的意見有懷疑的問題，大家敘首一堂的討論一下。把這新興的勞教的釋義，，目標，和方法，給牠一個切實的解決。可是後來因爲講師多半來自遠地。且又爲職務所羈。講時已是湊便來杭，講後更難同時敘首商討。因此改用通函討論，所幸各學員尚能踴躍的發問，而各講師又給我們一些切實的指示，我想我們的懷疑的學員也可從下面得到些解答吧。

問題	發問的動機或原因	發問者對於本題的意見	講師的解答
勞作教育與生產教育可合一否？	勞教是整個的教育在訓練兒童有勞動的習慣，	請教育先進者指示！	勞作教育與生產教育，根本上是合一的，但對於生產二字，要取廣義的解釋，和慢性的期望，何以呢？凡人必先能勞作，肯勞作，方能生產；反轉來說，如欲生產，必須能勞作，肯勞作而後可，但是所謂眞正的生產，在

和與趣，養成手腦健全的人才。生產教育是要兒童有生產。做出實用的物品。現在勞教與生產教育，有人相提並論究竟合一的還是各異的？

將來，不在現在，譬如要以小學生的工藝作品爲賣品，十件之中恐怕沒有五件可以賣到幾個銅板，卽使賣到幾個銅板，恐怕抵不到一半成本，那末這種生產，豈非以虧本爲原則的生產麽？換句話說，豈不是愈生產要愈窮麽？所以我只認爲今日的勞作，是他日生產的基本訓練，不敢當他就是生產的手段，至於種的菜，可以吃，也可以賣，做的粉筆，可以用，也可以賣，（當然要虧本，當然不能多量，當然不能有常度，）原亦有生產的意義，然須知僅僅乎意義而已，不可遽然期望有多大的收入，若無多大的收入，便視爲勞作教育失敗，那是根本誤解了吧？

姜丹書

勞作教育，不能就說是生產教育，前者的範圍較大。

陳選善

黃敬思

本是一個，勞作科整個是生產教育的一大部分爲教學設施各項便利關係而分別的，分離並不是應有的，並不是最好的辦法。

熊翥高

勞作教育與生產教育鄙意實爲一問題之兩面看法勞作教育固然是要養成有勞動的興趣習慣的國民但在這勞動過

程中間實同時完成了一部分最基本的生產技能勞動既不是專指遊戲則其內涵大半有生產的性質鄙意如此

孫曉村

勞作教育亦重視生產惟範圍較生產教育為廣。

施仁夫

如何使全部課程勞作化？

本會講師對於勞作的意見，均認為廣義的應把全部課程勞作化。

請教育專家指示！

一個學校開教務會議時，如一致主張施行勞作中心教育，那末各科教材，應該多多採用勞作化的，互相聯絡，殊途同歸。

姜丹書

一、教師須先有相當之訓練，

二、設備的標準須變更

陳選善

黃敬思

不是三言兩句可敘述，川沙縣生產教育的一個辦法，及鄙人講演時所舉的幾個例子，是一種辦法，此外可類推。

熊翥高

由主知的教育變成主行的教育一切課業都要兒童手腦並用身體力行

施仁夫

鄉村小學應如何急起整頓實施勞作教育？

因爲農村經濟崩潰，鄉村小學也受到極度的影響。而鄉的破產，正是中國教育的危機，而鄉村失學兒童頗多，教師不良，希望教育當局及從事于教育者注意及之。

聯絡家庭提倡生產教育，富有者資助田園爲校小園及試驗場。貧苦者不收費。施以「勞作環境化」「環境趨向於生產化」。如出產竹木者勞作科以竹工木工爲中心；靠近水產牧場者，注重漁牧教育。如此，學校社會可打成

整頓原很要緊，但切不可着眼在形式而忘其精神！所謂形式，譬如看到鄉村小學兒童的衣服太不一律了，於是嚴令做制服，穿制服，就算完事，但是精神之好不好，豈在此麼？……浣洗補綴，都是勞作作業的好機會，也就是訓練刻苦的精神所在。至于形式的不劃一，有何害處呢？

姜丹書

教學輔導師資訓練爲整頓鄉小之基本辦法

陳選善　黃敬思

立意甚佳，望提案者就學校所在地求實際辦法，因爲生計問題是最複雜的問題，决非空泛的主張可得解决。

熊翥高

凡遇此類問題時須注意其前提如何

孫曉村

一片，且不受經濟的束縛。至于指導人才，是師資問題，當另行設法訓練。

城市小學應如何實施農作？

城市小學兒童往往不辨菽麥，這是顯著的事實，所以農事訓練應認爲教育上的重要問題。

有校園應利用校園，沒有校園應設法擴充到校外去。擴充方法。最好與附近農場聯絡每校分組輪流出發。請該場人員予以相當

(1)宜常舉行郊外觀察，譬如冬天可去看豆麥之苗；春天可去認桑茶之葉……；牛如何耕田；農夫如何耘田；……

(2)有校園者，實施園藝作業；無校園者，實施盆栽，槽植。………

城市小學如須設農作科可參照發問者意見　姜丹書

勞作教材，最好勿離環境，都市小學，宜有都市的教材，研究工藝問題，材料多，實地觀察易，應就此等問題教學做，勿一定舍近圖遠。上法所述的農場地位，離校

陳選善　黃敬思

指導，每組須種植園地一方，除勞作本園工作外，須觀察大規模之農場一次，視察及種植過程，每人須詳細記錄，回校作詳細報告。聯絡辦法由市政當局或個人接洽。

不遠，辦法很佳，否則時間上必生很大困難。 熊翥高

此法可採用。 施仁夫

小學勞教是否養成兒童為將來職業陶冶還是為

是為將來的職業陶冶的。 姜丹書

小學勞教的主要目的見教育部所頒布之課程標準。 陳選善 黃敬思

目前生產技能？

均不全是！也不能說是不是！鄙人講演中曾提及過。

熊翥高

一、使兒童有勞動的習慣，性情，興趣，愛好。

二、使在勞作過程中得養成生動技能

三、使其知道「讀書就是做人，做人也就是讀書」（此讀書係指受勞作教育而言

孫曉村

雙方兼顧，生產技能要取廣義的，不宜專習一二種

施仁夫

小學實施勞教能不影響到利用童工否

小學勞教與工廠利用童工，形式上雖若相近；然根本意義上實有不同，——小學勞教的立場，在教育上；工廠利用童工的立場在職業上，譬如小學生做木工，不是要練成木匠；工廠內木工場裏的藝徒，是要練成木匠的。勞作而有教育的意義者，第一要注重養成刻苦，勤勞，樸實，平民化等等德性；其次方是技能問題，因爲小學內根本不能練就技術者，即使能夠，亦不是單有技能，便算完成了爲人之道。

姜丹書

聽施仁夫先生講演謂日本有些學校只有年老校役一人看門，其餘一切事務由學生分組負担。此種學生勞

我們學校學生學習農事可以說是勞作，在家幫助農事也可說是勞作嗎？勞作而有教育的意義者應如何？

勞教的目的在教育兒童，

作與工廠利用童工似無甚區別。

利用童工目的在謀利，二者迥然不同，

陳選善　黃敬思

工廠用童工，是只顧工作的生利設想，不肯爲兒童體力設想，所害多利少，宜禁。教育兒童，是量兒童的身心能力爲根據，無害而有利，所以宜提倡。

熊翥高

所謂勞作教育原不應當專在學校內做功夫如能進入社會則更爲確當至學校中勞作教育與工廠中利用童工根本不同利用童工乃爲謀獲到利潤而施行剝取不問童工之身體能力而只求其有生產物出來

孫曉村

(1)教部課程標準中家庭工作也認爲勞作

(2)小學勞作決不是工廠中的童工因爲學習的目的和方式絕然不同

(3)勞作而有教育的意義者應使兒童生長；就是要使兒童的『見識』『能力』『態度』有相當的進步

施仁夫

小學勞作科教學時可以分組教學的嗎？

確實地試驗分組教學時間既不夠分配且顧此失彼指導難週，結果無一組完美者，會中聽到講師說可以分組教學故發此疑問。

分組教學事實上是不可能，小學勞作科在鄉村除研究廢物利用教學法外，可教兒童在家實習農事家事，但須負切實考查成績的責任。都市小學女生多自己有工作做男生可分其帶一花缽來各自栽花澆水管理。教師用比賽

分組似非必不可能，不過教師確要吃苦些。

姜丹書

可以分組

陳選善　黃敬思

上列例子是一種方法，實際不敷應用，宜隨機應變

熊翥高

上述方法可以採用，也就是一種分組教學的事實

施仁夫

		方法同他們研究討論其餘的工藝。	
施行勞作教育如何應用教學做合一的教學法？	歸納講師意見，不外下列幾種 1.手腦並用 2.打倒士大夫教育思想 3.生活教育 4.養成兒童克苦耐勞之習慣。	多多參考陶知行氏「中國教育改造」和徐德春著的「教學做ABC」及陶知行之教學做合一討論集	誠然。 姜丹書 是的 施仁夫
在教育上有價值之工作，竟有少數兒童所不喜爲，這時應	兒童個性不同，有的喜歡這樣，有的喜歡那樣，能適合全	似以教育上的需要爲標準的一說爲合理，但如何能顧及教	應該以教育意義爲衡，若遇個性不喜勞作的兒童，正宜以循循善誘的功夫去矯正他。 姜丹書 須供給適宜環境以引起其興趣 陳選善 黃敬思

以尊重兒童個性呢，還是教師強迫着做呢？

級兒童個性的，事實上似不可能。並且這是勞作教育時所常見的事實。

育個性。也須注意。

一級內之兒童年齡有大小，學習材料能否同樣？興趣能否相同，如有人不發生興趣，教師強

因爲問者所在的學校是入力車夫子弟學校入學者大都是從前失學者。所以年齡相差太遠，

教一作業，假如七歲的同十一歲合級。七歲者喜教泥工。十一歲者喜模仿縫工。興趣各異，

最好並顧，不然也可視教材而區別。

熊翥高

問題是在兒童所表示者，是否眞有個性如眞係個性，則宜從個性，但在實際上所表示者，有時乃爲傳統的習慣及觀念之反動。

孫曉村

兒童天性莫不喜歡活動而勞作科的活動範圍最廣兒童如不喜歡做恐已受從前教育的影響不能視爲純粹的個性問題教師應當誘導他工作

施仁夫

可以酌分教材

姜丹書

須顧到學者的興趣，大部分時間由學生自己活動或工作。

陳選善　黃敬思

應分組教學。

熊翥高

年齡相差過大的不宜編入一級；十四歲的女子未必再喜玩洋娃娃，教材不妨多用幾種。

而行之與徒弟制有分別否？

每至教學時，發生許多困難。

爲劃一教材起見，必顧東失西，否則強而行之，與徒弟制無異。又如十一歲與十四歲合級的女生教洋娃娃的過冬，十一歲者喜學鞋子衣服，十四歲必怕羞無興趣，如依照個性教育則教者分身乏術。

施仁夫

如何徵集勞作科教材？	勞作科教材繁多，不易尋找有價值的材料。須經過試驗後才能決定。各校所已採用者，當不乏極有價值之教材，收集整理，供各校參考，較之自行摸索任意試驗者便利多多。	由杭州師範向各地學校徵集之。	教材誠然很多，要在各教師能夠適宜應用。 姜丹書 贊同發問者意見 陳選善 黃敬思 商務出版的勞作教本，已搜集不少，可參考，另外要搜集，恐不易爲。 熊翥高 鄙意對發問者之意見表示贊同 孫曉村 可行。 施仁夫
勞作科的教學時間，應	1.三十分鐘的教學時	1.應用固定的工作場	1.不妨兩節連排，一兒童聽課至五六十分鐘，固然不行，但兒童的活動性非常豐富，對于此種活動的作業，

如何支配才能適當？	間，實在不夠！除了分發用具材料做的時間實在很少哩！	可以利用課外時間。 2.可改爲六十分鐘或連排二節。 3.如連上兩節有困難可排在下午末了一節。	時間稍長，非但無害，而且有益，假使其中有感疲勞者，自己自會息力， 2.可排在下午末了這一節，以便可以延長工作　姜丹書 贊同發問人意見　陳選善　黃敬思 甚佳，　熊翥高 是的。　施仁夫
小學勞作科上課時間短促，實施上有無妨礙？	小學中以每節三十分鐘爲原則，似與勞作科的精神上不易貫徹	在自然科先令兒童充分預備怎樣去勞作，在勞作科不妨把時間延長。	勞作科課業時間內，固要認眞去習勞，然所謂勞作教育，豈勞僅在一定時間內實施？允宜隨時隨地貫徹實施的旨趣，譬如吃飯時宜令各洗各的碗筷；走路時，宜令其多步行；（對于汽車包車送出接進的兒童，尤宜加此訓練，）鄉村兒童遇雨時有赤脚之本能及習慣者，尤不宜任其誤認穿皮鞋爲高貴………　姜丹書

可相當延長

陳選善　黃敬思

勞作科教學做時最好在末一課，并且更當有課外操作時間。

熊翥高

在勞作教育中時間應當廢除至少亦須延長

孫曉村

時間表勿過于固定勞作時間須要延長時不妨延長

施仁夫

勞作科的工具材料，杭市小學雖有一部份的設備但不敷應用，應如何補救？

關于經費的話，我說不來，况且說也沒有用！

姜丹書

權其緩急輕重，分期購置，能自製者，自製之爲宜

陳選善　黃敬思

沒有好方法。

熊翥高

如何免除用具的損壞和遺失？

學校製備的用具，使用沒有多時，

在未上課前詳細討論用具使用法，

上面的意見很對。

姜丹書

贊同發問者的意見，

	就破壞或遺失了！	不用笨重的工具應適合兒童體力。指定保管的人或組織委員會負責保管。	許多出版的工藝及勞作等教本中都討論及此，可以去參考！ 陳選善 黃敬思 熊翥高 上述方法可用 施仁夫
小學工作科之工具及材料之經費由學校供給好，還是由學生自理好？	問者所在學校經費，由人力車夫俱樂部接濟。所以備一工具，手續麻煩而一時難以購備。故發此疑問。	材料工具由學校供給學生往往不加愛護如由學生自理則家庭恐不能同意請指示	1. 工具最好由校供用，但經濟很困難的學校，不妨稍收一些使用費，務須收得少，積少可以成多的如經濟不甚困難，當然以不收爲是， 2. 工具損壞，可以責成賠償，一則藉資彌補；二則可以養成責任心和公德心。 3. 材料應該核實收費， 4. 如將作品充陳列成績時，材料費應免收。 姜丹書 由校供給好。 陳選善 黃敬思 應由學生自理，要家庭同意，應使設施有精神，操作有價值，自會解決。

熊翥高

照上述的學校似應由學校置備但須指導經濟的使用法

施仁夫

實施勞作教育能使學校與家庭打成一片嗎？

兒童在校做勞作家屬往往不同意，在家的實習掃地洗衣，也有會不許他做，雖在家庭訪問。家屬談話會，詳爲解說，但家庭深中『求學只在識字』的毒，牢不可破，眞無法想！

應時時勸導並如蘇俄五年計畫的引起整個社會的注意，而以工業化爲全民一致的總目標轉移他的思想

須要力謀與家庭打成一片，對于頭腦中毒的家庭，尤宜竭誠聯絡，使他們了解勞作教育的意義，譬如有二兒童：甲係勞動家之子，平日本來在家勞動的；乙係富貴家之子，平日汽車進出的：那末在校施行勞作作業時，對于甲，稍放鬆些還不要緊；但對于乙，却須格外循循善誘，矯枉而不過正爲要。

姜丹書

眞正的勞動訓練，家庭間持異議的極少極少的，因爲勤儉是中國舊道德，前列的事實，或許尙有其他問題

熊翥高

此是整個社會問題將來或許有全國動員的一天，

孫曉村

多開談話會先要使家長明瞭勞作的意義。

施仁夫

小學工場狹小，人數過多，如何解決數學上各種的困難？	兒童喜歡各自工作或種植但是狹小的農場或工場，不能各個分配一方地或一件工具。分組分級的做，他門興趣不好，結果也都不好。		1.利用空地，例如走廊，天井，操場等處，只要無妨礙時，都可作臨時活用的工場。 2.分組分級，也是一個辦法，至于興趣及結果之好不好，恐怕是另一問題？ 姜丹書 分組分級乃合理的辦法，引起興趣是在教師， 陳選善　黃敬思 1.教育行政機關應規定小學最低限度的設備。 2.工具應添置，農場太小應就近租用空地，租金列入預算中 施仁夫
城市小學能以不用工役爲原則麼？	學校工役多，於校事無補，在可能範圍內應極力減削，最好不用校役	小學既實施勞作教育，那麼校中掃地抹桌的事務，可令兒童分組辦理	實際上雖不能一個工役不用，但一切雜務，凡可指令兒童工作者，教師當督率爲之。譬如菜園內要澆糞，教師要領頭去做；教室內痰盂要倒，亦然，（此當然不限于勞作科教師），且不但去澆去倒就算好，並應說明其理由及注意等等，尤須習以爲常，養成習慣，方是切實的訓練，倘若偶一爲之，類乎逢場作戲，這所謂裝裝場面

。

，學生體力不勝的工作，可由少爺化的學生與教師。

，完全無用。

相當的贊同發問人意見　　姜丹書

爲時間的代價上估計，尚有不盡然處，宜斟酌辦理！不宜過甚。　　陳選善　黃敬思

　　熊翥高

甚好，　　施仁夫

小學勞作科如令兒童做土木工等其家屬不表同意時應如何設法勸導？

在校內的作業，家屬卽使不贊成，亦無法干涉，至于在家庭內的活動，只好盡力去勸導，能得幾分效力就算，不能得效也無法，難道教師可以到兒童的家庭裏去教他劈柴麼？　　姜丹書

開家長懇親會，開勞作成績展覽會，　　陳選善　黃敬思

不要遷就，過幾時自會使家庭習慣不自覺了。　　熊翥高

？

的探討而不作實地的試驗或狹小的農場而不敷用，但未能有深切的體驗，所以有特約改良農場的必要。

學校切實與之合作，並由政府供給新式農具，改良種子肥料等——可酌收費用但不超過農民原來所需費用。

問題很多，宜小試，有效後再呈請為是 熊翥高

可行 施仁夫

校外農場的作物如何不被毀壞和偷竊？

學校種的及做的竹籬常被毀壞偷去

無妥善辦法請指教！

此在理論上有一個治本的辦法：即整個的學校，要能做成功如聖人的杏壇一樣，那末，可以「化行俗美」，「路不拾遺」，「有恥且格」…了！雖說不容易做到，但古之聖人賢人，也都是人做的，凡為教師的人，當有「希聖希賢」的志向，用些功夫，把環境內的鄙夫貪婦頑童感化過來，半年不成則一年，一年不成則二年三年，……只要真誠做去，總有見效之日，況且學校教師本也應該同時負起民衆教育（社會教育）的責任，莫謂我作迂腐之談！

否則誠無辦法，市上雖有警察林立，猶不免盜賊蠭起！

姜丹書

平日多與地方人士接近，使地方人士感覺到農場是他們自己的一樣，

陳選善　黃敬思

態度應充分聯絡民衆，方法應效法民間習慣法，并且萬不可用消極的取締。

熊翥高

應當努力做改良環境的工作

孫曉村

勞教工藝中例如作一竹刀屬於竹工業還是屬於作竹刀之技能？

竹工業，沒有這樣容易，不過使他得一些削竹的經驗而已，譬如知道竹材只可削，不可斜削，橫削，又直削易于一削到底，都是因爲纖維條直的關係

姜丹書

正學習：做竹刀，

副學習：竹工業的調查研究，

附學習：培植樂做工作的態度，

施仁夫

為增加觀摩機會可否請求杭州師範，舉行小學勞作科演示教學？	教學方法基於技術和經驗，如技術嫻熟，經驗豐富，才能應付裕如。且此種技術經驗，往往各人自有其獨到的地方，如能舉行演示教學，俾缺乏經驗者，獲得觀摩的機會。	由杭州師範約定擅長勞作教育的教師，分農事，家事，工作……等逐項演示，供有志研究者的參觀。	誠然， 贊同發問人的意義。 方法甚佳，可以採用。 鄙意與發問者的意見同 姜丹書 陳選善 黃敬思 熊翥高 孫曉村
非勞作科之教師，不肯協助勞教之			我以為一個學校內全體教師，凡事都應該通力合作，不但對于一科的作業如此，我想凡是良好學校，良好教師，總不肯自居例外吧？如果甘居例外，那是無法可救，

推行，應如何設法救濟？

無法可濟了！難道硬拉他就有用了不成？　姜丹書

應由校長追究原因，設法補救，如舉行各科教師聯席會議，說明勞作教育之涵義　陳選善　黃敬思

最好用行政的力量促成之如川沙縣生產教育初步設施的方法是一個救濟的辦法。　熊翥高

為研討的便利應否組織勞作教育研究機關？

無論何種學術少數人的埋頭研究，不及多數人的共同討論短時間的相互討論，不及長時間的試驗研究。目前的勞教，尚在試驗

由杭州師範發起徵集同志組織之

誠然　姜丹書

贊同發問者的意見。　陳選善　黃敬思

可以進行，　熊翥高

可以做，　孫曉村

時期。關於理論的探討方法的研究，效能的實驗，教材的選訂有待於我們研究者正多。倘無永久研究機關，誰來負此責任。

如何提高小學勞作教師的待遇？

小學勞作科教師待遇特別低微，而所負教學責任與正教員一樣。去年杭市舉行工

由本會呈請教育行政機關凡小學教師，一律平等待遇。依照權利義務對等的原則

現在小學勞作科教師的待遇，當眞比到正教員打個七折八折的麼？這眞是豈有此理！第一回聽到！究竟是根據什麼道理呢？如果實情如此，很希望教育行政當局，趕緊廢除不平等條約。

姜丹書

小學勞作科教師的待遇應與其他教師相同。

陳選善　黃敬思

作科成績展覽會，其餘教師若無其事然，負該科責任的教師更覺辛勤。

，待遇應該平等。

待遇無論平等與不平等，均有利弊，最好由校長視事實全權支配，可是校長不善用其權，流弊也很大。 熊翥高

鄙意對發問者的意見表示贊同 孫曉村

行政機關應根據各種條件規定教師待遇標準 施仁夫

勵行勞作教育之根本辦法應否先從師範生着手？

無勞作的教師必不能施行勞作教育。故對於師範生應先有，相當的訓練。

呈請教廳通令全省師資機關着手訓練勞作師資

誠然誠然，古訓云：「以力教者從，以言教者訟」！ 姜丹書

應注意廣義勞作化的師資 陳選善 黃敬思

極贊成，不過師資機關接到此項命令，如何設施，方可養成適當的師資，是一個很大很難下手的問題。 熊翥高

只要令原有的師範學校注意訓練， 施仁夫

勞作科已是活動的教材，那種是對，那種不對，不能件件都試驗，那末應用的書籍來參考，是很重要的一件事，所以我在這裏特地請求諸位講師開示一單給我們吧！

可以多在實際上尋求至于參考的書籍，恐怕搜遍國內，也得不到三數部吧？請向各書店討一本圖書目錄，翻翻，便可知道。

姜丹書

教師須根據時間空間而定。

陳選善　黃敬思

商務最新出版的勞作教本，前八册(初級)爲翥高校閱者，後四册(高級)爲翥高編輯者，爲翥高個人所知的參考材料，盡行搜入，惜乎在一二八時稿子已燒去大半，現在正在續編。

熊翥高

完

附錄（一）

勞作科課程標準

第一　目標

（一）養成兒童勞動的身手和平等、互助、合作等的精神。

（二）發展兒童計劃、創造的能力。

（三）增進兒童的生產興趣和能力，幷啓發其改良生活、改良農或工的志願和知識。

第二　作業類別

（一）校事　校中以少用校工爲原則。一切粗細校務，由兒童和教師共同討論工作方法，分別擔任；幷須由教員考査其結果。

（二）家事　家事設備較完善的學校，以在校內工作爲原則。如設備缺乏，則可在校內支配工作，討論工作方法，限令在家庭間操作，由教員設法考査其成績，工作範圍以食、衣、住爲主。

(三)農事　除園藝須在校操作，且無論鄉村城市都須有這一類的工作外，農作畜養，以鄉村小學設置爲原則。如不能設置，並可在校內指定工作範圍，研究工作方法，限令在家庭爲父兄助手，由教員設法考查其成績。其範圍爲：

(1)園藝　研究種植本地主要蔬菜和普通花卉、果樹，須和自然科的作業聯合成整個的單元。萬不得已，可酌減課程內容而改爲「盆栽」。

(2)農作　本地主要農作物的栽培和農具改良，栽培新法等的研究試驗，並改良農人生活的研究。

(3)畜養　本地普通家禽、家畜和蠶蜂魚等的畜養，並畜養新法的研究試驗。

(四)工藝　以製作並研究本地特產工藝爲原則。注重農事的學校，如不能兼備，可以省略此項作業。又各校可視環境需要，能力所及，儘量設置。左列各種工藝，高年級生應專習一兩種。

(1)特產工藝　如山東的草帽，浙江甯波的草帽和織席……凡兒童能力所及的，都可由校中設置，或限令兒童在家幫助父兄操作，由教員考查其成績。

(2)紙工　紙花、書本、玩具、模型、文具、家具等的製作，和此類工人生活的認識。

(3)竹工　玩具、模型、文具、家具等的製作，和此類工人生活的認識及調查研究。

（4）土工　玩具、模型、文具、磚瓦等的製作，和此類工人生活的認識及調查研究。

（5）木工　玩具、模型、文具、家具等的製作，和此類工人生活的認識及調查研究。

（6）金工　玩具、用具等的製作，和此類工人生活的認識及調查研究。

第三　各學年作業要項

類別＼要項＼學年	第一·二學年	每週時間	第三·四學年	每週時間	第五·六學年	每週時間
校事	一、教室的清潔布置。 二、教室用具的分工管理。 三、教室的設計裝飾。 四、其他	在校實行不計時間	一、教室內外和場地的清潔佈置。 二、教具、校具、校舍、校地的分工管理。 三、教室、會場、園亭等處的設計裝飾。 四、經濟的工作方法的研究設計。 五、其他。	不計時間	一、校舍、校地的清潔佈置。 二、教具、校具、校舍、校地的分工管理和修理。 三、校舍、的設計裝飾，門窗的油漆，牆壁的彩飾等。 四、經濟的工作方法的研究設計。 五、其他。	不計時間

家事	食	衣	住
限令在家庭實習	一、設計中需要食物的煮、蒸、醃、醬。 二、普通主要食物的種類和物價的調查。	三、設計中需要衣飾的洗、摺、結、綴、剪等法。	四、設計中需要的家屋模型和家具的裝置。
不計時間	一、設計中需要食物的煮、蒸、醃、醬、煎、炒、餞醉、油酥、發酵等。 二、繼續一、二學年。	三、設計中需要衣飾的洗、摺、結、平針縫、迴針縫、切針縫、剪、裁、編、十字繡、平繡等法。	四、各個家宅構造佈置等的調查批評和改良的設計。 五、主要家具的價值等
不計時間	一、普通食物的蒸、煮、煎、炒、薰、醃、醬、餞、風乾、油酥、發酵等。 二、繼續三、四學年。 三、主要食物工業概況的認識。	四、普通衣飾的洗、摺、熨、結、平針縫、迴針縫、切針縫、剪、裁、編、繡、補等法。 五、主要衣服工業概況的認識。	六、家宅建築、佈置、經濟的、衛生的、秩序的、優美的研究設計。

	農			
	園藝(或酌減爲盆栽)		農	
	一、本地主要易栽蔬菜和普通易栽花卉的種植，灌溉、施肥、除蟲等。	除限分在家庭田園等處	二、本地主要易栽農作種植物的去草除蟲等。 三、農具的認識和整理。 四、本地農人生活的調查研究。	實習的不計外所習的農事工
的調查研究。	一、本地主要蔬菜和普通花卉的植苗、移植、分栽、施肥、換種、灌溉、除蟲、留種等。 二、庭園的佈置設計。	除限分在家庭田園等處	三、本地主要農作物的選種、培秧、施肥、換種、除蟲、收穫等。 四、農具的調查和批評研究。 五、本地農民生活的調	實習的不計外所習的農事工
七、家具價值等的調查研究。 八、居室工業概況的認識。	一、本地主要蔬菜、普通花卉、主要果樹的栽植、扦插、按接…等。 二、園庭的佈置設計。 三、關於園藝改良的問題研究。	除限分在家庭田園等處	四、繼續三、四學年。 五、農作物栽培新法的研究試驗。 六、世界各國農業概況農作方法的參考。 七、農民、農運、農業和民生主義關係的	實習的不計外所習的農事工

事		工	
作	畜養	特產工藝	紙
	五、普通家禽（如鷄鴨）和蠶的畜養。	一、本地簡易特產工藝的製作練習。 二、製作品功用銷路的調查研究。	一、設計所需要簡易物品的製作。 二、兒童生活所需要的簡易物品的製作。
藝無論一種或數種 總時間定爲90分			
查研究和改良設計。	六、普通家禽（如鷄、鴨、鴿）家畜（如羊）等和蠶的飼養。 七、畜養新法的研究實驗。	一、繼續一、二學年。 二、製作品價值銷路等的調查研究。 三、製作品改良的設計。	一、繼續一、二學年。 二、繼續一、二學年。 三、繼續一、二學年。加切、鑿、求形、
藝無論一種或數種 總時間定爲120分			
研究（注重耕者有其田和改善農人生活的研究）。	八、家禽、家畜、和蟲（蜂蠶）魚的畜養。 九、畜養新法的研究試驗。	一、繼續三、四學年。 二、製作品的計劃創造。 三、本地手工業和手工工人生活的改良研究。	一、繼續三、四學年。 二、繼續三、四學年。 三、教科及問題研究中所需要的物品的試
藝無論一種或數種 總時間定爲150分			

工	土工
三、裁、剪、糊、貼、摺各法的練習。 四、紙和紙製實物的認識。	一、 二、｝同紙工一、二項。 三、摶、搓、捻、黏各法的練習。 四、陶器、瓷器的認識。
造花各法的練習。 四、各種紙料價值和製法的調查研究。	一、 二、｝同紙工一、二項。 三、繼續一、二學年，加燒、設色、施釉、砌、鋪各法的練習。 四、陶器瓷器的製法和價值等的調查研竟。
驗創作。 四、各種實用物品的製作。 五、繼續三、四學年，加裝訂等法的練習。 六、印刷工業概況的研究，幷此類工人生活的改良研究。	一、 二、 三、 四、｝同紙工一、二、三、四、項。 五、繼續三、四學年第三項，加塑造、模製、雕刻、各法的練習。 六、陶瓷器工業狀況的研究和此類工人生活的改良研究。

竹工	木工
一、二、同紙工一、二項。 三、削、劈、刮、斷的練習。 四、竹料竹器的認識。	一、二、同紙工一、二項。 三、釘、鋸各法的練習。 四、木料、木器的認識。
一、二、同紙工一、二項。 三、繼續一、二學年，加鑽、琢、穿、烘、膠、施色、酸化各法的練習。 四、竹器的製法和價值等的調查研究。	一、二、同紙工一、二項。 三、繼續一、二學年，加剉、刨、油、漆各法的練習。 四、木器製法和價值的調查研究。
一、二、三、四、同紙工一、二、三、四項。 五、繼續三、四學年第三項，加編、紮、雕刻各法的練習。 六、竹工業概況的研究和此類工人活的改良研究。	一、二、三、四、同紙工一、二、三、四項。 五、繼續三、四學年第三項，加鑿、穿孔、起綫、合榫、起槽、求角度、製圖等法的練習。 六、木業木工業等狀況研究，並此類工人生活的改良研究。

工藝	
金工	一、二、同紙工一、二項。 三、鐵皮、鐵絲剪折等法的練習。 四、五金和金屬物的認識。
	一、二、同紙工一、二項。 三、繼續一、二學年第三項，加剉、刨、鉗等法的練習。 四、金屬器皿製法和價值的調查研究。
	一、二、三、同紙工一、二、三、四項。 四、五、繼續三、四學年第三項，加展、捲、鍛、等法的練習。 六、金工業的狀況研究，並此類工人生活的改良研究。

第四　教學要點

(一)本科應充分和社會、自然聯合教學，並應充分應用大單元的設計，如一二年的「玩偶生活」、三四年的「原人生活」或「異方人生活」等以為教學的方法。

(二)調查本地特產，選擇利用，以為教學資料，這是勞作教學的一大任務。

(三)實在的環境：如家庭、工場，商店、田園、村莊、運輸機關等，是勞作法的參考所和勞作材料的大來源，應充分利用；廉價的或不費錢買的實物、畫片，如廣告品、廣告畫、樣本、布片、家具、工廠無用的器具、農場可索取的作物……亦應充分搜集，以備應用，尤應鼓勵兒童自去參考，自行搜羅。

(四)實地操作和調查，最易因勞苦而厭倦，須充分利用成績比賽等的方法，鼓勵兒童努力。

(五)實地操作和調查前，須充分和兒童計劃，令兒童預算；務使方法、時間和所用材料等，都經濟而有效。

(六)實地操作時，須注意兒童能否按照事前的計畫而操作，隨時矯正他的謬誤，輔助他的力所不不及，並以經濟而巧妙的方法，指導他們。但不可侵奪了兒童的自由發表。

(七)實地操作和調查完畢後，須批評缺點，比較成績優劣，並令兒童知道自己的進步度。

(八)注重共同的操作，以養成合作的精神。

(九)討論研究，須和操作調查打成一片，不可獨立爲一種作業而流於空談。

(十)適當時，可提供欣賞的材料，增進兒童藝術的興味。關於事物發明的故事等，也不妨在適當的時機演講，或介紹圖書給兒童閱讀。

(十一)第一、二學年，兒童的力量有限，應注意工作的過程，不要苛求優良的成績。

(十二)第三、四學年，應充分使兒童用自己的力量，以滿足自己的需要。工作法、工具管理、修理及使用法的指導，是必須注重的。

(十三)第五、六學年，固然應促兒童嚴密應用工作法，以求成績優良；但工作的經濟的過程，機巧的創造力，仍比優良的成績爲尤要。

附録（二）

浙江省立杭州師範學校附設小學勞作教育講習會簡章

第一條　本會爲提倡勞作教育研究其理論和實施方法供給各小學實際上之需要爲宗旨

第二條　會員名額暫定爲六十名凡本市小學教師有志研究勞作教育經本會認可者皆得入會並聽講參加討論

第三條　本會講演及討論之材料暫定下列各項

1. 小學勞作教育之哲學的基礎
2. 小學勞作教育之心理學的基礎
3. 小學勞作教育與社會問題
4. 小學勞作教育與職業教育
5. 小學勞作教育與小學教育
6. 小學勞作教育與教育行政
7. 小學勞作教育中的實際教學問題

8.劳作主義教育的縱横檢討

第四條　上列各項講演完畢後各講師及各會員舉行討論會一次

第五條　講習會時期暫定爲十星期（講演九星期討論一星期）

第六條　本會定於十月十七日開始講習講習時間定於每日下午七時至九時

第七條　本會會員每人繳納會費一元

第八條　本簡章經浙江省教育廳核准施行

附錄（三）

小學勞作教育講習會講題及講師姓名一覽

講題	擔任講師	現任職務	通訊處
小學勞作教育與社會問題	江問漁	江蘇省前教育廳長 中華職業教育社社長	上海中華職業教育社
小學勞作教育之心理的基礎	陳選善	大夏大學教育學院院長	上海大夏大學
小學勞作教育與小學課程	俞子夷	浙江大學教授	杭州浙江大學
小學勞作教育之哲學的基礎	黃敬思	大夏大學高師科主任	上海大夏大學

小學勞作教育與人化教育	董任堅	大夏大學教授	上海大夏大學
小學勞作教育與職業教育	楊衛玉	中華職業教育社副社長	上海中華職業教育社
勞作主義教育的縱橫檢討	金嶸軒	浙江省教育廳第三科科長自治專修學校教務主任	杭州馬坡巷自治專修學校
勞作教育與社會問題	孫曉村	勞働大學教授	
小學勞作教育的實際教學問題	姜丹書	國立藝術學院教授本校教員	杭州性存路本校
小學勞作教育與教育行政	熊翥高	福建省教育廳指導員川沙縣教育局局長	川沙縣教育局
小學勞作教育與小學教育	施仁夫	江蘇省立蘇州女子實驗小學校長	蘇州蘇中附小

編輯後記

編　者

這本小册子，經過長時期的料理工夫，現在總算呈獻到讀者之前了。在綴上這最後數語時，編者從抱着歉意之中，也微微地感覺到一些輕鬆的安慰。

在這樣的年頭兒，許多教育者常常有一種憤慨的呼聲——學校關門。社會的不景氣，根本上，固然不是教育這一件工具所獨負的責任。不過，中國數十年來所謂新教育，僅僅生吞活剝地抄襲些洋八股來，換一換那些知識商店的招牌；依然一批一批地造成那些「四體不勤，五穀不分」，而又優越地取得人家生活資料以營一己生活的新式士大夫。這樣畸形教育的結果，的確，祇有促進社會加速度的不安和危險。

那末，怎樣才能教人「穿衣植棉」，「吃飯種稻」呢？我們曾經組織了一屆勞作教育講習會從事討論着。這會裏有十幾位專家和數十位小學教育實際工作者，一方從哲學上，心理上，社會上，各方觀點，闡發小學勞作教育的理論；一方更從行政上，課程上，教學上，討論辦理的方法。這本册子，便是那時講演和討論的殘影。

對於來校講演或討論的每位專家，我們都飽含着甚深的謝意。其中尤其是黃敬思，陳選善，孫曉村，金嶸軒，姜丹書，幾位教授，從百忙中親自屬稿。那洮然的美意，更是值得我們銘縷不忘的。還有，担任繁重紀錄工作的邱漱汀先生和封面作圖者楊秉儀先生，至今，也同樣地在我們心懷中深深感念着。

六，三〇，二二•

A Collection of Lectures On Normal Eduction, Vol. Ⅱ.

Published by
The Provincial Normal School of Hangchow.

中華民國二十二年六月出版

小學勞作教育

（師範教育學術講演集第二輯）

每册定價實洋二角

編輯者　杭州師範學校推廣教育處
發行者　杭州師範學校總務處
代印者　杭州新新印刷公司

新新印刷公司
開設新民路官巷口內
浙江省立
图书馆
377.2(76)
4032
2117645
(一)借阅此书须爱护，不得在书内涂写
(二)损坏或遗失，应赔偿同样书籍，难以购得者，须加倍赔偿。
(三)借阅以二星期为限，必要时得续借一星期。
(四)逾期不还，停止借书权两星期。
(五)此书如需用时，本馆得通知借者须即缴还。
图书是社会主义财产
鉛 講 銀 照 紙

中國銀行

國民政府特許設立國際滙兌銀行

資產總額

民國二十弌年底為

$804,938,000

比十年前加三倍餘

主要營業（各種存款 各種放款 中外滙兌 兼營信託）

總管理處 上海仁記路

杭州分行 三元路大街

電報掛號（中文有線 六八九二 英文無線 CENTROBANK）

竭誠為顧客服務

章程承索 即當寄奉

浙江省立杭州民衆教育館　編

浙江省立杭州民衆教育館概況

杭州：浙江省立杭州民衆教育館，民国三十六年(1947)铅印本

浙江省立杭州民衆教育館概況

民國三十六年七月編印

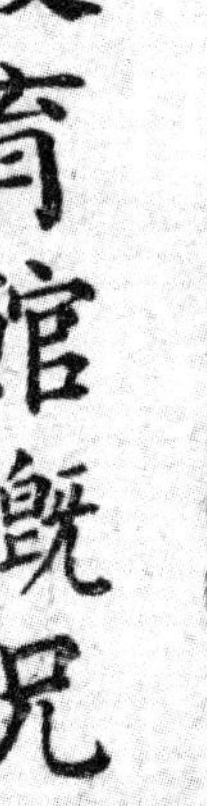

概況目次

弁言

打個比喻說：國家好比一個大村莊。經過八年抗戰，已是「市場殘破，廬舍爲墟」的了，現在，千千萬萬的人民，在苦難的生活以後，都要努力重振家業，這是件够艱苦的事情。但，這努力的結果，也就是這個村莊復興的保障。

本館就好比這些家庭之中，受害最深的一家。復員以來，眞是家徒四壁，一貧如洗的了。幸喜我們這一家，能够和衷共濟，埋頭苦幹。這種精神的動力，肇源於兩個希望：一個希望是：恢復舊家聲。還有一個希望是：除了「恢復」之外，更想再進一步「光大門庭」。這兩個希望，我們認爲不會落空的，保證在那裏呢？就是家人的信心和熱忱。

不過我們這一家，和其他人家不同。其他人家只要關起門來，兢兢業業，便算「克紹箕裘」的了。可是我們呢？却非得打開大門，和廣大的民衆接觸不可。因爲，民衆才是這家子的主人；同仁不過這一家的僕役吧了！所以，飯該怎樣燒？菜該怎樣炒？都得家主來定規矩呢！

爲了加强大家對「家」的認識，我們編了這本小册子，這可說是本館張館長接事後半年來各部門的工作實錄。（關於總務部份，從略。）以後，大家對我們的種種設施方面，要不斷的加以指正，這樣才能使這個「家」，更加美滿。這是我們一點懇切的希望。

本館沿革

民國十八年十月，浙江省政府爲推行民衆教育，並輔導各縣市辦理民衆教育起見；以省立公衆運動場及其附設之通俗圖書館，通俗講演所，改組爲浙江省立民衆教育館，任胡承樞先生爲館長。內部組織分設圖書、講演、體育、娛樂、推廣五部，並附設民衆學校，民衆茶園等。旋併爲教導、輔導二部及總務一處。迨二十三年八月，擴展業務，更新組織，改設康樂、生計、教導、輔導、總務五部，并於橫河橋附近設立分館，實施棚戶教育。至二十四年，教育廳爲加强輔導各縣民教館計，增設省立寧波民教館於象山石浦，省立嘉興民教館於嘉屬平湖。本館遂改稱今名。

二十六年八月，胡館長辭職，乃由朱士華先生繼長本館，時值抗戰軍興，鋒火連天，朝野震驚。本館乃施行戰時教育。然未屆歲暮，而省會淪陷，本館財物僅能擇要移置後方，留員保管。而本館之事業活動，至此不得不暫告結束。

三十四年八月，國土重光，省會復員。教育廳令派周憲初先生來杭接收，暫設職員二人，管理館舍。而經費支絀，人手短少；戰前設備又毀損無遺；篳露藍縷，支撑維艱。本年二月，省立兒童教育館裁併本館接管，省政府薦派教育廳祕書張彭年先生兼長本館，銳意振刷，恢復戰前編制，設總務、教導、藝術、生計、研究輔導五部。經全館同仁數月來之慘澹經營，力圖振刷，始克稍復舊觀。茲值本館概況專輯付梓，略敍沿革如上。

——民國三十六年七月二十日編者誌

教導部工作實錄

依據法令，教導部的工作是相當繁重的，但我們覺得在人力物力的限制之下，「百廢俱舉百事無成」的做法，倒不如乾脆的「因地制宜，擇要舉辦」，較為合適，我們自本年二月一日接事以來，就循此原則逐步推進。

在這短短六個月中，自信工作是熱烈而緊張的，雖然說不上有什麼成就，但也樂於將工作的經過約略陳述，以待前進賢達的指正：

一、辦理補習學校：當我們接事時，各公私立中學大都已經開學，但社會上仍有許許多多青年因為經濟或其他原因，徬徨於校門之外，更有許許多多青年，為了職業而沒有機會獲得必需的知能，我們覺得失學民衆補習教育的對象，不應該僅僅限於文盲，所以我們就決定辦理補習學校，招收一般失學青年，予以補習教育，於二月中旬擬具計劃，呈奉 教育廳核准備案，二月下旬開始招生，三月十一日舉行編級測驗，計錄取中級第一第二班，中級會計班及高級第一班學生一一九人，分於上午下午及晚間教學，各班課程，均依照補習學校規定設置，各科教師除由館內職員担任一部份外，都聘教育界人士充任，業於六月底考試結束，茲將各班學生年齡性別統計如下：

本館附設補習學校各班學生年齡性別分配

二

三十六年四月

級別	總計	小計		11歲	12歲	13歲	14歲	15歲	16歲	17歲	18歲	19歲	20歲	21歲	22歲	23歲	24歲	25歲
中級第一班	32	男	19	2	5	4	3	2	1	2								
		女	13			3	3	2	2		1				1	1		
中級第二班	20	男	9				1	3	1	2	1		1					
		女	11		1	1	3	2	2	2								
高級第一班	46	男	37			1	1	6	17	6	5	1						
		女	9					2	4	2	1							
中級會計班	21	男	15			1	2		1	1	3	1	3		1	1	1	
		女	6				1			2		2				1		

資料來源——直接調查

爲了適應社會需要，利用暑期補習學生課業，並指導升學，兼爲籌辦實驗民衆學校起見，於本年暑假期間特開辦暑期補習班，內設投考高中，初中肄業，投考初中，小學高年級等四組，經擬定招生簡章呈廳核備，六月二十日起招生，業於七月八日正式上課矣。

二、辦理民衆學校：我們辦了一個民衆學校，原想設置初級成人，婦女識字班各一班，但於三月五日開始報名後，不到三天報名婦女已達一百六十餘人，須設三班方能容納，成人班報名的人數較少，且年齡大多未滿十五足歲，同時教室及教員的分配也有困難，所以就決定暫時先辦婦女識字班，於同月十五日舉行編級測驗，依其程度年齡分爲甲、乙、丙三班，十六日開始教學，課程均依照部頒標準實施，業於六月底結束，茲將各班學生數，及結業人數列表如下：

本館附設民衆學校初級婦女識字班學生數及結業人數統計表

班別	學生數	結業人數	結業人數佔入學人數之百分比	備註
甲	四〇	二九	72%	
乙	四〇	三一	78%	
丙	五一	四一	80%	

三、舉行家庭訪問：爲明瞭民校學生實際生活情形，用以協助教學實施起見，經訂定辦法由民校教師經常舉行民校學生家庭訪問，訪問事項暫定爲：一、家庭狀況，二、家庭教育情形，三、學

生生活狀況，四、學生課外讀物，五、學生在家庭中之地位，六、民間疾苦，七、地方流行疾病，八、報告時事。並規定訪問人員應注意：一、態度要誠摯和靄，二、熟人互相介紹，三、不妨礙民衆工作，四、服裝要樸素適合大衆化，五、說話要由閒談步步緊湊引入正文，六、隨機應變，酌量情形施行各種教育，七、要從無關緊要的「家常談」或與民衆有切身利害關係的談起，八、應深入民間到工作場所去，以獲得民衆信仰。

四、組織民校校友會：爲了聯絡民校學生彼此間的感情，並予以繼續教育，以增進知識技能，改善他們的生活，指導他們服務社會，因組織民校校友會，經擬訂辦法，於六月二十六日晚上召開成立大會，每班選出幹事二人組織幹事會，並規定每二月召開會員大會一次，每月召開幹事會一次，校友會的公約是：一、努力地方建設事業，二、敬重師長幫助鄉隣，三、節省費用增加生產，四、服從本會決議案件，五、戒絕任何不良嗜好。

五、發動補習學校學生教授民衆識字：在肅盲工作目標之下，遂即擬訂辦法，發動補習學校學生教授民衆識字，規定每一學生教授一個民衆爲原則，課本採用部頒民校課本，由學生自行選定教授對象，塡具報告表，向學校領取課本，按日教授，每月率領受教民衆集中本校舉行精神講話一次，授完課本後由本校測驗，成績及格的同樣發給結業證書，計受教民衆一百二十五人，測驗及格結業的有九十八人。

六、辦理民教廣播：爲了喚起大家對於民衆教育的注意，和闡述民衆教育的理論和技術，因與浙江廣播電台洽定自四月份起，每星期三上午十時三十分至四十五分由本館派員廣播民衆教育，茲將廣播日期及講題列表如左：

月日	講題	播講者	備註
四月二日	實施憲政與民衆教育	傅春芳	
九日	憲政與民教	張館長	
十六日	民衆健康教育的理論與推進	胡同虎	
廿三日	嚴重的文盲問題	會魯	
卅日	社會教育與社會行政	鄭新華	
五月七日	推行注音國字與掃除文盲	朱守成	
十四日	推行註音國字與掃除文盲	朱守成	
廿一日	民衆教育與生產建設	姚吉昌	
廿八日	婦女教育的現代性	馬樂羣	
六月四日	民衆教育的新生	張館長	

十一日	民衆教育地方自治	傅春芳
十八日	社會教育應有之動向	胡同虎
廿五日	改良傀儡劇	曾魯

七、辦理書報閱覽：本館原存圖書，戰時都已移交處州民教館，戰後除歸併了省立兒童教育館的圖書外，由僞省立民教館接收的數量很有限，並且一部份尚留剩「昭和」毒素的。我們一經接收就開始清理編號，同時另外加訂了四十多種期刊，二十多種報紙，一併公開陳列於書報室，以供民衆隨意閱覽。四月一日起，又增闢了一個兒童閱覽室，人數日漸衆多，書報閱覽室實有擴充的必要，惟限於經費，添購書報實有困難，因擬訂擴充計劃，呈請　教育部撥款，以便添置圖書設備，茲將每月閱覽人數列表如左：

月份	成人		兒童	合計	備註
	男	女			
二	九五二	七八〇	六五〇	二三八二	
三	九二〇	六八〇	五一五	二一一五	

四	二〇〇二	一二三〇	七六〇	三九八二
五	一九二〇	一二一五	八〇一	三九三六
六	二一三二	一四五六	九八三	四五七一

八、舉行通俗演講：本館每月舉行通俗演講四次，由館內全體職員輪流担任。

九、籌辦實驗民衆學校：本館為擴大民衆學校施教對象，改進教材教法，推進社會教育等實驗起見，擬自卅六年下半年度起設立實驗民衆學校一所，招收所有需要入學求知而因故失去入學機會之民衆，依其年齡性別程度職業之區別，分設初級中級高級三部，一律採用二部教學制，並擬先設下列各班：(一)初級部分兒童、婦女、成人三組，兒童組設小學五六年級兩班，婦女組設初高級識字班各一班，成人組設初級識字一班。(二)中級部相當於普通初中程度，先設春一秋一春二秋二各一班。(三)高級部相當高中程度，先設春一秋一秋二各一班。另視基本施教區內民衆實際需要情形，設立短期職業訓練班，經呈廳轉部撥款六千萬元為開辦費，現正積極籌備中。(實施計劃見附錄)

十、辦理民衆問事代筆處：特設民衆問事代筆處，以備解答民衆日常生活中各項問題，並解決其文字困難，其詢問及代筆範圍如下：(一)關於問事者：普通家事、生計、醫藥、衛生、法律問題。日常應用文字之音義及寫法。請求介紹一般讀物。詢問本市路徑或交通情形。(二)關於代筆者：普通信札，普通契約簿據，簡單應酬文件等。自設立以來，民衆稱便。

十一、舉辦各種臨時活動：甲、舉辦各種展覽會，一、舉辦美術節展覽會，於三月初與浙江省美術協會洽定合辦，開始徵求出品，三月二十二日着手佈置，計分國畫、西畫、金石書法三室，名作家如齊白石、張善孖、林風眠、潘天壽、豐子愷……等均有作品參加，共四百餘件，二十三日正式開幕，二十五日結束，觀衆一萬餘人。二、舉辦全國木刻展覽會，本展覽會亦係與省美術協會合辦，出品凡五百餘件，四月二十五日開始展覽，二十七日結束，參觀者六千七百餘人。餘如名作家張一尊、劉曉峯、譚計全、黃吟笙等均曾借本館舉行個人畫展，觀者亦衆。乙、舉行幻燈宣傳，本館配合舉辦事業，經常於美琪電影院放映圖畫或文字幻燈片，以資宣傳，本學期計有識字、禁毒、夏令衞生……等燈片多種，收效頗宏。

六個月來的藝術部

(一)

△這兒要向諸位介紹的是本館藝術部。

藝術部的工作，在改進民衆生活，使他更豐富美滿，更有意義，以達到生活向上的目的。其實施方法，以康樂敎育爲中心，敎導民衆善於利用休閒時間，去參加各項康樂活動，通俗一點的說法，就是敎民衆怎樣去「玩」？這裏面就包含三個問題：

1. 玩些什麼？

2. 怎樣使民衆自己會玩？

3. 怎樣使民衆玩的更好？

藝術部的同人，就根據這三個問題，設計全部工作。

（二）

△玩些什麼？

社會上「玩」的事情很多，在社會教育工作者的眼光裏就有一個選擇，那些事應當「玩」，那些事不應當「玩」。好的，向上的，我們要誘導民衆來「玩」，不好的，墮落的，要提高民衆欣賞能力，自動地不去「玩」，關於這一項，藝術部訂定了三個目標：

1. 提倡正當娛樂，以減除民衆不正當的靡費。

2. 充實康樂設備，以啓發民衆康樂興趣。

3. 實施康樂競賽，以增進民衆身心健康。

根據目標，設計實施事項，約可分爲兩方面：

1 固定的，本館設立：康樂，音樂二室，和運動場，設備乒乓、籃球、棋類，中國樂器，和鋼琴等用品經常免費供給民衆使用，五個月來，到這裏面來玩的有一萬〇四百九十八人，其每月分配情形如下：

月份	人數
二月	2356
三月	2970
四月	1582
五月	1608
六月	1937
共計	10.498人

常常來玩的民衆，尤其是別人在工作的時候，他很空閒的到這兒來打乒乓，下棋子，我們認為他是「問題民衆」，管理人員將他記錄下來、隨時調查，談話，希望找出他的原因，給他一個幫助，我們希望將這個康樂場所，變為一個工作者恢復疲勞的地方，而不是游民休息所。

2.活動的：為了增加民衆「玩」的興趣，配合時令需要設計中心活動，按時舉行，自二月到六月共舉行了五次活動，現在一一向諸君報告：

第一次活動——女子自由車障礙比賽

舉行目的：慶祝三八婦女節並提倡女子自由車技術上之競賽。

參加人數：共三十六人（該項活動與省婦運會合作，材料不在手邊，無從統計故缺）

比賽情形：三月八日上午九時在湖濱柳營路分七組舉行，每組取一名，再參加決賽，決賽後取三名，其名次如下：

第一名　高聿先　（市政府職員）

第二名　金瑞年　（城站郵局職員）

第三名　趙覓裳（省立杭初學生）

第二次活動　杭市兒童唱歌比賽

舉行目的： 慶祝卅六年度兒童節並提倡兒童音樂教育。

籌備經過： 本館發動此項活動後，適省會慶祝兒童節籌備會亦欲舉辦兒童唱歌比賽，遂與本館合作。事前召開全市小學音樂教師座談會商討評判辦法，和標準。聘請聲樂專家沈思岩楊增惠二先生選定比賽歌曲，聘李樹化、李平之、馬紹常三先生爲評判員並廣徵獎品。

參加單位與人數： 參加之單位與個人計：

團體高年級　四十單位

團體中年級　三十六單位

個人高年級　四十二人

個人中年級　四十人

在個人組參加之兒童共年齡分配情形如下：

年齡	人數
7歲	1人
8歲	1人
9歲	5人
10歲	5人
11歲	14人
12歲	19人
13歲	12人
14歲	4人
15歲	3人
未詳	18人
總計	82人

比賽情形：

四月三日上午八時至十二時舉行團體組比賽，次日舉行個人組比賽，地點在本館大禮堂，總計二日參觀者與比賽人員共計一千四百餘人，盛况空前，評判結果優勝者名次如后：

團體高級組：

第一名　私立蕙蘭小學

第二名　市立天長小學

第三名　私立觀成第一小學

團體中級組：

第一名　私立觀成第一小學

第二名　仙林橋中心國民小學　第一育幼院

第三名　私立蕙蘭小學　佑聖觀中心國民學校

個人高級組：

第一名　吳桐華　（佑聖觀小學）

第二名　金德興　（助聖廟小學）　陳永祥　（私立育慈小學）　黄坤榮　（佑聖觀小學）

第三名　邵忠英（私立安定小學）

個人中級組：

第一名　陳雪梅（佑聖觀小學）

第二名　陳雪英（私立蕙蘭小學）

第三名　盧前程（仙林橋中心小學）

第三次活動——自由車西湖旅行

舉行目的：提倡正當娛樂，鍛鍊健强體魄。

實施情形：這一次活動，我們全部失敗，參加者祇有三人，因爲人數過少，我們停止舉行，事後，本部同人以爲在杭州人玩西湖的機會很多，無集體遊玩需要，且需收茶點與租車費用，故更使參加者却步，此次活動雖然失敗，但對於以後活動之設計，在經驗上不無幫助。

第四次活動——環湖長跑競賽

舉辦目的：訓練有速度之持久性奔跑，養成堅毅忍耐之精神。

參加人數：共參加三十三人，其年齡分配情形如下：

年齡	人數
18	1
19	6
20	3
21	8
22	4
23	1
24	3
25	0
26	1
27	0
28	0
29	0
30	1
未詳	5
總計33人	

其職業情形如下：

職別	人數
學生	20
軍人	6
商人	1
未詳	6
總計33人	

比賽情形：五月四日上午八時在本館大門口湖濱路舉行，天雖微雨，但比賽者精神不減，銀笛一吹，爭先馳騁，共取三名：

第一名　王　璜　杭州青職

第二名　吳美嶼　省立蠶絲

第三名　黃瑞雲　杭州青職

成績　三十九分

第五次活動——成章杯西湖划船比賽

舉辦目的：提高體育上競技並崇敬沈主席倡導民間健康運動。

參加人數：職業組（西湖船伕）共計六十六人其年鈴分配情形如下：

年齡	人數
15	0
20	4
25	17
30	20
35	12
40	7
45	1
未詳	5
總計66人	

社會組（一般社會人士）共計九十二人，共年齡分配情形如下：

年齡	人數
15	0
20	25
25	43
30	13
35	4
40	1
未詳	6
總計	92人

社會組參加人士，共職業分配情形如下：

職別	人數
公務員	4
教師	2
軍人	4
學生	54
商人	10
鐵路工人	2
茶館伙計	2
電信人員	6
記者	2
工人	4
理髮師	2
總計	92人

比賽情形：

此項比賽原定六月二十三日舉行，後因故改期至七月六日下午二時在湖濱第一碼頭舉行，省政府沈主席親臨主持，參加船隻共七十九隻，計職業組三十三隻社會組四十六隻，每船二人，共參加比賽人有二百五十八人，參觀人士在萬人以上，為勝利後西子湖頭最熱烈一次之比賽，共比賽結果：

職業組：

第一名　高子清　朱吉祥

第二名　王小毛　王小元

第三名　酈水泉　陸志榮

成績　二十八分

社會組：

第一名　朱可全（工商報包封房工人）　洪金虎（打鐵匠）

第二名　岳天宏　岳忠勇（精忠小學教師）

第三名　朱者祥　俞　濤（浙大學生）

成績　三十二分

（三）

△怎樣使民衆自己會「玩」？

康樂教育最終之目的，不僅在使民衆參加康樂活動，卽告滿足，而在使民衆更進步的，有康樂技能。非但「自娛」更能「娛人」。根據這個理論，藝術部在工作計劃上也訂有一個目標：推行康樂組織：以培養民衆康樂技能，在此目標下，已有兩項組織：

1.國劇研究社

成立年月：三十五年九月間

參加人數：共八十九人，其年齡、性別、職業分配情形如下：

年齡

年齡	人數
15	3
20	2
25	19
30	26
35	15
40	13
45	3
50	1
55	0
60	1
未詳	6
總計	89人

性別

總計89人	
性別	人數
男	74
女	15

職業

總計	89
職別	人數
新聞	1
救濟	5
商人	19
家居	10
軍人	5
法律	1
稅務	1
銀行	4
醫生	1
鐵路	5
教師	2
鹽務	8
綢業	8
錢業	2
公務員	3
學生	7
電信	3
照相	2
遊藝	2

活動情形：每晚八時至十時爲練習時間，本館聘專任教師指導，曾播音六次，彩排一次。

2. 戲劇音樂研究會

成立年月：三十六年四月間。

參加人數：共計七十人，其年齡、性別、職業、教育程度分配情形如下：

年齡

總計70人	
年齡	人數
15	1
20	27
25	29
30	10
35	1
未詳	2

性別

性別	人數
男	56
女	14
總計70人	

職業

職別	人數
軍人	7
公務員	7
電信	5
政工	3
教師	2
學生	34
商人	5
警界	2
未詳	5
總計70人	

活動情形：每星期一、三、五、晚八時至十時爲研究時間，聘有專家指導，因組織時間較短，尚未對外演出。

此外擬組織「民衆體育會」因參加人數不多，未行成立，預計在下學期完成之。

(四)

△怎樣使民衆「玩」的好？

根據這個問題，藝術部訂定了一個目標：

研究康樂方法：以改進民間康樂方式。

電化教育爲現今社教活動的重要設施，本館限於設備和經費，只得在民間原有之康樂方式，加以研究與改進，在目前積極進行者爲「改良傀儡劇之實施」。本館已成立「傀儡劇研究委員會」由館長指定本館同人五人爲委員，藝術部主任爲主委，該會負責設計與研究，傀儡劇之實施，現已訂有計劃一種呈廳轉部核示中。

研究與實施配合計，擬將收回之民衆茶園改爲「傀儡劇實驗劇場」，召請舊有傀儡劇班與本館合作，本館供給劇場，劇班接受本館技術上劇情上之改良與指導，庶幾完成一合於教育要求的新傀儡劇出現，以爲推行成年補習教育及民間休閒活動之一大利器。該場預計在八九月間成立。

此外關於：

民間康樂方法之調查與研究。

民歌民謠之蒐集與研究。

地方戲之調查與研究。

民間藝術之蒐集與研究。

均爲本部研究之課題，一俟人力物力充實，吾人當一一爲之。

本館生計事業小獻

孫子兵書上說：大戰之後，必有荒年，現實的社會正是搶救國家民族的生命於水深火熱的時候，「民衆教育」又抬起頭來，我們不能否認，它底使命的偉大，尤其是生計教育的設施，更有特殊的價値，在枯燥的教育園地上，獨放異彩，閃耀有光。

本館自復員後，困於經費人事的關係，直到三十六年度開始增設生計部來負責推動生計教育，到現在衹有五個多月的歷史，由於人手少，經費少，衹有在同仁們的努力中成長，當然幼稚可憐，但，我們儘力灌漑，施肥，希望它長出鮮豔的花朵。

（一）事業的設施

五個月來的事業設施，平淡得好像農夫種田一樣，衹顧耕耘，不計收穫，這裏把它做一個簡單的敍述：

一、成立民衆浴室：

在生計教育的理論上說，民衆身心健康的指導是佔着重要的一環，因此！我們就借重了敵僞時代裝置的淋浴設備，當做了施教工具，我們用異乎常態的低價收費，吸引廣大的羣衆，一千五百元一張的浴劵，有時還再特別的優待一下，僅收一千元；自每天下午二時起至九時擠滿在浴室裏和待洗室裏，我們可以時常聽到男女兩間浴室中透出瞭亮的歌聲，原來學生工人和公教人員却成了我們的一羣對象。

浴室裏以整潔爲主，廢除喝茶，抽烟，擦背，剔脚，捺脚，敲背和茶役小費等陋習，一人站在冷熱水倒掛蓮蓬頭下，祇要十分鐘的時間，就可以把自頭至足全部的汚穢酸汗洗淨，自備毛巾肥皂，是不會傳染皮膚病的，祇可惜現有男女兩部計十一個浴位的裝置，限於場舍，無法增添，到是一件民衆失望，我們抱憾的事。

民衆浴室沒有經費的來源，爲了服務和推行健康教育，當然是不應該賺錢的，我們抱了這個原則，因此每月虧累不少，都在事業規費項下支付彌補，這裏把我們的數字附報如下：

(一) 逐月洗浴的人數總計：

月份	入浴人數逐月統計			附註
	男子部	女子部	小計	
二月份	832人	302人	計1134人	自二月十六日至五月廿八日止
三月份	1043人	290人	計1333人	
四月份	984人	256人	計1240人	
五月份	1765人	423人	計2188人	
合計	計4624人	1271人	計5895人	

(二) 逐月經費收支統計

月份	收入之部	支出之部	盈餘之部	虧累之部
二月份	2.041.000.	1.935.607.	55.393.	

三月份	2.837.600.	3.010.220.		172.620.
四月份	1.806.500.	2.354.070.		547.570.
五月份	3.302.000.	3.590.830.		288.830.
合計	99.871.000.	10.940.722.		953.622.

附記：本館浴室逐月支出部份係包括售票員二人工友一人薪工費及柴炭水電以及修繕費等開支。

二、開闢玉泉農場

杭州市郊，據查頗少荒地，可供提倡農作事業之用，本年三月中旬，曾向方姓商借西湖風景區之玉泉附近半里許山地一塊計五畝，自北迤南，稍有傾斜，以備繁植農產，曾分函國內各大農業機關，廣爲徵求優良品種，惜因玉泉山地，水源困難，土壤又多含沙質，與普通水田大異，僅可種植旱水作物，玆將種植情形列表如下：

作物種類	畝數	備註
蕃芋	二畝	

大　豆	一畝
南瓜，胡瓜 四季豆，茄子	一畝
芝　蔴	一畝

三、辦理特約示範茶場：

杭州四郊茶山殊多，本館已特約六和塔西方沿杭富公路三里許徐村陳姓茶山爲特約示範茶場，週圍計二十四畝，茶樹三千餘株，本年三月，指導採摘頭茶龍井，現已採摘二茶，惜茶叢衰老，產量不多，想逐漸培養新茶樹，淘汰老茶樹，作爲附近茶農的示範。

（二）待辦工作：

一、籌辦教育電影院：本館原有禮堂於去年夏出租美琪戲院，爲期一年，業已租期屆滿收回，擬自辦教育電影院一所，教育部及浙江省教育廳現有教育電影片約五百本，計二十萬尺，業正進行商借手續，本館俟上級機關電影機發到後，即可成立固定教育電影院，開始講映教育電影。

二、籌辦縫紉補習班：預定本年秋間擬聘請技師一人辦理縫紉補習班一班，額定學生三十名，租借縫紉機兩架，採用半日制施教，除術科外，再加授學科，國常，算術，公民等科。

籌辦合作社：本館擬辦消費合作社一所，以西湖船夫及本館民校學生爲社員，供應日常消費物品，減輕社員消費負担。

四、舉辦農產品展覽會：本年十一月份秋收蕆事，本館以原有農場出品爲主體，辦理農產品展覽會三天，凡春，夏，秋，冬四季作物或種子，及農業副產品等均爲展覽物品，以引起民衆對於農產事業之注意。

本館生計事業，僅擇簡單而切合民衆實際需要者着手，不求活動多，祇求工作能有具體表現，及對於民衆生活，生產事業有所裨益，由上列三項已辦事業，力求改進充實，待辦事業，積極努力，以求實現，這樣一年，二年，三年，我們相信會少獲成果的，同時更盼望社會先進，給我們指導，使我們做得更好。

半年來的研究輔導部

在省立民教館中，本館是歷史最悠久的一個，照理，關於研究輔導方面的資料，該有豐富的積蓄，然而當二月初我們接收的時候，在這一部門裏，我們竟沒有得到一點東西——甚至一本參考書，或者一個舊卷宗——舉一個例說：本册的一篇沿革，材料就不是任何文獻，而是從三位戰前本館任職的先生，口中所得到的訪問紀錄！當我們決定拜訪這些先生之前，曾在教育廳的卷宗室裏，翻了整整半天，結果，這半天的代價，僅僅是戰火焚餘的半角公文！

因此，研究輔導部份的工作，在在需要『另砌爐灶』，而我們這半年來的工作，就祇說得上砌牆脚和奠基礎了！

當我們開始本部工作時，照例，應有一個年度工作計劃。除詳載本年度研究輔導方面的方針與進度外，在工作要項裏，首先是調查民衆教育館與鄉鎮中心國民學校，保國民學校民教部的設施概況，這兩個調查，都以本館輔導區內各縣市公私立校館為範圍。

調查·統計·

我們對於這兩項調查的進行？有兩個期望：第一個期望，是我們從接收後，不知道復員以後，在本輔導區裏面，還存在着那些校館？這些校館又多分佈在那些場合？為了要展開工作，首先我們必須與牠們取得聯繫。我們希望他們成為本館與各校館之間，通訊，聯絡的一個開端。第二個期望，是為了我們在從事研究輔導時，急於要明瞭復員以後，本輔導區各縣市公私立校館的現狀，尤其是各校民教部的設施情形。那麼研究方面，才能免於蹈空：輔導方面，纔能有所依據。現在尚在進行中。

繼之而調查的，將是社會調查。社會調查是實施民衆教育的初步。這一項工作的進行，需有大量的人力與物力。本年度，我們僅準備在本館施教區，着手調查，其他各區的調查，擬在下年度繼續進行。

編印書刊

研究輔導部為供給及介紹有關民衆教育之各種資料，與協助各校館解決施教過程中之實際困難，編印了幾種書刊。這幾種書刊，現在，擇要介紹於下：

（一）本館概況：本館地處省會西湖之濱，車馬輳輻，來館參觀的日以千計，為使參觀者對本館設施情形，有比較明確的概念，我們即行着手編撰概況。於二月下旬，編成答客問一種，旋改編爲概況表，分贈參觀人，七月中，復廣收資料，編成這本小册子。

（二）浙江民衆教育季刊：抗戰前，本館曾刊行浙江民衆教育月刊一種，自本館內遷後，即告停刊，現正計劃編印季刊，預定十月間出版。

（三）補充教材：聯合國遠東區基本教育會議參觀團，將於九月間來杭參觀，本省教育當局，組織省會招待籌備委員會，本館參加該會所屬民教組教材編輯委員會工作，編撰教材二部，所用字彙以部編初級成人班，婦女班，課本所列生字爲限。讀本組織，以故事爲經，以常識爲緯，運用連環圖畫方式，每課皆附插圖。此項教材除供民衆學校採作補充讀本外，並擬製成幻燈片，輔助各校館教學，及下鄉巡迴放映。業已完稿，交籌備會付印中。

（四）其他書刊：其他書刊，在計劃編撰中者，有大家看與通俗講稿等。通俗講稿以部頒民教館每月中心工作及細目爲根據，逐月編撰講稿二至四篇，按照時令節氣及紀念節日排列，預計於明年二月中彙編付梓。

大家看爲民衆壁報之材料，其內容分九欄：

1.一週時事　2.生活常識　3.科學漫談

4.鄉土史地　5.大衆文藝　6.週末漫話

7.通俗藝術　8.社會服務　9.大家看小辭典

預定每週出刊一期，以便印分發本區各縣市民教館及國民學校，無論報面設計或題頭裝飾，都詳載說明書中，以便各校館仿製抄繕張貼。

關於研究，實驗與進修方面，我們成立了下列二個組織：

研究進修

（一）職員進修會：三月份組織職員進修會。每二月召開座談會一次，座談會之主要活動爲讀書報告，誦讀論文，書報介紹，問題討論等。進修會會員於進修會成立後，各撰讀書計劃一篇，根據各人計劃中所列之學科，按性質分成三個進修小組，以便平時進修時，相互切磋。同時規定會員每日至少須讀書一小時，每月並須作論文或讀書報告一篇，因此，會員間的讀書風氣，盛極一時。

本館職員除參加進修會及座談會各項活動外，並於公餘參觀教育機關及聆聽學術講演。

（二）民衆教育研究會：爲謀提高工作效能，集合本館各部負責人，組織民衆教育研究會。每二月召開座談會一次，討論有關民衆教育之實際問題。會前二週，由本部搜集會員意見，及各校館向我們諮詢的各項問題，彙編討論大綱，印發會員先事研究，較專門之課題，則由本部指定會員，專門研究，座談結果，並將陸續編印輔導書刊。

視導

在視導方面，我們依據教育法令和地方情形配合着年度工作計劃的，有一個視導計劃。在本年度，我們僅僅準備出發視導一次，輔導會議就預備與視導配合進行，然在目前經費情況之下，很難有實現的可能。

附錄·

浙江省立杭州民衆教育館附設實驗民衆學校實施計劃

教育廳本年七月二十九日教（卅六）二字第五三三九號令准

（一）前言

民衆學校之任務，其主要者爲完成失學民衆補習教育。而普通所謂失學民衆，多指超過義務教育年齡未受教育之成年男女而言，我國義務教育年限，以六足歲至十二足歲之小學教育爲理想範疇，故失學民衆即指十二足歲以上未受義務教育之失學男女，但在實施時，又以十五足歲至四十五足歲之失學民衆爲補習教育之對象。其課程爲國語、常識、算術、音樂四科　教學時間爲每日二小時，初級班每期以四個月結業爲原則，高級班每期以六個月結業爲原則。法令固如此規定，一般民衆學校及國民學校民教部亦多以招收十五足歲以上未受義務教育之失學男女，於短短幾個月內，授完幾本民校課本，發給　張結業證書，即認爲已足盡辦理民衆學校之能事。實則，失學民衆之涵義應該是：（一）所有因某種關係完全失去入學機會之男女，（二）所有已受相當教育仍需入學求知因某種關係失去入學機會之男女。換言之，失學民衆應包括所有需要入學求知，但因某種關係失去入學機會者，並無程度與年齡之限制。例如學齡兒童因國民學校無法容納，或因經濟關係不能入國民學校求學，以致失學者，固應認爲是失學民衆，曾受畢義務教育，甚至已受中等教育之男女，仍需繼續入學求知，但因受經濟時間等等限制關係失去入學機會者，亦是失學民衆，同爲補習教育之對象，其差異僅在失學之程度而已。民衆學校旣以完成失學民衆補習教育爲主要任務，自應擴大施教對象，設法達成任務。至於民校畢業生之繼續教育，以及擴大民校教育效果等，亦深堪注意。本館因決定辦理實驗民衆學校一所，試作（一）擴大施教對象，（二）改進教學方法，（三）編訂適用教材，（四）辦理民校畢業生繼續教育，（五）利用民校推進社會教育等實驗。茲分（一）行政組織，（二）目標，（三）事業設施，（四）經費預算等四項，敍述如次：

（二）行政組織及人員

本校設主任一人，由館長兼任之，綜理全校事務，副主任一人，由館長指派人員兼任之，秉承館長兼主任之命襄理全校事務，下分設總務、教導、推廣三組，每組各設組長一人，幹事若干人，承主任之命，副主任之指導，分辦總務、教導、推廣事宜，另設校務會議，爲全校之設計機構，以主任及全體教職員組織之，由主任召集並任主席。所需教職員除由本館職員兼任者外，概聘資歷相符而有志教育之館外人士担任之。其組織系統如左：

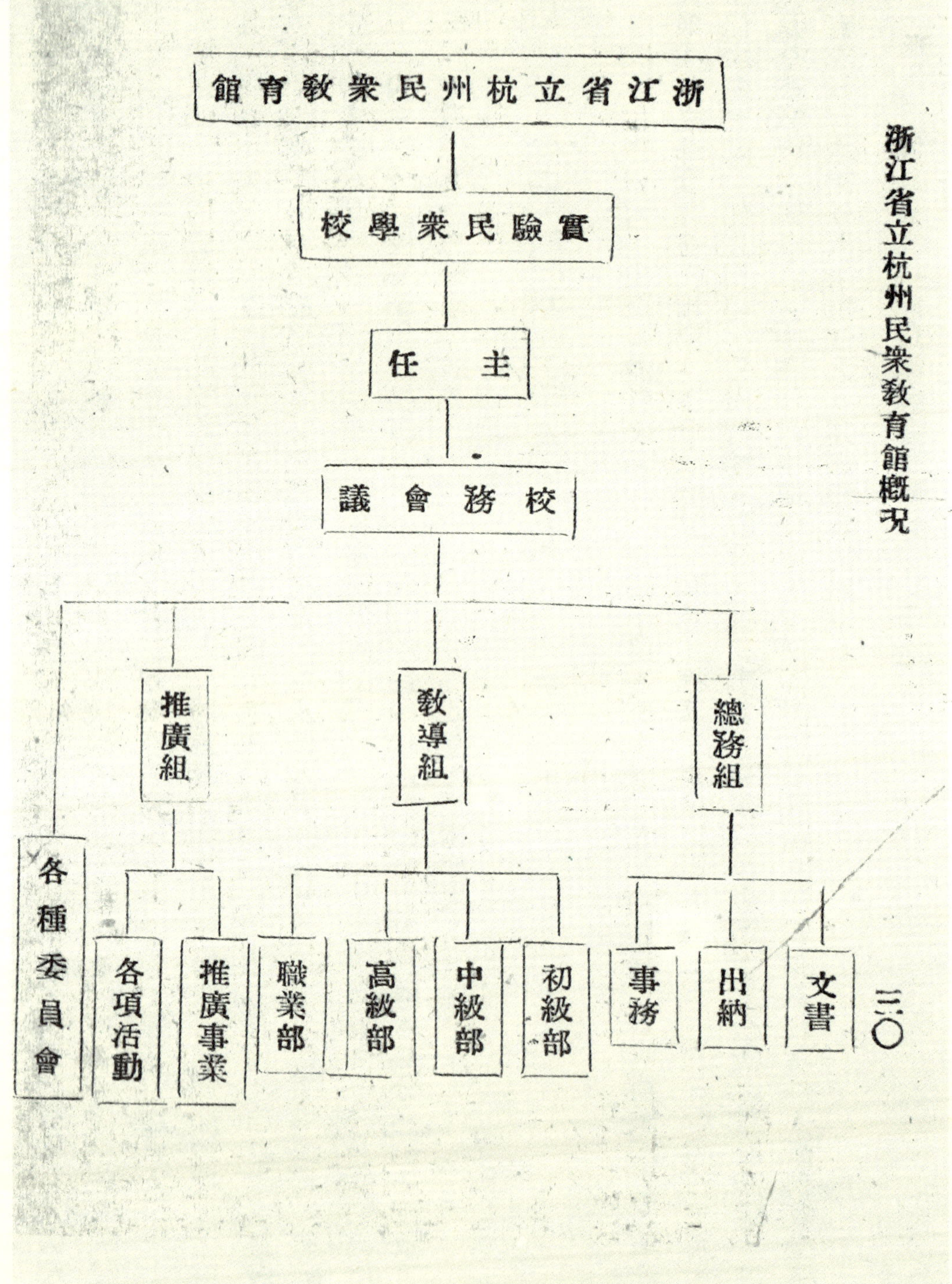
浙江省立杭州民衆教育館
實驗民衆學校
主任
校務會議
推廣組
教導組
總務組
各種委員會
各項活動
推廣事業
職業部
高級部
中級部
初級部
事務
出納
文書

（三）目標

一、使未受義務教育之民衆獲得普通知識技能並予以基本之公民訓練；

二、使已受相當教育之民衆獲得繼續教育以增進其職業常識及生活能力；

三、利用民衆學校推廣社教事業。

（四）事業設施

一、教導部份

甲、學級編制

本校爲擴大施教對象，決定招收所有需要入學求知而因故失去入學機會之男女，依其年齡、性別、程度、職業爲標準，分設初級、中級、高級、職業四部。一律採用二部教學制。茲將擬辦班數列後：

1.初級部：分兒童、婦女、成年三組。

子、兒童組：凡失學之學齡兒童，不分性別，編入本組，依其程度分爲甲乙兩班，甲班相當於小學六年級，乙班相當於小學五年級，概在每日上午上課。每班學額暫定五十名。

丑、婦女組：凡年在十五足歲以上未受義務教育，及已在民校或國民學校民教部初級班結業之婦女均編入本組，前者爲乙班，後者爲甲班，各辦一班，每班學額爲五十名。均在每日晚上上課。

寅、成人組：凡年在十五足歲以上未受義務教育及已在民校或國民學校民教部結業之成人均編入本組，前者爲乙班，後者爲甲班，各辦一班，每班學額爲五十名，均在每日晚上上課。

2.中級部：分第一、第二、第三三班，相當於普通初中一二三年級，依部頒補習學校法令辦理。暫設第一班第一二學期，第二班第一二學期各一班，每班學額爲五十人，均在每日下午上課。

3.高級部：分第一、第二、第三三班，相當於高中一二三年級，依部頒補習學校法令辦理。暫設第一班第一二學期第二班第一學期各一班，每班學額爲五十名，均在上午上課。

4.職業部：分設縫紉、保險二班，依部頒補習學校法令辦理，每班學額五十名，分在上午及晚上上課。

乙、課程

初級部分別遵照部頒國民學校及民衆學校法令辦理，中級高級部職業部均遵照部頒補習學校法令辦理。

丙、修業期限：

各班修業期限概以二十週爲一學期，修滿一學期經考試及格者，由本校發給肄業證書，或升入本校程度相銜接之班次。

二、訓導部份：

甲、訓育目標

根據建國需要，發揚我國固有道德及精神，訓練民衆使成爲建設三民主義新中國之健全公民。其目標如下：

1.關於身心訓練：養成運動衛生的習慣，活潑勇敢的精神，期能自衛衛國；

2.關於道德訓練：養成禮義廉恥的觀念，親愛精誠的德性，期能自信信人；

3.關於經濟訓練：養成節儉耐勞的習慣，生產合作的知能，期能自育育人；

4.關於政治訓練：養成奉公守法的觀念，愛國愛羣的思想，期能自治治人。

乙、訓育之實施：

根據我國教育宗旨及訓育目標，並以總理遺敎，總裁言行分別以下列方式實施之：

1.中心訓練：按週訂定中心訓練項目，一切活動，均以此爲中心，作有系統，有次序之實施。

2.分班訓練：班各依學生自治組織，並設級任導師，共同負責敎室之管理及其他活動事宜。

3.集會訓練：利用各種集會機會，實施訓育。

4.訂定公約：分班訂定自治公約等，共同遵守。

5.個別訓練：利用個別談話等機會訓導之。

6.課外活動指導：由敎師負責於課外活動時指導作有益身心之活動。

7.訪問：於課後或假日由敎師作家庭訪問，相機實施。

三、推廣部份：

本校爲輔導畢業生進修，並利用民校辦理社教工作，以擴大教育功效起見，舉辦下列各事：

甲、組織校友會：將民校畢業生組成校友會，以聯絡感情，並利推廣教育。

乙、組織讀書會：以民校在校學生及畢業生爲基幹，吸引一般民衆參加組織，造成讀書風氣。

丙、組織生活改進會：以民校在校學生及畢業生爲基幹，吸引一般民衆參加，互勉互勵，共謀生活之改進。

丁、辦理合作社：以民校在校學生及畢業生爲基幹，吸引民衆參加，共謀經濟生活之改善。

戊、舉行各種競賽：以民校在校學生及畢業學生爲基幹，舉行各種競賽如作文、演講、歌詠、乒乓等比賽，以引起一般民衆參加興趣。

己、舉行成績展覽：將本校辦理情形及學生作業成績，舉行展覽，以引起社會之注意，及學生學習之興趣。

庚、舉行其他臨時活動：如利用各種紀念集會，舉行同樂會、遠足、參觀、出版壁報等活動。

辛、舉行民教工作同志聯誼會：邀請本市各民衆學校及國民學校民教班負責人舉行聯誼會，以便聯絡感情，交換意見。

壬、編輯民衆讀物及補充教材：就民衆之程度及需要編輯民衆讀物及補充教材，以供在校及畢業生進修之用。

（五）經費預算（從略）

中華民國二

浙

概況

研究輔導部

州湖濱路三〇號

話：一三六〇

則印書館

州中山北路二十五號

图书是社会主义财产

（一）图书须爱护，不得在书内……写。

（二）……或遗失，应賠偿同样书籍，难以购得者，须加倍賠偿。

（三）借閱以二星期为限，遇必要时得續借一星期。

（四）逾期不还，停止借书权两星期。

（五）此书如需用时，本館得通知借者須即繳还。

别讓图书逾期、損坏

社教通訊

浙江省社會教育研究會編印
民國三十五年雙十節復刊

復刊第一期

復刊第二期

復刊第三期

杭州市政府教育科 編

成年補習教育概要

杭州：杭州市政府教育科，民國十九年（1930）鉛印本

民国十九年六月

成年補習教育概要

陸殷揚題

杭州市政府教育科

革命尚未成功

同志仍須努力

總理遺教

中國古之治理，敎養兼施，後世退化政府，則委去敎養之職務，而聽人民各家之自敎自養。

凡在自治區域內之少年男女，皆有受敎育之權利。

敎育少年之外當設公共講堂，書庫，夜校，爲年長養育智識之所。

諸君担負宣傳的任務，應該有恆心，不可虎頭蛇尾，今日熱心奮鬥，明日便心灰意冷。因爲要人心悅誠服，不是一朝一夕，一言一動，能夠收効果的。

卷頭語

民國二十五年十二月編

教育是前進的，須繼續不斷地去創造——改善——進展。要求教育改進，一定要有完善的計劃，充分的經費，和健全的師資。我們辦理學校教育，培植青年兒童，數十年來日在改善進展的中間討生活，迄於今日，雖不能算達於至善，也足以說稍有把握了。現在我們舉辦民衆教育，是一種創造的事業，並無絲毫依據，好像航行大海，茫無邊際，要不是靠着指南針羣策羣力地去奮進，那能達到彼岸。

因此我們在實施成年補習教育的開始以前，確定計劃，擬訂辦法，編列方案，規定教材標準，做我們的南針。確定經費，做我們的基礎。審慎訓練師資，做我們的舵工。具此三者，然後努力進行，或可成功。但是我們對於創造的工作，究竟不敢自信，所以把這整個的計劃和辦法等等披露出來，供同志的研究，求先進的指教。

中華民國十九年六月陸殿揚識於杭州市政府教育科

目錄

附錄

杭州市實施成年補習教育初步計劃

一　目標

本計劃係根據第二次全國教育會議議決實施成年補習教育初步計劃，現依照本市特殊情形而訂定。其目標在使杭州全市失學之青年及成人（十六歲至六十歲）得受一種短期補習教育。在訓政期六年內，暫以完成識字訓練及公民訓練的工作為初步計劃，使不識字民衆均能識字、讀書、看報、算數、並能運用四權。至職業訓練則俟第二步進行，不在本計劃之內。

二　人數

杭州市人口，據十九年五月份公安局調查統計，共有四十九萬另六百八十六人。其中不識字者究有若干，尚無確數。（三月內已令公安局於調查戶口表上添識字不識字人數一欄，嗣後調查戶口時乘便查填，將來當可得有不識字人之確數。）惟杭市人口男多於女約十萬餘人，（男二十九萬七千九百另四人，女十九萬二千七百八十二人）以過去敎育設施論，假定男子識字者較女子爲多，又杭市城區人口多，鄉區人口少，假定城區民衆識字者較多於鄉區民衆；又查杭市公共處所卽各機關各學校等人口有三萬五千六百八十四人，約佔全市戶口百分之七，此百分之七可假定爲全識字者，根據以上三點推算，除去識字之成人，以及十六歲以下六十歲以上者，曁殘廢及有精神病者外，杭市不識字之成人至多佔全人口百分之四十，（全國敎育會議方案以百分之四六、四二計算）卽十九萬六千二百七十四人。

三　年限

如照目前本市平民夜學辦法敎授，每級五十人，四個月畢業，認識一千字並能應用，另習算術，（珠算筆算）常識、黨義等課，六十級共三千人爲一期，二年辦五期，因習完預定課程常有延至四個月以外者；且第一期結束，第二期開始，中間亦須有一、二個月之招生籌備時期，每年平均敎授七千五百人，卽令戶口不增，亦須二十五年成人補習敎育方能完全普及。

如用注音符號教授，約計二個月可將符號及拼音方法教畢，以後讀注音書報不生困難，每期招生及開辦手續預行籌備，每年可辦六期，一方面將級數增加至一百二十級，如是每年平均可有三萬六千人識字。假定戶口不增，不及五年半杭市可以肅清文盲，即令戶口逐年增加，訓政期六年內必可完成肅清目的。況同時推行義務教育小學級數年有增加，將來十六歲以上之青年不識字者，逐年減少更可縮短肅清年限。

四　經費

本市平民夜學每期（四個月）每生估費一元三角六分，（每級每月規定十七元，四個月六十八元，以五十人均攤得一元三角六分）（全國教育會議方案估定每生估費一元四角）若縮短為二個月一期，則每期每生僅估費六角八分。每年三萬六千人，約需經常費二萬四千四百八十元，為數並不甚巨，或非不能辦到，以二十萬人計算，約需十三萬六千元；以上整年計算，約需十四萬六千八百八十元，以此為杭州全市民衆識字之代價，可謂甚微。

五　教員

照上述辦法，每期一百二十級，約需教員二百四十八人。（此項教員大抵為現任中小學教師，日間工作至為繁重，若令每晚教授民衆，勢難持久，故以每班二人輪流教授為宜）每間一期教授，（如第一期為甲乙丙丁等人，第二期為子丑寅卯等人，第三期復為甲乙丙丁等人，第四期復為子丑寅卯等人，依此類推，）一班上課，一班休息，共須民衆教師四百八十人。查十八年度第一學期市私立小學教師統計共有八百三十七人，（市小教員三七五人，私小教員四六二人。）約須抽出百分之五十四兼充成年補習教育教師；如以中等以上學校教員學生及優良私塾教師加入，至多百分之三十，事實上亦非絕對辦不到，將來推廣義務教育，小學教師年有增加，更可無慮。是師資訓練，暫可毋須另辦，惟注音符號杭市小學久不應用，小學教師未必人人能教，此則不得不舉行一次訓練，俾可熟習。擬於杭州市師資訓練所增加注音符號教學一科；一面舉辦小學教員暑期講習會，訓練現任市私立中小學教員及志願擔任補習教育教師者注音符號教學方法，如此則四百八十八之注音符號教師，不難於暑假後產生。而所費並不甚巨，以每教師一元計，四百八十元足矣。

六　校舍

如欲同時設立一百二十級成年補習教育班，所需教室亦無困難。查十八年度第二學期杭州市小學統計共有小學一百六十所，（市立小學六十七所，私立小學九十三所，）四百九十二級，（市立二四七級，私立二四五級）又核准設立之私塾八十五所，此外尚有國立、省立、市立、私立、中等以上學校約二十九所，即以每校辦一級言，儘可巡迴借用，況事實往往在人口稠密此處，或工廠附近，一校不止附設一級。現在杭州市平民夜校設二級者甚多）故杭州市辦理成年補習教育時，校舍可以無庸另行設法。

七　總結

以上所述均為極簡單易行之計劃，所費不多，而所獲甚大。在宣傳週以後，為供給民衆目前需要計，擬先舉辦成人補習教育三十級乃至六十級，足容不識字民衆一千五百人乃至三千人，仍教漢字，兼授注音符號。在部編三民主義千字課未出版以前，暫用商務印書館識字課本，及世界書局三民主義民衆千字課本，中華書局平民千字課本三種，仍以四個月爲期。暑假後，或自民國二十年一月起，即辦二個月一期之成年補習教育班，專教注音符號矣。

杭州市舉辦第一屆公民識字學校暫行辦法

一　目標

甲、根據第二次全國教育會議議決方案實施

乙、遵照本省舉行識字運動要旨進行

丙、按照本市實施成年補習教育初步計劃辦理

二　時期

杭州市舉辦公民識字學校暫行辦法　八

甲、第一期在省識字運動宣傳週結束以後於六月一日開學

乙、仍以四個月爲一期

三　級數

甲、暫行指定四十校分別介紹民衆入學

乙、每校至少一級報名過多者亦得分設二級每級以五十人爲定額

丙、分設二級者應以男女分級或以青年與成人分級總使管教便利爲歸

四　設校標準

甲、校數與級數分配以地方需要爲標準

乙、設校不以市立小學爲限此次指定者有省立學校有市立中學有私立學校有其他機關團體如青年會人力車夫職工俱樂部等凡在杭州市區內各機關學校等均請贊助以期合力完成普及成年補習教育之偉舉

丙、學校附近有工廠等集團者儘先舉辦例如光明小學鐵路附設扶輪小學等

丁、學校附近民衆多農工者儘先設立

戊、現正辦理第五屆平民夜學者本屆暫不設立

己、未經指定之學校如自願遵照規定辦法舉辦一級或二級並招生足額者可報告市政府教育科一經派員查明辦理合格得照指定學校辦法辦理

五　經費

甲、每級每月規定經費十一元（內八元爲教師津貼三元爲茶水燈火粉筆等雜支之用）

乙、如有因特殊情形不得不延長教學時期者仍發四個月經費

丙、書籍文具由市政府教育科憑每月學籍表核發

六　教學

甲、注重識字訓練及公民訓練使入學民衆能識字讀書閱報算數及運用四權爲目的

乙、須依照市政府所定公民識字學校方案辦理

杭州市公民識字學校辦理方案

本方案係依據本市實施成年補習教育初步計劃和舉辦公民識字學校辦法規訂之

甲　設備

一、校牌校戳　由本政府發給

二、校舍　詳計劃第六項之規定

三、校具　所有應用各種校具以儘量借用原校之校具供應因陋就簡概不另行添置倘如遇必要時亦得呈准本政府酌量發給臨時費以資置辦但於結束時仍須一律繳還

四、教學用具　所有教學上應用之算盤硯子等具一律由本政府備發亦於結束時繳還

五、燈火

1，電燈　每校每級裝設電燈兩盞如原校未裝電燈者由本政府派匠裝置但於結束時一律須將裝置費如數繳還此款准由原校經常費項下開支所有燈線等物移歸原校應用

如私立學校經費不足則呈准後得將燈線等物拆除

2，煤油燈　各校附近如不通電流者則由本政府另備煤油燈每級兩盞亦於結束時繳還

六、女廁所　各校如有女生而原校無女廁所者則應設法另闢女廁所應用

乙　教學

一、編制　1，學級：每校一學級或兩學級以上隨地方需要而定

2，學額：每級在開學時至少五十人以上爲足額

3，分班：各校一級者用單級編制或單級複式編制在二級以上者得分青年班（暫自十三歲至二十歲）和成人班（二十一歲至六十歲）或男子班和女子班均由各校參酌情形編配之

二、課程　分公民、識字、珠算、娛樂四種

1，公民　包含三民主義、常識、兩種

2，識字　包含讀書、寫字、應用、三種

3，珠算　包含練習、運用、兩種

4，娛樂　包含歌唱、遊藝、兩種

三、教材

1，公民：教材暫由本科編訂綱要及教授細目分配單元印發各校採用

2，識字：讀書——成年班暫用三民主義民衆千字課本（世界書局出版）青年班暫用識字課本（商務印書館出版）單級不分班者暫用平民千字課（中華書局出版）

寫字——從教授筆順入手就課本中之生字而抄寫之另授以數目字碼等應用文字

應用——先從作文入手加以記賬、便條、契約等應用文練習

3，珠算：由本政府編訂教材綱要印發各校採用

4，娛樂：歌唱——各校應授黨歌及選授十八年度省識字運動宣傳週頒發之各種歌詞外其他由各校採擇相當之歌曲教授之

遊藝——各校至少每一學月開遊藝會（卽同樂會）一次以連絡感情增加讀書興趣爲目的由各校酌量辦理之但遊藝時間以在課外爲宜

四、讀書

一律採用注音符號依照國音教授

1，各校應先教授注音符號及其拚音方法以能熟習應用爲度

2，授漢字時須將生字注音符號一一注出詳細教授務使讀音正確認字淸楚

3，各教師對於注音符號均當加以研究隨時應用

4，擔任識字課程教師尤須熟識注音符號

5，如各教師對於注音符號未曾加以研究者則依照實施成年補習教育初步計劃第五項辦理

五、課外作業

1，遊戲：各校應利用原有體育場於課餘之時作室內外簡單之遊戲或利用假日

舉行遠足或聯合他校作遊戲之比賽以適合鍛鍊體格爲宗旨

2,演講會：各校每學月至少舉行演講會兩次請校內教師或對於教育素有研究之人士講演以增加學生讀書興趣及訓練集會常識爲宗旨

丙　時間

一、教學時間：每天上課一百二十分鐘休息三十分鐘其教學時間得隨各校情形及天氣寒暖規定之

二、課程時間支配標準：每週教學時間七百二十分鐘分配如下

公民25%識字50%珠算16.66%娛樂8.33%

三、教學時間表

時間／課程／曜日	第一節 三十分鐘	休息 十分鐘	第二節 六十五分鐘（中間預備）五分鐘		休息 十五分鐘	第三節 三十分鐘
月	公民		識字	珠算		識字
火	識字		公民	識字		娛樂

水	公民		識字	珠算		識字
木	娛樂		識字	公民		識字
金	公民		識字	珠算		識字
土	識字		公民	識字		珠算
日	酌量參加課外作業					

四、各種課程時間分配

1, 公民：公民占$\frac{60}{180}$分　三民主義占$\frac{60}{180}$分　常識占$\frac{60}{180}$分

2, 識字：讀書占$\frac{270}{360}$分　寫字占$\frac{45}{360}$分　作文應用占$\frac{45}{360}$分

3, 珠算：練習占$\frac{60}{120}$分　應用占$\frac{60}{120}$分

4，娛樂：歌唱占$\frac{40}{60}$分　遊藝占$\frac{20}{60}$分

（附註）在第一學月及第二學月上半月時期內「作文應用」及「珠算應用」可酌量減少時間但至第四學月亦得酌量增加之

丁　成績

一、平日成績　每學月終了時各種課程應舉行測驗一次由校長命題測驗之

二、臨時測驗　本政府指導員除視導外並得隨時命題往各校舉行臨時測驗

三、畢業成績　各校應在第四學月結束前十日呈報本政府由本政府命題定期派員前往考驗考驗方法由本政府酌量地方情形分別規定之

戊　訓育

標準：我們先要明瞭施行成年補習敎育是和義務敎育的方法不同，所以對於成年人的訓育法和兒童的訓育法，也迥乎不同，對於成年人的訓育法，我們又必先要明瞭各

方面的情形，然後依作實施的標準，並分論如下：

一、成年人的心理

自私自利，是人人所有的，褒揚奬勵，是人人所喜的，因其所欲而有所求，求之不得，種種虛僞生矣，每致走入邪途流爲敗類，所以做教師的，當注意他們語言行爲的眞僞，相機以勸導之，務必使其自悟而破除其私利的成見，斷不可如對兒童之可以用直接的禁止手段以處置的，遇到他們有一善的地方，應盡量的表揚之，使他心滿意足，一志向善。

二、成年人的志氣

「習於善則善，習於惡則惡」成年人的保守心特强，往往固執不易改變，自信力又高，更不易引起信仰，沒有志望，又不肯發奮向上，做教師的，當就其缺陷，善爲勸告，並且要繼續不斷地，利用種種誘導的方法，使被教者發生信仰而后止。

三、成年人的習慣

不識字的成年人自幼沒有受過相當的訓練，所謂禮儀紀律，確絲毫不知，置身社會，隨隨便便，浪漫成性，於是行爲粗暴，言語俚俗，袒裼裸裎，唾溺隨意，出入自由，眞是「蠻不講禮」爲敎師的一旦要用强迫手段去矯正他，約束他，他們定必逃避一空，所以應當從緩進入手，但是時期很短，一轉眼修業期滿，所以我們除平日直接訓導外，要利用講演，集會，遊戲等種種方法以暗示他們，指導他們，予他們以自治的能力，養成他們良好的習慣。

四、成年人的環境

成人環境惡劣，無可諱言，這是我們辦理民衆敎育最重大的一個問題，一旦使良莠不齊的份子，聚在一堂，想陶冶於一爐，眞是好比「上青天」還要爲難，事實上告訴我們，歷屆平民夜學，在開學的時候，學生擠擠，座爲之滿，不到一月，去其大半，等到結束，已是寥寥數人，這無非是他們慣於惡劣的生活，難就正軌的拘束有以致之，所以做敎師的，除掉敎授訓育以外，還應當盡一種宣傳的責任，去改造附近的社會環境，使得人們都知道公民應有的訓練，至於爲生計關係而缺課退學的，也是一大原因，我們在民生問題沒有相當的解決辦法以前，只有利用盡量勸導，課外補課等方法以減除之。

(附註)殷祖赫先生所編平民學校管理法頗多可採之處爲我們辦理成年補習教育者研究之良友本政府特備發各校以資參考

己 教師

成年補習教育，爲當今之急務，辦理此事，决非隨便進行，敷衍了事所能成功，所以教師問題，爲成年補習教育成敗的重心，就我們辦理歷屆平民夜學的事實和經驗上觀察起來，覺得因教師關係，發生障礙而致於失敗的很多，玆姑就其積極方面着想，舉列大要，爲我們改進的標準。

一、要有責任心　教師的責任當然是做教師者都知道的，但是要確實盡責的却不多見，我們不要把担任公民識字學校的課程，做教師的副業，辦理公民識字學校，做原學校的附屬品，所以除了敎授訓育以外，還應當有研究改進的責任。

二、敎師宜專一　各種課程應由各敎師負責任敎，決不能因津貼的分配平均，甚至將一種課程，由四五人分任，作形式上的敎師。

三、師資宜審慎：各校助敎員或專科敎員，在原學校方面既不能担任主要課程，當然在公民識字學校，也未必能勝任愉快，所以各校不宜以助敎員或專科敎員之酬報不足者，任以公民識字學校之主要課程以調劑之，應審慎選擇熱心負責能力充分的敎師担任之。

四、敎師修養：敎育方法，日新月異，斷非固守成規，足以了事，兒童敎育，既有逐步研究之必要，成年補習敎育，方在萌芽時代，其有待於改進者更多，做敎師者當於敎授以外，加以進修，漸期改善。

五、敎師與學生：師生接近，感情增加，自然相親相愛，可以減除退學缺席之弊，增加敎授訓育之効力，敎師應於上課前後，向學生談話講演，或引導娛樂，深入學生中去！

（附註）其他如教師態度，發音，教法，等項也是重要的問題，本篇促於時間，不及備述。

庚　表簿

一、出席表　應按日將出席缺席者詳細記載，於每學月終統計，報告本政府備查。

二、學籍表　每學月終，將本學月學生進退確數，詳細塡明，一份呈本政府一份留校備查。

三、教學進程表　每學月終了時按式塡就，一份呈本政府一份存校備查。

四、教學時間表　於開學前由校長會同各教員詳細訂定，並註明課程細目（如作文寫字練習——等）一份呈本政府一份張貼教室內。

五、教職員履歷表　於開學前塡報本政府備核。

六、校務日誌簿　應按日記載懸掛於教室內。

七、學生年齡統計表
八、學生職業統計表
九、學生家屬職業統計表
均應按月塡具，一份呈本政府一份懸掛校內。（如各學月學生無進退者則不必另塡）

十、學校概況表　一份呈本政府一份懸掛校內

辛　經費

一、經常費　於每學月校長會議時發前一學月經常費（日期詳學歷表）但前學月報銷不報者停發

二、臨時費　各校領有臨時費者概不報銷結束後須如數繳還本政府

三、報銷　依照本政府敎育法規所規定之學校造送報銷須知辦理之

四、職薪　每級每學月支敎職員津貼銀八元

五、燈油雜費　燈油粉筆車資茶水工役等每級每學月支銀三元（在日間上課者則燈油費不支）

附誌1.書籍文具用品一律由本政府發給

2.各校一律不收保證金

3.各校實支經費如稍有超出規定數額時一律由原學校或機關方面津貼本政府概不補給但多餘者結束時仍須繳還

壬 學歷

癸 附則

附表於後

一、本方案市立各公民識字校校均適用之各機關各團體各學校附設者亦當酌量遵行

二、本方案如有未盡事宜得隨時修改之

月	日	星期	事項	備考
六	一	日	開學	舉行儀式
	十六	一	總理廣州蒙難紀念	舉行儀式

	二十三	一	沙基慘案國恥紀念	舉行儀式
	二十八	六	第一次校長會議	發第一學月經費第二學月書籍文具
七	一	二	國民政府在廣州成立紀念	舉行儀式
	九	三	國民革命軍北伐誓師紀念	舉行儀式　放假
	二十六	六	第二次校長會議	發第二學月經費第三學月書籍文具
八	二十	三	廖仲凱先生殉國紀念	舉行儀式
	二十七	三	孔子誕生紀念	舉行儀式　放假
	二十九	五	南京和約國恥紀念	舉行儀式
	三十	六	第三次校長會議	發第三學月經費第四學月書籍文具
九	七	日	辛丑條約國恥紀念	舉行儀式
	二十一	日	朱執信先生殉國紀念	舉行儀式

十	四	六	第四次校長會議	發第四學月經費 辦理結束

附注　同樂會遊藝會演講會等日期由各校自行排定之

杭州市第　　公民識字學校教職員履歷表（式樣）

姓名	年歲	性別	籍貫	履歷	
				原任職務	本校職務

中華民國　年　月　日　星期

天氣

節次	第一節	第二節	第三節	第四節
課程				
教員				
出席				
缺席				
教材摘要				
教學情形				

本日當值教師	雜記	課外作業	訓育事項

杭州市第　　公民識字學校校務日誌簿（式樣）

類別 \ 人數 \ 年齡	男子	女子	已婚 男	已婚 女	未婚 男	未婚 女	有職業 男	有職業 女	無職業 男	無職業 女	籍貫 本市	籍貫 寄居	共計
十三													
十四													
十五													
十六													
十七													
十八													
十九													
二十													
二十一													
二十二													
二十三至五十													
共計													

杭州市第　　公民學校學生年齡統計及概況表（式樣）

年齡 / 人數 / 職業	十三	十四	十五	十六	十七	十八	十九	二十	二十一	二十二	二十三	二十四	二十五	二十六	二十七	二十八	二十九	三十至五十	統計	備考
農																				
工																				
商																				
軍																				
警																				
醫																				
勞工公職																				
共計																				

本表職業一欄可詳細分列如「小販」「挑運」等，均可另立一項。

本表男女生分填各一份。家屬職業亦得適用，年齡一欄仍依照學生年齡而統計之。

杭州市公民識字學校公民教材編輯綱要

小言

我們在研究實施成年補助教育開始的時期，第一便須認清了目標，在事實和理論上，去搜集各種有關係的材料，來做我們的依據。

現在我們對於本市民衆教育的研究和實施的材料，已經擬具計劃，訂有辦法，並且編成了方案；就是我們的目標，已經設有相當的假定了。那末根據目標去試驗；試驗成功，就是我們所研究的問題得有相當的解決，也就是民衆教育得有成功。

學校是我們試驗的場所、課程是我們研究的工具，古人有云「工欲善其事，必先利其器」，規定課程標準，乃是首要工作，但是在中央尚未有適當的課程標準頒佈以前，將何所從適呢？我們便根據國民政府公布中華民國敎育宗旨「中華民國之敎育，根據三民主義，以充實人民生活，扶植社會生存，發展國民生計，延續民族生命爲目的；務期

杭州市公民識字學校公民教材編輯綱要　　三〇

民族獨立，民權普遍，民生發展，以促進世界大同」及實施計劃(三)「社會教育必須使人民具備近代都市及農村生活之常識，家庭經濟改善之技能，公民自治必備之資格，保護公共事業及森林園地之習慣，養老恤貧，防災互助之美德」來做我們編輯教材的綱要，更依據國民政府公佈「民衆十二要」做我們訓練的標準。

我們在辦理第五屆平民夜學方案中，也曾編訂教材階段，分列單元更於每個單元，編配課文，後來經各校試驗的結果，每覺得刻版式的課文，呆滯乏味，教學兩方，都不便利，我們既得到了這種經驗，當然要改變辦法。所以我們此次廢除刻版式的弊病，只定了大綱，請各校活動的去施行，這是此次編輯教材的本旨。但是第五屆平民夜學各學月的詳細教材，已經編訂課文，也可以做我們參考的材料，詳載市政月刊三卷第二，三，五，六號內。(月刊函索卽寄)

一九年六月南肅陸中林識

教材綱要

一公民訓練

一、要雪國恥

二、要崇尙道德

三、要破除迷信

四、要購製國貨

五、要勤修道路

六、要多種樹木

七、要戒除烟賭

八、要厲行勤苦儉樸

九、要鍛錬健全身體

十、要人人識字讀書

十一、要禁止女子纏足

十二、要注重清潔衞生

附詳表全份

民衆十二要

一、要誓雪國恥

（說明）中華民國，是全國人民的國家，國家的恥辱，就是人民的恥辱。談起來我國可恥的事情很多，自從前清道光年間，鴉片戰役以後，七八十年來，屢次被列强欺侮，弄得割地賠款，喪權辱國等事，指不勝屈。最近更到處屠殺，看我們連雞犬都不如了。我全國民衆，要趕快覺悟起來，勤儉吃苦，努力工作，人人學好，個個成材，立志誓雪這恥辱吧！

（唱歌）我中國四千餘年　錦繡好山河　帝國主義肆侵略　利權喪失多
割地賠款結條約　件件都嚴苛　願我同胞齊奮起　毋忘國恥歌

二、要崇尙道德

（說明）總理說：「大凡一個國家，所以能夠强盛的緣故，起初都是由於武力發展，繼之以文化發揚，但是要維持民族和國家的長久地位，還有道德問題，有了道德國家才能長治久安，」什麼是我們民族固有的道德呢？就是忠，孝，仁，愛，信，義，和平，我們應該崇尙固有的道德，以恢復民族精神，保持民族長久的地位。

（唱歌）我中國固有道德　忠孝爲最先　信義仁愛與和平　文化樹中堅
美德人人應崇尙　總理遺訓傳　民族精神全在此　認眞莫玩延

三、要破除迷信

（說明）迎神，賽會，求籤，問卜，……等，這些事情，都算是迷信，因爲人們失敗和成功，全看自己努力不努力，神仙菩薩是不能管的，星相家的話，也是靠不住的。除非自己存好心——說好話——行好事——做好人——忠實誠懇，力求進步，那麼自然得到好處。倘若無惡不作，僅靠着求神保佑，或怠惰因循，希圖僥倖，一味求籤問卜，那萬萬不會有效的，所以要破除迷信。

（唱歌）試問那木雕泥塑　究有什麼靈　燒香念佛爭供養　財物徒犧牲
生死窮通由人造　鬼神本無能　奉勸同胞早蘇醒　切莫再懵懞

四、要購製國貨

（說明）自從鴉片戰敗以後，外交屢次失敗，海關管理權，都讓給了外人，一切抽稅辦法，聽憑外人主張。外貨入口，抽稅額非常之低可以盡量的輸入，來賺我們的錢，我國人民，許多不明白購用外貨的害處，爭着去買。現在每年的損失，差不多到了十二萬萬五千萬元。他們拿着賺了我國的錢，製成大砲兵艦，來欺負中國。所以要想救國家，就應該趕快提倡製造國貨，和購用國貨。

（唱歌）請看那通商大埠　滿街洋貨莊　土產國貨無人問　金錢流外洋
奉勸同胞用國貨　人人要提倡　精心製造挽利權　努力圖自強

五、要勤修道路

（說明）總理說：「道路者，文明之母也，財富之脈也，」一個地方文化的發達，與人民智識的增進，以及工商事業的振興，貨物運輸的便利，全都仗着交通的便利，現在文明國家，不但鐵路輪船飛機，樣樣都好，就是橋樑馬路，也都是寬穩平坦，這固然是政府應辦的事，也要人民幫助，才能成功。況且修過之後，還要保護，所以勤加修理，更是我們民衆的責任。

（唱歌）

請看那列强文明　第一是交通　人生要件衣食住　其次就是行
道路不修行不便　關係眞匪輕　奉勸大家修道路　努力莫留停

六、要多種樹木

（說明）樹木用處很多，無論是修蓋房屋，製造舟車和一切器具，以及鐵路上所用枕木，都是要用木料的，所以是種類越多越好。從前說是『十年樹木』現在有五年就可以用了。並且樹木多的地方，可以調和氣候，減除疫癘，旱的地方，可以致雨，潦的地方，可以防禦水災。牠的益處很多，民衆們快點多多種樹木吧！

（唱歌）無論是造房製器　非木不成功　振興林業多栽種　十年興蓬蓬
不愁無住無器用　享樂家家同　還能除疫防旱潦　利益眞無窮

七、要戒除烟酒嫖賭

（說明）煙酒內含有毒質，吸煙吃酒，最能妨害身體的發育，嫖娼賭博，不但耗費金錢，而且損傷身體，都是不應該做的事，現在各地方，提倡設立公園，體育場，通俗劇場等正當娛樂，可以暢達心胸，活潑身體，希望大家要戒除煙酒嫖賭等不正當嗜好，一致去尋正當娛樂才好。

（唱歌）同胞們人生幸福　康健最為先　煙酒嫖賭惡嗜好　匪特耗金錢
戕身弱國全由此　流毒苦無邊　勸我同胞齊戒除　立志莫流連

八、要厲行勤苦儉樸

（說明）「業精於勤」「儉德可風」，這幾句話，都是古人修己的格言。「人欲享安樂，必須由艱難困苦而成」，這又是總理的名言，試看世界上的人，無論農工商學兵，能成功的，那一個不是從勤儉中得來。反過來說，懶惰是敗家的根源，奢侈是盜竊的媒介。兩下一比，我們當知所取捨吧！

（唱歌）人同是國民一份　責任各在身　若不先吃苦中苦　那得人上人
習勤習儉習勞苦　磨練眞精神　勸我同胞齊努力　奮鬥莫因循

九、要鍛練健全身體

（說明）總理說：「無論是個人或團體或國家，要有自衞的能力，才能夠生存。」怎樣才有自衞的能力呢？必先要有健全的身體，若是軟弱不振，成了病夫，命且難保，還能自衞麼？就做事說，也是要有很好的身體，方能擔負重大的責任，所以一方面要戒除嗜好，勤苦操作，一方面還要常練體操武術，使身體強健才好。

（唱歌）同胞們奮起救國　體力要健强　練習操作勤運動　精神能發揚

我國早有病夫號　被笑于列邦　願我同胞齊尚武　爲國爭榮光

十、要人人識字讀書

（說明）總理說：「只要有眞正學問，不愁沒用處」，可見無論男女老幼貧富，人人都應該求學，年紀輕家財富的人，可以受完全教育。要是年長失學的，或家道貧寒的，沒有力量去受完全教育，現在各處設有民衆夜學或補習班，也可抽出工夫來，去習字讀書，既不花錢，又得念書，這有多麼便宜的呵！

（唱歌）廿世紀文明進步　滾滾若江河　全國教育要普及　學術共研磨

失學同胞何處去　平民學校多　識字讀書齊努力　救國莫蹉跎

十一、要禁止女子纏足

（說明）女子們纏足的害處，一則拘束筋骨，妨害血脈流通，身體就漸漸軟弱。一則行走不便，操作困難，家務必致廢弛，好處是一點沒有。現在通都大邑，婦女已多數解放，但是風氣不開的地方，仍舊是纏足，所以要絕對禁止的。

（唱歌）最可憐女子纏足　疼痛實難堪　損壞筋骨傷血脈　行步眞艱難
禁止纏足有明令　立法最森嚴　勸我諸姑和姊妹　再莫把脚纏

十二、要注重清潔衛生

（說明）什麼叫做衛生？就是防衛人身生活上之機能，使之常保健康，所以請醫生，是治已有的病，講衛生是預防將來的病，但是衛生的方法很多，如呼吸新鮮空氣，講究住室光線，多運動，勤沐浴，屏除不良嗜好，飲食有節，寒暖以時等等，都是個人衛生的方法，而公共的衛生，如掃除街道，規定公用便所，撲滅蚊蟲蒼蠅，注重販賣飲食品清潔等等，都很要緊，請大家要共同注意。

（唱歌）同胞們保重身體　最要是衛生　衣食住行均清潔　百病祛無形
每天早晚勤運動　血脈自流通　保國保家兼保種　關係亦匪輕

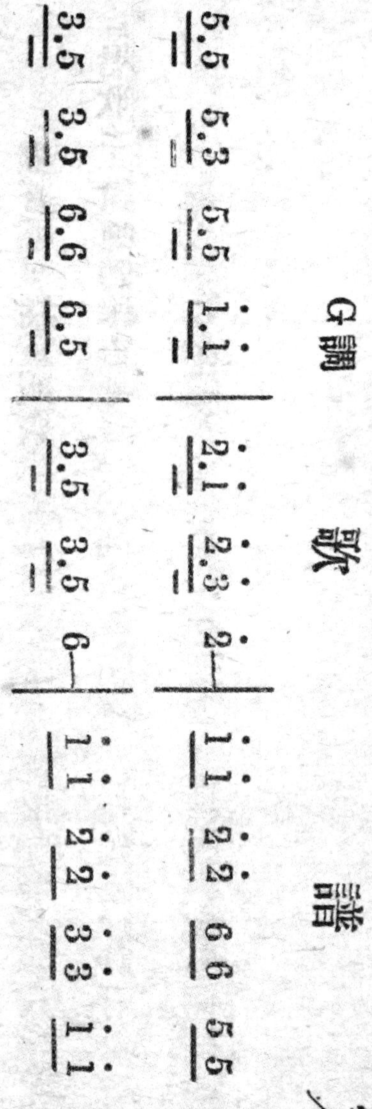

歌　譜

G調　4/4

5.5 5.3 5.5 1.1 | 2.1 2.3 2– | 1 1 2 2 6 6 5 5 | 3 3 5.3 2– |

3.5 3.5 6.6 6.5 | 3.5 3.5 6– | 1 1 2 2 3 3 1 1 | 6 6 2.2 5– ||

二　三民主義訓練

第一學月

第一階段（教材綱目）三民主義

（教材細目）

第一單元	孫中山先生事蹟 言行
第二單元	中國國民黨黨義 黨史
第三單元	三民主義的創造者及其作用
第四單元	三民主義與中國的現在

第二學月

第二階段（教材綱目）	單元	（教材細目）	
民族主義	第一單元	民族主義的目的	在求國際地位的平等使中國永久適存於世界
	第二單元	民族的成立	血統　生活　言語　宗教　風俗　習慣
	第三單元	民族和國族	分別異同
	第四單元	民族和種族	民族（如前講）種族　黃白紅黑櫻五種

第三學月

第三階段（教材綱目）	單元	（教材細目）	
民權主義	第一單元	民權主義的目的	在求國內政治地位的平等，實行眞正民主政治
	第二單元	民權的意義	人民參預政治的力量
	第三單元		
	第四單元	民權的運用	

（教材綱目段）

第四學月

第一單元　民生主義的目的　促進經濟地位平等　使人民個個安居樂業

第二單元　平均地權　節制資本

第三單元　衣食住行

第四單元　養生送死

（教材細目）

四材綱目　民生主義

總結　三民主義　自由平等

三　常識訓練

（教材綱目段）

第一學月

一材綱目　國家

第一單元　本國疆土　疆土　省分

第二單元　旗　國旗　黨旗

第三單元　本國史略

第四單元　世界大要

（教材細目）

第二學月

第二階段（教材綱目）自然

（教材綱目）	（教材細目）
第一單元	星球晝夜，郵。
第二單元	氣候雷電，電。
第三單元	水空海陸，舟。
第四單元	動植礦產，車。

第三學月

第三階段（教材綱目）社會

（教材綱目）	（教材細目）
第一單元	教育，宗教，迷信。
第二單元	生理，衞生，運動。
第三單元	道德，社會，政治。
第四單元	書報，貨幣，律法。

第四學月　職業

第四階段（教材綱目）	（教材細目）
第一單元	個人與家庭的關係
第二單元	家庭與國家
第三單元	國家與社會和職業
第四單元	社會與人生的重要

總結　人生與社會世界之關係

時間支配

我們查照方案規定，每週公民課程共六節，每節三十分鐘現在把公民；三民主義；常識；三種訓練分配起來，正好每種每週有兩節的時間，至於如何編排，請各校自行酌定。

杭州市公民識字學校珠算教材編輯綱要

珠算教材綱要

第一學月

第一階段

（教材綱目）

珠算入門

第一單元
第二單元
第三單元
第四單元

（教材細目）

認位
手法　九九訣
加（一位——百位）
加（百位——千位）

第二學月

第二階段

（教材綱目）

加減

第一單元
第二單元
第三單元
第四單元

（教材細目）

減（一位——百位）
減（百位——千位）
應用
加減練習

杭州市公民識字學校珠算敎材編輯綱要

第三學月　第三階段（敎材綱目）加減乘

（敎材細目）
- 第一單元　一位乘
- 第二單元　二三位乘
- 第三單元　應用
- 第四單元　加減乘練習

第四學月　第四階段（敎材綱目）加減乘除

（敎材細目）
- 第一單元　一位除
- 第二單元　二位除
- 第三單元　應用
- 第四單元　四法練習

總結　混合應用

（附註）珠算敎材舉例詳市政月刊三卷第二第三號

杭州市公民識字學校校長會議規程

第一條　本會議由市政府教育科召集之

第二條　本會議以討論實施成年補習教育爲宗旨

第三條　本會議開會時主席由校長中推舉之

第四條　本會議開會時教育科長及指導員亦得列席

第五條　本會議開會時各校長必須出席如因故不能出席時須請人代表

第六條　各校如有提議案件須於開會前二天送到教育科以便排列議程

第七條　本會議議決案件提交市政府採擇施行

第八條　本會議常會日期依據各屆學歷規定日期舉行之如遇必要時得開臨時會議由教育科召集之

第九條　本規程自市政府公布日起施行

杭州市第一屆公民識字學校一覽表

校名	所在地	學生數 男	學生數 女	學生數 共計
第一公民識字學校	太廟巷城區第一小學	一九	三二	五一
二	青龍寺城區第五初級小學	一八	五三	七一
三	飲馬井巷城區第六初級小學		六四	六四
四	上花牌樓日知第一初級小學	二三	五九	八二
五	佑聖觀巷城區第二小學	二四	五九	八三
六	東牌樓城區第八初級小學	一七	八八	一〇五
七	下皮市巷城區第十三初級小學	二六	三三	五九
八	青年會	二三	二九	五二
九	惠興路惠興小學	八	五四	六二

十	石牌樓培英小學	四六	六七	一一三
十一	許衙巷紹興同鄉會第一初級小學	一二	五四	六六
十二	外横河橋小河下崇文初級小學	一九	六五	八四
十三	珠寶巷浙西鹽務小學	四	五〇	五四
十四	板兒巷光明小學	三二	五二	八四
十五	蒲場巷農工子弟小學		九七	九七
十六	枝頭巷裕成小巷	三二	三二	六四
十七	烏龍巷人力車夫職工俱樂部	六九	一六	八五
十八	貢院前高中附小	九	二九	三八
十九	王馬巷城區第四小學	三四	三一	六五
二十	中正橋城區第六小學	一九	四五	六四
二十一	東街廣功寺城區第九初級小學	一四	三八	五二

杭州市第一屆公民識字學校一覽表

二十二	林司後城區第十五初級小學	五〇	五六	五六
二十三	大福清巷書農初級小學	一九	五六	七五
二十四	東清巷大經小學	二四	三〇	五四
二十五	忠清巷觀成小學		五二	五二
二十六	岳坟市立初中第二部		四三	四三
二十七	岳坟西湖區第一小學	四八		四八
二十八	松木場西湖區第二初級小學	七〇	四六	一一六
二十九	龍井西湖區第七初級小學	一七	二〇	三七
三十	德勝橋湖墅區第一初級小學	一三	三一	四四
三十一	米市巷湖墅區第一初級小學	五〇	四三	四八
三十二	大關福壽宮湖墅區第七初級小學	二九	二八	五七
三十三	善賢壩湖墅區第八初級小學	五〇	一二	六二

三十四	彭家埠皋塘區第一小學	七六	三四	一一〇
三十五	全家橋皋塘區第二初級小學	三二	一七	四九
三十六	楊墅廟皋塘區第六初級小學	六一	七三	一三四
三十七	候潮門外會堡區第二初級小學	一九	四〇	五九
三十八	美政橋江西會館江干區第一初級小學		六七	六七
三十九	江干海月橋崇德小學	七二	八七	一五九
四十	江干閘口滬甯杭鐵路附設第四小學	五五	七二	一二九
四十一	馬市街永甯院肥業初小	三六	四四	八〇
四十二	新民路復新小學	三六	三〇	六六
四十三	江干水登橋第六初小		五〇	五〇

附各團體各機關附設公民識字學校一覽表

五二

名稱	地點	學生男	學生女	數共計
省教育廳附設公民識字學校	平海路	五三	一〇	六三
蕙蘭中學學生會附設公民識字學校	石牌樓			四五
茅家埠私立公民識字學校	茅家埠	四八	一七	六五
浙江女師明級同學會公民識字學校	橫河橋			四〇
光華火柴公會公民識字學校	江干海月橋			九七

附第一次指導會議錄

十九年六月二十四日

(視察員)陸南肅　徐桂林　鍾伯庸

主席　陸南肅

甲、學生數與核發經費之標準(學生數以每學月出席百分比爲標準)

ㄅ、滿五十八發一級經費

夂、七十五人以上作一級半計算
ㄇ、一百人以上作二級計算
ㄈ、三十人以上者招足學額再行補發
万、三十人以下者暫行停發
ㄉ、二十人以下者併入附近學校
乙、處置未滿規定年齡的學生
ㄅ、十三歲以下學生作附讀論
夂、十三歲以下學生不得參與畢業測驗
丙、關於練育及教學方面的
ㄅ、月曜應否舉行紀念週？——在第一二兩學月隨時授以儀式，黨歌，遺囑之類。第三學月起舉行
夂、公民科採用書本問題？——（一）由科編輯教材印發各校試用。（二）採用商務印書

館出版「常識課本」三冊

ㄇ、各校講演會每月舉行一次

ㄈ、各校同樂會兩月舉行一次

ㄪ、唱歌材料——以黨歌爲前提其餘由各校參考省識字宣傳委員會頒發之歌曲或另選他種教材教授之

ㄉ、複式教學時務使兩班學生都有工作

ㄊ、關於訓育及教學方面之心得和困難點隨時報告教育科或視察員

丁、本會議議決事項呈請市政府核准施行

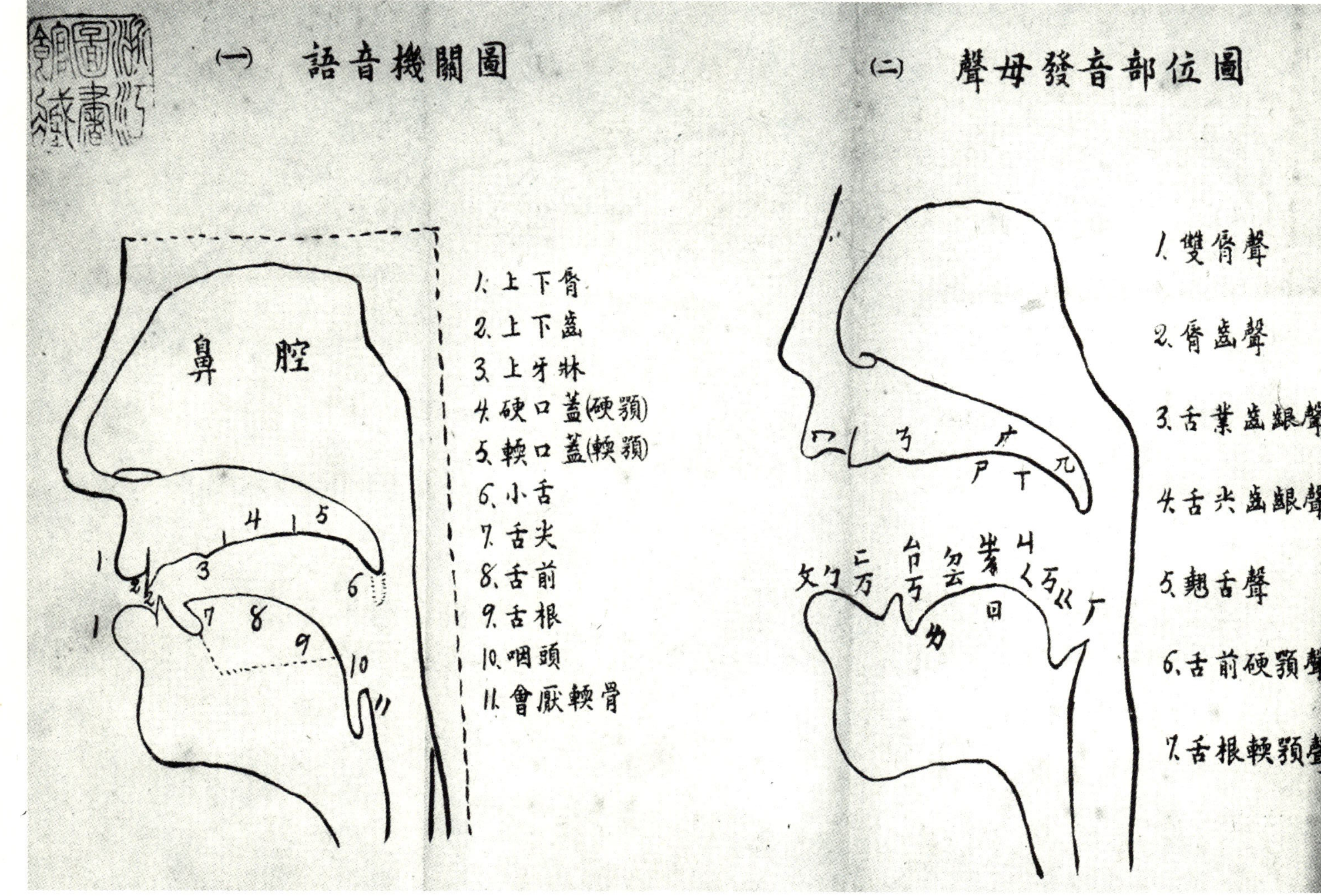
(一) 語音機關圖
鼻腔
1. 上下脣
2. 上下齒
3. 上牙牀
4. 硬口蓋(硬顎)
5. 輭口蓋(輭顎)
6. 小舌
7. 舌尖
8. 舌前
9. 舌根
10. 咽頭
11. 會厭輭骨
(二) 聲母發音部位圖
1. 雙脣聲
2. 脣齒聲
3. 舌葉齒齦聲
4. 舌尖齒齦聲
5. 翹舌聲
6. 舌前硬顎聲
7. 舌根輭顎聲